es 1444

edition suhrkamp

Neue Folge Band 444

Erst nach dem Erscheinen der dreibändigen *Ästhetik des Widerstands* nahm das deutschsprachige Publikum zur Kenntnis, daß Peter Weiss nicht nur Dramatiker und Romancier ist, sondern auch Maler und Filmautor. Die filmische Arbeit von Peter Weiss wurde begleitet von theoretischen Reflexionen, die ihren Niederschlag in dem 1956 auf schwedisch publizierten Buch *Avantgardefilm* fanden. Es setzte sich zum Ziel, »etwas von der Poesie des Mediums Film aufzuzeigen, von seinen Möglichkeiten, neue visuelle und akustische Welten zu entdecken«. Entstanden ist ein Buch, das viele Filme en detail analysiert, vor allem jedoch von der eigenen filmischen Poetik handelt, von seinem Verständnis als avantgardistischer Filmemacher.

Peter Weiss, geboren am 8. November 1916 in Nowawes bei Berlin, starb am 10. Mai 1982 in Stockholm.

Peter Weiss
Avantgarde Film

*Aus dem Schwedischen übersetzt
und herausgegeben von
Beat Mazenauer*

Suhrkamp

Titel der Originalausgabe:
Avantgardefilm

edition suhrkamp 1444
Neue Folge Band 444
Erste Auflage 1995
© by Peter Weiss 1956
© der deutschen Übersetzung Suhrkamp Verlag Frankfurt am Main 1995
Deutsche Erstausgabe
Alle Rechte vorbehalten, insbesondere das
des öffentlichen Vortrags
sowie der Übertragung durch Rundfunk und Fernsehen,
auch einzelner Teile.
Satz: Hümmer, Waldbüttelbrunn
Druck: Nomos Verlagsgesellschaft, Baden-Baden
Umschlagentwurf: Willy Fleckhaus
Printed in Germany

1 2 3 4 5 6 – ∞ 99 98 97 96 95

Inhalt

Vorwort

Die eigentliche, ursprüngliche *Avantgardebewegung* entwickelte sich in den zwanziger Jahren und wurde mit dem Beginn des Tonfilms für tot erklärt. Allein, der Terminus *Avantgarde* wird hier in einer weiter gefaßten Bedeutung verwendet; er umschließt eine Auswahl von Werken aus verschiedenen Perioden, von den Anfängen des Films bis in unsere Zeit, experimentellen Werken, die den Film als eine eigenständige Kunstform weitergeführt haben. Die meisten der hier behandelten Filme sind außerhalb der kommerziellen Produktion entstanden oder – in einzelnen Fällen – in deren Grenzbereichen, in denen sich noch Gelegenheiten für ein relativ freies, von den Konventionen losgelöstes Schaffen geboten haben.

Die Auswahl ist subjektiv und in keiner Weise erschöpfend. Es wird lediglich der Versuch unternommen, etwas von der Poesie des Mediums Film aufzuzeigen, von seinen Möglichkeiten, neue visuelle und akustische Welten zu entdecken.*

Teilweise mit einer äußerst einfachen Technik, teilweise mit allen Möglichkeiten der Kamera arbeitend, wollten diese Werke *eine rein filmische Sprache* schaffen. Immer wieder zeigten sie neue Sehweisen auf, neue Relationen zwischen dem Menschen und den Dingen, zwischen Wirklichkeit und Traum, neue Formen von Bewegungen und Rhythmen.**

Die steigenden Kosten, welche die Tonfilmtechnik mit sich brachte, sowie die ökonomischen und politischen Krisen zu Beginn der dreißiger Jahre erschwerten die Möglichkeiten für eine individuelle Filmpoesie. Auch einen gewaltsamen Angriff von innen her hatte es bereits gegeben: Buñuels *Un chien andalou* wandte sich schonungslos gegen den ästhetisierenden Zug des Avantgardefilms, gegen dessen Spiele mit Licht und Schatten, dessen Überbetonung von fotografischen Effekten und technischen Finessen. Und dann kam 1930 *L'age d'or,* dieses barbarische Signal für eine neue, unbarmherzige Schilderung der Lebensbedingungen.

In der Folgezeit war es für einige Jahre der Dokumentar-

* Zur Funktion der Sternchen, siehe *Zu dieser Ausgabe,* S. 205.

film, der diese radikalen Ideen weiterführte. Einige der Avantgarderegisseure waren von den großen Filmgesellschaften unter Vertrag genommen worden, viele andere dagegen ausgeschieden oder zu fruchtlosen Plänen und theoretischen Grübeleien verurteilt.

Einzig in den USA machten einige experimentelle Gruppen weiter. Während es in den übrigen Ländern bloß zu vereinzelten Ansätzen gekommen ist, finden wir in der Zeit nach dem letzten Weltkrieg in den USA eine neue Avantgarderichtung, in der sich technische und formale Kühnheit sowie das Bewußtsein psychischer und sozialer Prozesse mit poetischer Originalität vereinen. Diese Filme rufen in Erinnerung, daß es neben den großen Produktionen immer eines Vortrupps bedarf, welcher den Film als ein aufrührerisches, persönliches Ausdrucksmittel zu bewahren vermag.*

Die Vorläufer*

Bereits um die Jahrhundertwende war in den Filmen von Méliès das Phantastische und Irrationale da. Obwohl sich bei *Méliès*
ihm alle Ereignisse auf einer Guckkastenbühne abspielten,
gelang es ihm, die Beschränkungen des Theaters zu sprengen.
Er setzte die Zeit außer Kraft, seine Schauspieler konnten
sich übernatürlich schnell oder schwerelos langsam bewegen
und nach Belieben ihr Aussehen verändern, sie konnten aus-
geblendet oder aus dem Nichts sich herausbilden, verschiedene Begebenheiten konnten sich parallel im selben Raum
vollziehen, sich in einer spukhaften Transparenz gegenseitig
kreuzen oder auslöschen. Und vor allem: die Handlung, wie
man sie bisher gewohnt war, erhielt ein völlig neues Gesicht;
anstelle der folgerichtigen Entwicklung einer Intrige stellten
sich fortwährend Überraschungsmomente ein, das Geschehen lief nicht logisch ab, sondern assoziativ, mit Spielräumen
für alle möglichen Einfälle.** Eine neue poetische Bildsprache war geboren:

> Ein Omnibus nähert sich, gezogen von einem absonder-
> lichen mechanischen Pferd. Auf dem Trittbrett stehen vier
> Neger. Das Pferd bäumt sich auf und stößt die Neger um,
> die sich darauf in weiße Clowns verwandeln. Sie verprü-
> geln einander und werden wieder schwarz. Schließlich ver-
> wandeln sie sich in einen einzigen riesigen Neger, der sich
> weigert, das Fahrgeld zu bezahlen. Der Schaffner steckt
> den Bus in Brand, und der Neger zerplatzt.

Der Film war für Méliès eine magische Vorstellung, eine Art
groteskes Grand Guignol, in dem er seine Mondlandschaften,
Eisberge und Tiefseevegetationen, seine monströsen Maschinen und Fabelwesen aufbaute und in dem er seine bizarren
Interieurs mit Meerjungfrauen, Entdeckungsreisenden, Oda-
lisken, Dämonen und Engeln bevölkern durfte. Er war ein
echter Naiver, ein Rousseau des Films. Die Kehrseite seines
naiven Realismus aber war der Fanatismus, mit dem er an seinen Pappkulissen und seinen Zauberrequisiten festhielt. Er

Méliès' magisches Filmtheater.

vermochte mit der Entwicklung des Films nicht Schritt zu halten und geriet in Vergessenheit.* Den Rest seines Lebens verbrachte er in einem kleinen Laden, wo er Spielsachen verkaufte.**

Zecca Bei Méliès' Nachfolgern Zecca, Durand und Feuillade ge-
Durand wann das Absurde, Melodramatische und Unglaubliche er-
Feuillade heblich an Realität. Sie verließen sich weiterhin auf die Kraft des Films, das Unmöglichste als eine Selbstverständlichkeit erscheinen zu lassen.*** Doch was bei Méliès innerhalb einer artifiziellen Welt verharrte, wurde bei ihnen in authentische Alltagsmilieus verlegt. Groteske Verfolgungsszenen und Verwandlungen spielten sich auf offener Straße ab und erlangten auf diese Weise dokumentarische Echtheit. Traumhafte Situationen hatten wirkliche Geschäfte, Cafés, Hafen- und Fabrikgelände als Hintergrund. Obgleich die Welt auf den Kopf gestellt und unbegreiflich war, wurde doch alles auf wunderliche Weise offenbar; Stiefel trippelten von selbst auf der Straße, Hüte tanzten in der Luft, die Zeit konnte angehalten oder vorwärtsgedreht werden mit einer Souveränität, die 10 Jahre später wieder aufgenommen wurde von René Clair – einem Schüler Feuillades.

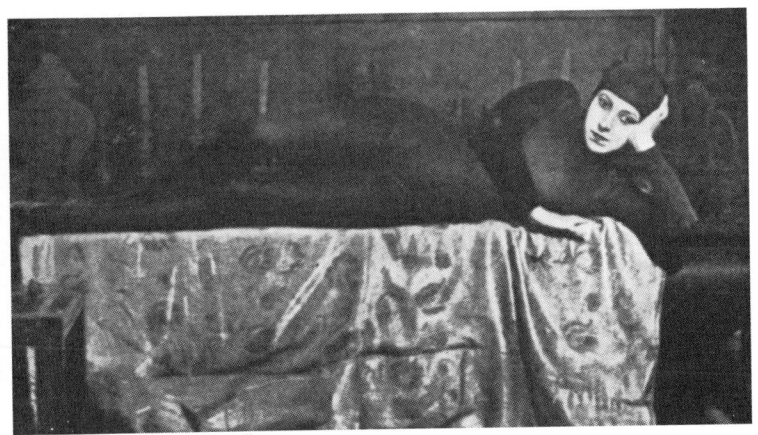

Der heimtückisch schmachtende Vampir in Feuillades *Les vampires*.

Auch die Kamera, die bei Méliès nahezu unbeweglich geblieben war und die Distanz zwischen dem Zuschauerraum und den Tableaus betont hatte, wurde nun beweglich und führte den Zuschauer unmittelbar hinein in die neue Vorstellungswelt.*

Zwischen 1913 und 1915 finden sich in einigen Werken von Feuillade, in *Fantômas* und *Les vampires*, Szenen, die sich rational nicht erklären lassen; sie sind vielmehr assoziationsgesättigt, sie bauen auf einem emotionalen Inhalt: einer unverfälschten filmischen Kraft, auf. Zum Beispiel findet sich da jene Szene in einer verlassenen Villa: eine Frau ringt verzweifelt die Hände; unten auf der Straße fährt eine Kutsche vor, sie hält an, unmittelbar danach ist eine Riesenschlange zu sehen, die sich durch das Fenster ins Zimmer der Frau schlängelt; von innen sieht man daraufhin, wie sich die Schlange wieder durch das Fenster entfernt, und als im folgenden Bild die Kutsche weiterfährt, hat man das beunruhigende Gefühl, daß sie die Schlange als Passagier mit sich führt.**

1915 drehte Abel Gance *La folie du Docteur Tube*. Dies ist kein einheitliches Werk: in einer verworrenen Sequenz sieht man den Doktor in seinem Laboratorium hantieren und mit

Abel Gance

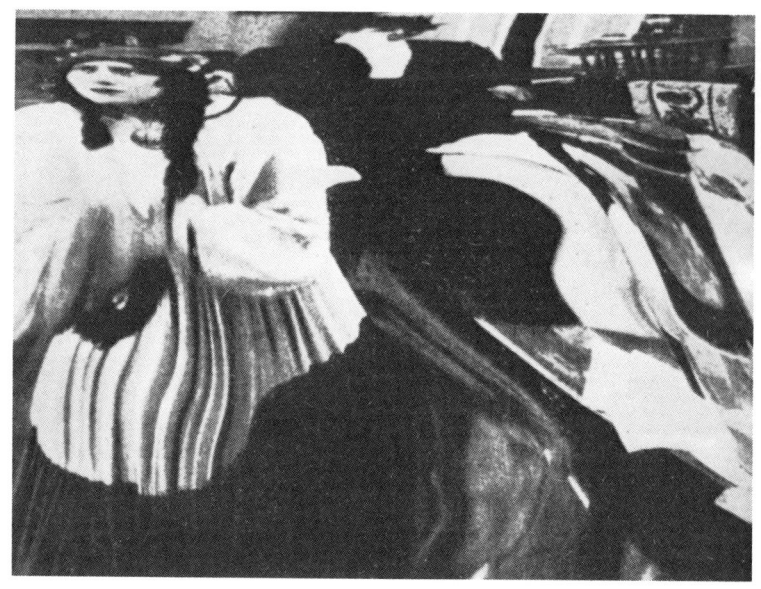

Der Auftakt zum kühnen Filmexperiment. In *La folie du Docteur Tube* von Abel Gance wird die visuelle Welt verfremdet.

den Gebärden eines Wahnsinnigen ein Serum zusammenbrauen, mit dem er die gesamte Lebensstruktur verändern zu können glaubt. Dann folgen plötzlich Bilder, in denen die bekannte Welt völlig verfremdet wird. Durch verzerrende Spiegel und deformierende Objektive erscheinen Tiere, Menschen und Interieurs wie seltsame, wogende Massen; ein unendlich langgezogener Hund fließt um einen Türpfosten, ein plattgedrücktes menschenähnliches Wesen schaukelt wie eine Qualle im Meer der Lüfte.*

Es dauerte mehrere Jahre, bis man das Signal dieses Films zu verstehen begann. Als er zum erstenmal vorgeführt wurde, mangelte es noch an einem Forum für eine solche Manifestation, man lachte über ihn, aber man verstand seine neue Bildwirkung nicht.

Die Dadaisten, allen voran Apollinaire und Desnos, entdeckten dann als erste die ungeheuren künstlerischen Möglichkeiten des Mediums Film. Sie schufen die Basis einer Ästhetik des Films.

Rein intuitiv hatten die Vorläufer erfaßt, worum es ging: wegzukommen vom Vorbild der Literatur und von der Dramaturgie des Theaters, die den Schauspieler ins Zentrum des Geschehens zu stellen trachtete. Man hatte verstanden, daß einzig das Bild sprechen sollte.★ Aber noch wußten sie nichts von dem dynamischen Schnitt, von einem kontinuierlichen Bilderfluß, der aus sich selbst heraus das Geschehen erklärte; man wurde noch durch die Texte gehemmt, die man immer wieder einschieben mußte und die den Gesamteindruck der Bilder sprengten.

Immerhin war schon 1888, in einem der ersten »bewegten *Marey* Bilder«, eine klare künstlerische Linie zum Ausdruck gekommen, und zwar in Mareys *La marche de l'homme*; darin fügen sich in einem beinahe visionären Versuch ein Mensch und eine Landschaft zu einem einheitlich wirkenden Bild zusammen. Ein Mann in einem weißen Trikot geht wie im Traum auf einem Weg, der Hausgiebel und die Bäume formen sich um ihn zu einem abstrakten Muster.★★

Dieser Prozeß der Verschmelzung zu einer Bildebene, auf *Dulac* der alles von Bedeutung ist, findet eine konsequente Durch- *Delluc* führung in Germaine Dulacs und Louis Dellucs Film *La fête espagnole* (1919). Zur gleichen Zeit, in der Griffith und Stiller in ihren Filmen die Landschaft als Schauplatz für dramatische Ereignisse verwenden, sprechen die Landschaft und die Gegenstände im Film von Dulac und Delluc für sich selbst. Sie besitzen ein Eigenleben, ihre eigene Bild-Berechtigung. Die Handlung des Filmes, der Kampf zwischen zwei Männern um eine Frau, wird ganz vom Rhythmus der Bilder getragen. Es bedarf keiner erläuternden Zwischentitel. Der Bilderfluß ist ungebrochen und setzt sich aus kurzen Impressionen zusammen. Die Sequenzen vermitteln ein Gefühl von Musikalität. Gewisse Themen wiederholen sich in einem ungekünstelten, schnellen Rhythmus. Vor den hell leuchtenden Mauern tanzend oder in einem Wirbel von Bewegungen in der Stierkampfarena verschmelzen die Personen ganz mit den Schauplätzen. Die Todesstöße des Toreadors künden das Eifersuchtsduell an, das darauf in gehetzten

Bildwechseln hinführt zum gemeinsamen Tod der beiden Männer.

Andere wesentliche Filme aus dieser Periode sind:
La dixième symphonie (1918) von Abel Gance.
Mater Dolorosa (1917) von Gance.
La roue (1921) von Gance: ein kommerzieller Langfilm, doch experimentell in der Form. Ein dynamisches Bildgedicht um einen blinden Lokomotivführer, eine mythische Figur, die eins wird mit der Maschine – sein Oedipusgesicht mit den geschlossenen Augen wird vorne auf der Lok sichtbar. Bereits hier werden Maschinenteile, Eisentrümmer, Werkzeuge, verdrehte Stahlschienen in einer Weise verwendet, die auf Légers *Ballet mécanique* hindeutet.
Crainquebille (1922) von Jacques Feyder.
La souriante Madame Beudet (1922) von Germaine Dulac.★
Fièvre (1921) von Louis Delluc.★★
La femme de nulle part (1922) von Delluc.
L'homme du large (1920) von Marcel L'Herbier.★★★
Eldorado (1921) von L'Herbier. Der Vision eines impressionistischen Malers vergleichbar.★★★★

Wiene Dem Impressionismus der französischen Filmpioniere stand eine Reihe gewaltiger expressionistischer deutscher Werke gegenüber. Wienes Film *Das Kabinett des Dr. Caligari* (1919) wird geprägt von der Atmosphäre einer Zeit des Zusammenbruchs und der Revolution. Er ist inspiriert von den Schießereien auf der Straße, von den Feuersbrünsten und den Hetzreden. Ein Rausch von Mordlust, Blut und Dämonie stürmt durch die Bilder. Die verzerrten Dekorationen und das ekstatische Spiel wirken wie Todeszuckungen. Die Handlung des Films vollzieht sich auf einer inneren Ebene, sie zeigt die Regungen der Seele, ihre Besessenheit von fixen Ideen, ihre unbewußten Impulse.

Das Geschehen ist infernalisch folgerichtig, auf eine untergründige, irrationale Weise. Nicht die Logik überzeugt, sondern die authentische Psychologie. Der Film zeigt das Nacht-Ich eines Menschen, ein spukhaftes Phantom, das in somnambulem Zustand von einer bedrohlichen Autoritätsfigur auf Mordzüge ausgeschickt wird. Es ist ein gehetztes, krankes Ich, das nach seiner Identität sucht.

»Lebendige Bilder« 1888! Eine Flächenkomposition von asketischer Strenge in Mareys *La marche de l'homme.*

In einer einleitenden, realistischen Szene sehen wir den Erzähler im Hof der Irrenanstalt. Während wir dann in seine
Erzählung eingeführt werden, entfaltet sich ein anderer Bildstil: das gemalte Dekor, mit grellen Lichtflächen und harten
schwarzen Schatten. Der Mensch gehört als ein Formelement
zu diesem Tableau, bald hektisch zwischen den Zacken um-

Schwindelerregende Gratwanderung zwischen Träumen und Wachen
in Wienes *Das Kabinett des Dr. Caligari.*

hertreibend, bald schlangenhaft durch die scharfen Halb-
kreise gleitend. Zusätzlich sind die Gesichter bemalt und
dadurch zu unnatürlichen Masken geworden. Gegen Ende
werden wir dann wieder zurück in die Irrenanstalt geführt,
wo der Erzähler sich nun in einem Saal zwischen Patienten
und Ärzten bewegt. Erst jetzt werden wir gewahr, daß er
unter ihnen die verschiedenen Schachfiguren für sein Traum-
spiel ausgewählt hat: da sitzt der Somnabule, da geht die
Frau, die er in der Nacht entführt, und da ist der Meister – der
Hypnotiseur –, der Anstaltsprofessor selbst. Das Beunruhigende ist indes, daß man dennoch im Ungewissen darüber
gelassen wird, ob die Erzählung des »Wahnsinnigen« wahr
und der Professor wirklich mit dem Hypnotiseur Caligari
identisch ist. Das Großartige an diesem Film sind seine haar-
feinen Abstufungen vom Normalen ins Anormale, von der
Wirklichkeit in die Halluzination, vom sichern Grunde in
schwindelerregende Abgründe.

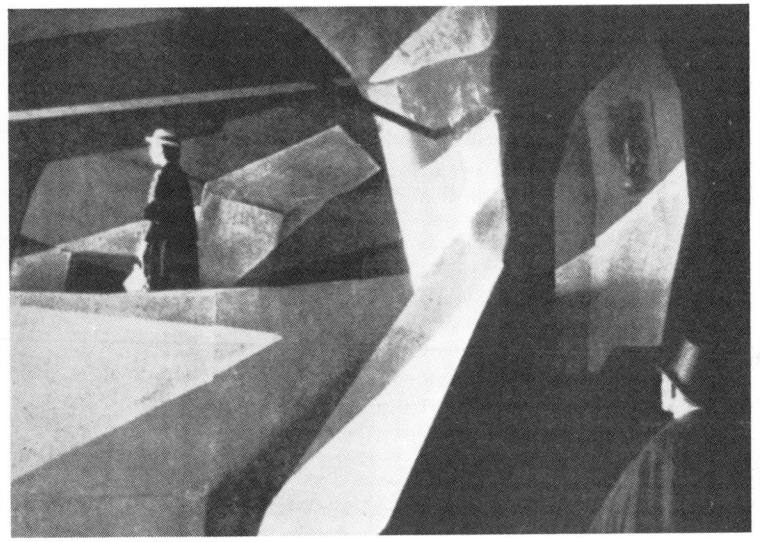

Raskolnikov von Robert Wiene. *Menschen:* figurative Elemente
in einer abstrakten Komposition.

Bereits 1913 drehte Paul Wegener die erste Version von *Der* *Wegener*
Student von Prag, ein Film, der trotz seiner einfachen Mittel
neue, eigentümliche Möglichkeiten aufzeigte, eine innere
Wirklichkeit zu gestalten. In einer Variation des Faust-Motivs
verkauft der Mann sein Bild im Spiegel an den Teufel. Das
Spiegelbild, sein geheimes Ich, führt ihn nun durch dämonische Abgründe, in denen sich seine geheimsten Wünsche
verwirklichen.

In der zweiten Version von Henrik Galeen (1925) erreicht *Galeen*
der Film technisches Raffinement durch seine magische
Lichtführung.

Auch Leni wandte in *Das Wachsfigurenkabinett* (1924) das *Leni*
dramatische Spiel mit gemaltem Lichtdekor, das sich in *Cali-*
gari findet, an. Alles wurde von den hereinbrechenden Licht-
strahlen aufgerissen und zerstückelt. Die Formen der Natur
wurden vernichtet, im Raum herrscht die vollständige Katastrophe. Abgründe, schwindelerregende Perspektiven eröff-

Im Augenblick des Todes verwandelt sich Nosferatu, der Vampir, wieder in einen Menschen.

neten sich um jede Szene. Die Interieurs wurden ineinander und übereinander projiziert – sie verwandelten sich unaufhörlich. Der Film enthüllt, abgesehen von seiner planen Handlung, das Bild *des explosiven Raumes.*

Martin Auf derselben makabren, grimassierenden Linie lag auch Martins *Von morgens bis Mitternacht*, die Geschichte jenes Kassierers, der Geld stiehlt, um seinem erbärmlichen, beengenden Leben zu entfliehen. Auf seiner Jagd nach dem Glück findet er indessen nur Eiseskälte und Fremdheit. Der Bildaufbau ist hier nicht so kontrastreich, es herrscht ein graphisches Dunkel vor. Auch hier werden die Personen wie Ornamente behandelt, sie sind mit kreidigen Lichtflecken und harten Tuschlinien gezeichnet.

Wiene Stärker als in *Caligari* gelang es Wiene in dem kaum beachteten *Raskolnikov* (1923), seine zerrissene und konstruktivistisch neugestaltete Welt darzustellen. In diesem Film hat in einem überwältigenden Ausmaß das Dekorative den Vorrang. So griff Wiene denn auch beim Bühnenbild auf die Hilfe Andreevs vom Moskvatheater und auf das Ensemble Stanislavskijs zurück.

Die expressionistische Schule konnte sich nie vom Erbe des Theaters befreien. Immer wieder beschleicht einen angesichts dieser Werke das Gefühl, es werde auf einer bombastischen Drehbühne gespielt, wo alle Wände schaukeln, wenn eine Tür zuschlägt, in einer Welt von Blechorkanen, elektrischen Monden und Segeltuchmeeren. Erst Murnau brach 1922 mit *Nosferatu* aus dieser Kulissenwelt aus.

Das Grenzland zwischen Traum und Wirklichkeit, das er *Murnau* schildern wollte, fand er in düstern Waldgegenden, in einem verlassenen Schloß, in einem kleinen Küstendorf. Die Natur, die wirklichen Gegenstände werden in eine enge, mystische Beziehung zum Menschen gebracht. Himmel und Wolken drücken die Verlorenheit und Angst des Mannes aus, der durch die Gegend wandert, um seine Stelle bei Nosferatu anzutreten; ein paar Pferde werden auf der nebligen Weide aufgescheucht: sie veranschaulichen seine eigene Furcht. Die Konturen des Schlosses ragen vor ihm auf wie eine unbestimmte Drohung. Und, wie ein Gedanke an den Tod, verwandelt sich der Wald plötzlich in sein Negativbild: skeletthaft weiß stehen die Bäume vor dem schwarzen Himmel. Auch der langsame Bildrhythmus (der später bei Dreyer wiederkehrt) schafft die Empfindung eines inneren Widerstandes, einer schrecklichen Vorahnung. Als Nosferatu, der Vampir-Mensch, sich anschickt, seine Beute zu schnappen, wird eine Reihe von Assoziationen eingeflochten: das Bild einer fleischfressenden Blume, die ihre Blätter wie ein Maul um die Fliege schließt, eines Polypen, der seine Beute umschlingt, einer Spinne, die ihrem Opfer das Blut aussaugt. In filmisch großartigen Szenen wird Nosferatus Einzug ins Dorf geschildert: Pest und Ungeziefer verbreitend, die Füße von Ratten umschwärmt, und sein Auftauchen auf dem Schiff, wo er mit seinen Raubvogelklauen die Mannschaft zu Tode erschreckt. In der legendären Schlußsequenz des Films rettet eine Frau Nosferatus Seele; dadurch, daß sie ihn zu umarmen wagt, löst sich der Bann, der auf ihm gelegen hat, und er kann endlich in Frieden sterben.*

* Eine Parallele zwischen Murnau und Kafka sei noch erwähnt. *Nosferatu* entstand zu gleicher Zeit wie Kafkas *Schloß*. Das gleiche Thema, das Kafka

Nosferatu arbeitete mit einer aggressiven Sprache, die den Surrealismus ankündete. Arthur Robisons *Schatten* (1922) schilderte ein Halluzinationserlebnis in einer eher lyrischen Form.

In einem Tableau des 18. Jahrhunderts sitzt eine Gesellschaft um einen Tisch. Die Stimmung ist gezeichnet von einem Eifersuchtsdrama zwischen einigen der Anwesenden. In einem stummen, mimischen Spiel (es wurden keine Texte verwendet) verdichtet sich die Stimmung derart, daß alle in einen Zustand der Hypnose geraten. Ein reisender Komödiant, der zur Unterhaltung der Gäste geladen ist, beginnt ein Schattenspiel. Die Mitglieder der Tischgesellschaft sehen, wie sich ihre Schatten von ihnen lösen und das Drama aufführen, das in ihrem Unterbewußtsein stattfindet. Nachdem sie auf drastische Weise die Besorgnisse und heimlichen Verlangen aller aus sich herausgespielt haben, kehren die Schatten wieder an ihre Plätze zurück.

Dies war der erste Film, der einen psychoanalytischen Gedankengang aufnahm. Das Schattenspiel wirkt als Therapie. Die Personen sehen sich mit ihren uneingestandenen Wünschen konfrontiert und werden sich dieser bewußt. Sie durchschauen sich selbst und der Druck läßt nach.

auf einer kaum greifbaren inneren Ebene gestaltet, wird bei Murnau mit stark expressionistischen Mitteln geschildert.

Die Avantgarde der zwanziger Jahre

Für die Dadaisten bedeutete der Film ein ideales Ausdrucksmittel.★ Nach einer Reihe literarischer »Ciné-Poems« (u.a. von Picasso, Max Jacob, Aragon, Eluard und Breton) verwirklichten sie ihr erstes Opus, das bloß aus einem wirbelnden Fluß von Einfällen bestand. In einer einzigen Nacht drehte Man Ray diesen Film, der den ironischen Titel *Le retour à la raison* (Zurück zur Vernunft) trug. Anläßlich eines Dadaisten-Abends gelangte er 1923 zur Uraufführung. In einem gewaltigen Aufruhr gegen die visuellen Konventionen jagten sich die Bildeindrücke wie in einem schnell rotierenden Kaleidoskop. Das Einzige, was man in einem Gewirr von Lichtbrechungen und unbekannten Formen ausmachen konnte, war ein auf dem Kopf stehender Frauentorso, durch bewegte Lichtstreifen hindurch sichtbar, und das Räderwerk einer Uhr mit dem Schild »Danger!«.★★ *Man Ray*

Gegen diese Uhr schritt man zum Angriff. Die Uhr – das meinte die Ordnung, die Uhr – das meinte das Sterile: eine Gefahr für das Leben des Menschen.★★★

Das Drehbuch zu René Clairs *Entr'acte* (1924) stammt von dem dadaistischen Maler Francis Picabia. Ursprünglich hieß der Film »Relâche« (Entspannung), und er wurde in einer Pause während der Vorstellung von de Marés berühmten »Ballets Suédoise« aufgeführt. *René Clair*

Entr'acte: Mach dich frei von Vernunft und Logik, überlaß dich widerstandslos einer Welt ohne Normen und Gesetze. Such nicht nach irgendwelchem Sinn – überlaß dich der wunderbaren Torheit des Augenblicks!

Die Stadt mit ihren Dächern, Türmen und Schornsteinen steht kopf. Die ganze Welt steht kopf. Man wird hin- und hergeworfen zwischen den Lichtreflexen auf der Straße. Da ist man plötzlich Zeuge einer Schachpartie – dieses Spiels der Folgerichtigkeit und Konzentration –, hoch oben auf einer Dachterrasse; auf der Brüstung sitzen Man Ray und Marcel Duchamp und schieben nachdenklich ihre Figuren über das Brett. Doch ehe man sich's versieht, landet man unten, irgendwo unter einem Bühnenboden. Der Boden ist aus Glas,

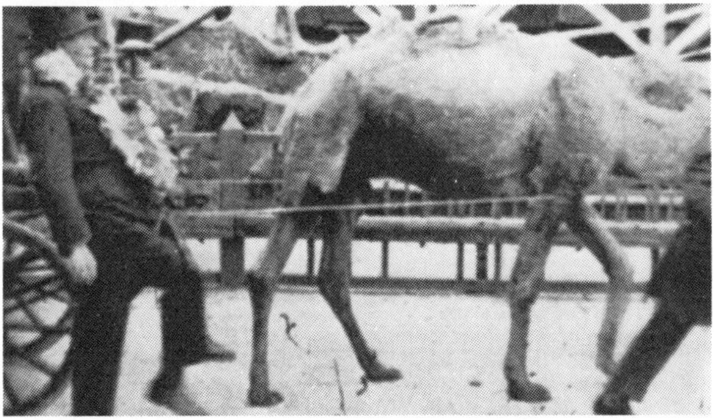

Eine luftige Schachpartie.
Das Kamel zieht mit dem Leichenwagen vorüber.
Die Straße spaltet sich mitten entzwei.

von unten sieht man die Pirouetten der Tänzerin. Doch kaum wird man dieses Bildes gewahr, so ist man wieder oben auf dem Dach. Hinter den Schachspielern taucht ein Jäger auf, er zielt mit der Flinte auf sie und schießt. Aber er schießt ja gar nicht auf sie, er schießt auf ein Ei, das in einer Schießbude hängt. Das Ei zerspringt. Da sieht man plötzlich ein Kamel, das Kamel ist vor einen Leichenwagen gespannt, das Kamel beginnt zu laufen, und dem Leichenwagen folgt die Trauergemeinde, ebenfalls laufend, die Männer in Frack und Zylinder, die Frauen in wehenden Trauerschleiern – ein Mann indes hat offenbar keine Zeit mehr gehabt sich anzukleiden, er folgt in Unterhosen. Immer geschwinder beginnt der Wagen zu rollen, und zuweilen wirbelt die Tänzerin auf der Bühne. Das Kamel hat sich losgerissen, die Straße spaltet sich der Länge nach und biegt sich auf beiden Seiten hoch, allein jagt der Wagen dahin, ein Schwarm von Radrennfahrern holt ihn ein und spornt den Leichenzug an, das Tempo wird schwindelerregend – und obendrein kreist man auf einer Berg- und Talbahn und spürt jeden Sturz in der Magengrube –, und dann landet der Leichenwagen im Straßengraben, der Sarg fliegt durch die Luft und ein mit Orden behangener greiser Herr im Frack springt aus dem Kasten heraus – Rolf de Maré selbst –, der seinen Taktstock hebt und einem durch ein aufgespanntes Papier entgegenspringt. Musik und Tanz können beginnen!*

»Die unvermutete Begegnung einer Nähmaschine und eines Regenschirms auf einem Seziertisch!« – dieser Satz aus einem Werk Lautréamonts illustriert die zentrale Arbeitsmethode der Surrealisten: wohlbekannte, alltägliche Objekte werden in ungewöhnlichen Kombinationen oder an ungewöhnlichen Orten zusammengeführt. Derart wird das Vertrauteste, wenn es plötzlich in einer fremden Umgebung auftaucht, zu etwas Absonderlichem und Beunruhigendem, wir sind unserer selbst nicht mehr sicher, unsere vorgefaßten Ansichten werden verrückt, eine neue Wirklichkeit eröffnet sich, eine Wirklichkeit, in der die Phantasie, die Improvisation zum Leben erwachen.

Dieses Herstellen neuer Zusammenhänge, diese ständigen Überraschungsmomente, die das ganz Gewöhnliche in ei-

Der ewige Marsch der Frau die Treppe hinan.

nem völlig anderen Licht erscheinen lassen, wurden unver-
Léger fälscht in Légers Film *Ballet mécanique* (1924) aufgenommen. Mit Ausnahme einer beharrlich wiederkehrenden Sequenz, welche eine alte Frau zeigt, die eine steile Treppe
hinaufsteigt, treten im Film lediglich verschiedene Gegenstände auf; selbst ein Frauengesicht besitzt Objektcharakter,
es gleicht dem Gesicht einer Schaufensterpuppe, die Großaufnahme des Auges wird zu einem freistehenden Detail. Der
ewige Marsch der alten Frau – sie ist fortwährend damit be-

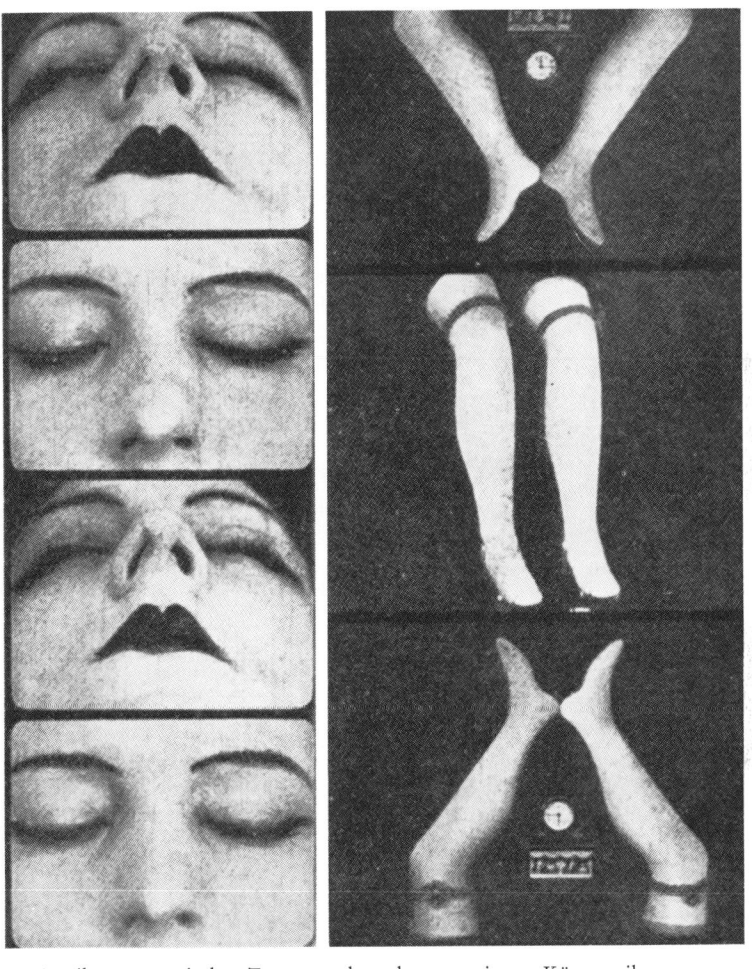

Aus ihrem organischen Zusammenhang herausgerissene Körperteile.
Ein wie eine Puppe nickender Kopf, tanzende Beinattrappen.
Aus Légers *Ballet mécanique*.

schäftigt, dasselbe Stück der Treppe zu bezwingen, ohne je oben anzulangen – hält die dynamische Komposition der aus ihren Verwendungszwecken gelösten Gegenstände zusammen.* Es ist, als ob sich eine unterdrückte Kraft befreite, wenn eine Flasche, ein Kochtopf, ein Trichter in Bewegung gesetzt werden; alle diese Haushaltsgegenstände, die man bislang kaum beachtet hat, zeigen plötzlich ungeahnte Qualitäten, Messer und Gabeln werden zu Monumenten, ein Korkenzieher, ein Schaumschläger in Rotation rufen faszinierende Lichtmuster hervor, ein Paar Beinattrappen in schnell wechselnden Stellungen, ein Halsband und ein Strohhut bilden abstrakte Kompositionen, Maschinenteile und Pferdeköpfe auf einem Karussell werden zu skulpturalen Schönheitswerten, Details von Plakaten und Zeitungsüberschriften finden als kubistische Collagen Verwendung.**

Andere wesentliche Werke aus dieser Periode sind:
L'inhumaine (1923) von Marcel L'Herbier. Eine groteske intellektuelle Konstruktion, mit Bühnenbildern unter anderem von Léger.***
Cœur fidèle (1923) von Jean Epstein. Ein Bildgedicht aus Wirklichkeitsfragmenten in einer Jahrmarktatmosphäre.****
Paris qui dort (1923) von René Clair.
Diagonal-Symphonie (1921) von Viking Eggeling. Der erste Film mit gezeichneten abstrakten Formen.
Rhythmus 21, 23, 25 (1921–25) von Hans Richter. Auch diese Filme bestehen aus abstrakten Formen. Während Eggeling auf der zweidimensionalen Ebene verbleibt, arbeitet Richter mit einer Tiefenillusion.
Opus I–IV (1922–25) von Walter Ruttmann. Improvisationen mit abstrakten Formen.

Zu Beginn der zwanziger Jahre gab es innerhalb des kommerziellen Films noch einen gewissen Spielraum für Experimente. Noch hatte man kein klares Bild davon, was dem breiten Publikum zuzumuten war. Indes war dies bereits damals eine Freizügigkeit auf gut und böse – man mochte zu Beginn noch Entgegenkommen zeigen, doch schreckte man dann oft zurück, wenn man sah, wohin der Weg führte: dies

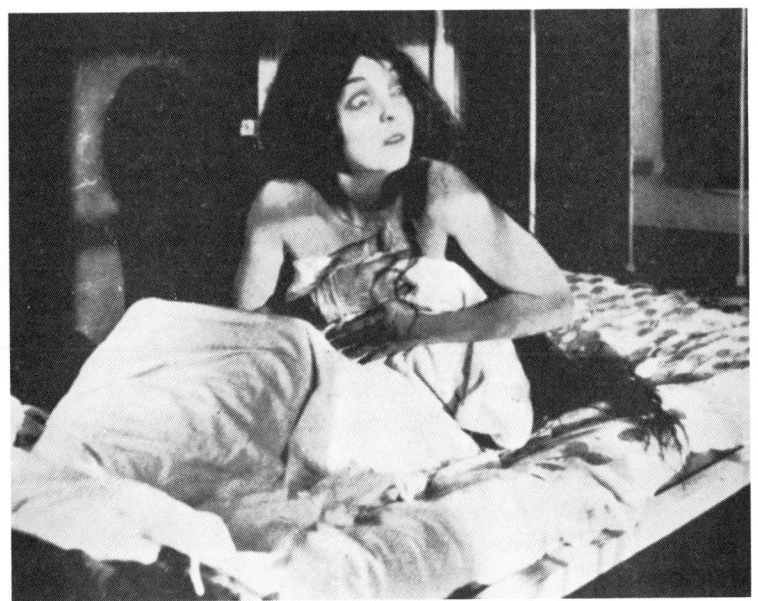

Die nackte Frau in ihrem mit Geld gefüllten Bett.
Aus Stroheims *Greed*.

war der Fall mit Stroheims *Greed* (1923). Der Film besitzt *Stroheim*
durch und durch Avantgardecharakter. In seiner äußern
Form grausam realistisch, grau, schäbig und alltäglich, ist der
Film eine gigantische Studie über den seelischen Zerfall. Die
fleckigen Tapeten, das nicht gemachte Bett, das schmutzige
Geschirr, das zerknüllte Taschentuch, die vorsintflutartigen
Plüschmöbel sind eins mit den Menschen, sie sind von den
Händen der Menschen geformt und von ihnen abgenutzt. In
Matj (Die Mutter, 1926) betont Pudovkin die Größe des *Pudov-*
Menschen angesichts des Zerfalls der Dinge; in *Greed* dage- *kin*
gen gibt es keinen Moment menschlicher Größe, keine Tole-
ranz, keine Liebe, nicht einen einzigen versöhnlichen Augen-
blick.

Der Mann, der Quacksalber, der sich als Zahnarzt ausgibt,

gleicht mit seinen groben Zügen, seiner stattlichen Mähne und seinen plumpen Bewegungen einem unbeholfenen Löwen. Die Frau, dürr wie eine Hexe, ist besessen von ihrer Geldgier. Ihre Weiblichkeit, ihre Sexualität sind verzerrt von dem einzigen, unermeßlichen Durst nach Gold; die Gegenstände in ihrer Umgebung nehmen dieses Thema auf: das goldglänzende Gitter des Kanarienvogelkäfigs, die Bilderrahmen, die Zahnplomben. Wie in *Die Mutter** erfüllt eine *Poesie der Objekte* den Film. Es gibt kein Detail, dem nicht Bedeutung zukommt, das nicht durch seine Struktur wirkt. Hinter dem ins Schmerzhafte gesteigerten Naturalismus liegt die andere Wirklichkeit, die Wirklichkeit, in welcher das kleinbürgerliche Zimmer als Abfallhaufen erscheint. Da finden sich Szenen, die zehn Jahre später in Buñuels *L'age d'or* ihre volle Plastizität erhalten, überwirkliche Szenen: das Hochzeitsfest am Familientisch, bei dem jeder an seinem riesigen Fleischknochen nagt und schlemmt, die Ekstase der Frau, als sie den zusammengesparten Goldschatz unter der Matratze hervorklaubt und die Münzen über ihren nackten Körper regnen läßt; und die Schlußbilder in der Wüste: der harte rissige Sand, der Tod des Esels und der beiden Männer in der fürchterlichen Sonnenglut.

Der Mann, der dem Erfolg nachjagte, der sich mühte und plagte und der trotzdem immer Emporkömmling und Betrüger blieb; die Frau, die ihn vorwärts peitschte; die unverhüllte Schilderung ihrer wollüstigen Beziehung zum Geld: dies war nichts, was die Begeisterung eines Produzenten zu wecken vermochte.

Pabst Pabsts Film *Geheimnisse einer Seele* (1926) (auch er von einer kommerziellen Gesellschaft produziert) schloß sich thematisch an *Caligari* und *Schatten* an, doch wurde hier eine neurotische Krise mit medizinischer Sachlichkeit geschildert.

Ein Ehemann wird, im Zusammenhang mit dem bevorstehenden Besuch seines Jugendfreundes, impotent. Gepeinigt

---

* Die monumentale Kraft der Großaufnahmen in *Die Mutter*: die um das Bügeleisen gelegte Hand des Betrunkenen; die geschwollenen Adern auf seinem Arm; die zerschlagene Küchenuhr am Boden; das umgeworfene Glas und der Tisch.*

von den destruktiven Impulsen, die die Krankheit hervorruft, sucht er einen Nervenarzt auf; im Verlaufe der analytischen Behandlung werden sein Verhalten und dessen Hintergründe offengelegt. In der Zeichnung des Falles erhielt Pabst sachkundige Hilfe von Hanns Sachs und Karl Abraham, zwei Mitarbeitern Freuds.

Der seelische Konflikt wird aus der Innenperspektive gezeigt, anfangs als eine chaotische Umnachtung, die keinen andern Ausweg zu erlauben scheint als die Raserei Caligaris. In seinem erregten, überempfindlichen Zustand verzerrt der Mann die Wirklichkeit, vermengt er Inneres und Äußeres; wenn er in der Zeitung von einem Mord liest, wird er von der Zwangsidee verfolgt, er selbst sei der Mörder. Jedes Messer, jeder spitze Gegenstand will ihn dazu verleiten, seine Frau zu ermorden. In seiner Arbeit, in seiner Beziehung zu andern Menschen fühlt er sich zunehmend ängstlich und unterlegen. Bis er es wagt, sich eingehend mit seinem Verhältnis zu seinem Jugendfreund zu beschäftigen, bis alle seine Kindheitserlebnisse aufgerollt werden. Sowohl in seiner Kühnheit, sich an intime, tabuisierte Sachverhalte heranzuwagen (was dazu führte, daß der Film später von der Zensur verboten worden ist), als auch in seiner technischen Souveränität wurde der Film zu einem Vorbild für spätere Werke.

Pabst setzte alle Möglichkeiten der Kamera ein, um das Knäuel der Traumbilder, die innern Gegensätze, die Wechselwirkung zwischen realen Gegenständen und seelischer Reaktion wiederzugeben.

Unter Zuhilfenahme der Traumtechnik stellte er verschiedene Gegenstände in einen gemeinsamen assoziativen Bezugsrahmen, so zum Beispiel die Empfindung, eingesperrt zu sein: eine Treppenleiter, ein Gitter, ein Zaun, ein Brückengeländer fügen sich um die Großaufnahme des Antlitzes des Schlafenden – auf eine Weise, die den Eindruck vermittelt, er sei von einem Laufgitter umschlossen. Ein von der frühesten Kindheit herrührendes Gefühl wird hier mit späteren Bildern der Erinnerung zusammengeführt, und die Geschlossenheit wird obendrein facettiert durch die kleine Figur (er selbst), die am Außenrand des Bildes umherirrt.

Wenn Traumfragmente in seinem wachen Leben auftauchen, sind sie isoliert gegen einen weißen Hintergrund gestellt; hier erhält die Schilderung vielleicht allzu große Präzision und belehrenden Charakter, auf der andern Seite aber entsteht gerade aus diesen Puzzlestücken eine Art seelische Hieroglyphensprache, die ihren eigenen Schönheitswert gewinnt.

Der Film zeigt das verborgene Leben der Dinge auf. Er vermag ein scheinbar unbedeutendes Detail bis hin zu einer Schockwirkung zu vergrößern. Stärker als alle Intrigen und Dialoge sprechen die Dinge selber. Im Film sprechen die Zerrissenheit des Kleiderstoffes, die Tasse auf dem Tisch, der Widerschein im Glas, die Landschaft eines Gesichts, ein Auge, ein Mund, eine Hand.

In Stroheims *Greed* steht das Ding in einer intimen Beziehung zum Menschen. Léger und Man Ray lösen die Dinge aus ihrem natürlichen Zusammenhang. Hier sind sie nicht mehr Gegenstände, die eine Atmosphäre, ein Milieu schaffen, sondern sie besitzen einen eigenständigen, plastischen Wert. So wie man die abstrakte Schönheit entdeckte, die im Fragment eines klassischen Kunstwerks aufgehoben sein konnte, so widmeten Léger und Man Ray ihre Aufmerksamkeit ganz kleinen Bestandteilen aus einer gewohnten filmischen Ganzheit. An die Stelle der »unendlichen Szenen, in denen Leute durch Türen ein und aus gehen und die Zeit mit totem Gerede zubringen« (Man Ray), konzentrierte man nun den Blick beispielsweise auf einen Teil der bewegten Türklinke, auf eine Ecke der Türspalte mit dem einfallenden, veränderlichen Lichtstrahl, oder auf eine Zunge, die sich zwischen den Zähnen bewegt. Die Zeremonie des Teetrinkens konnte in Bruchstücken, in Handlungsfetzen gezeigt werden: ein gekrümmter Finger im Henkel einer Tasse, ein saugender Strudel um den Löffel, der sich in der Tasse bewegt; man entfernte sich vom Wiedererkennbaren und führte ein bloßes Spiel von Formen, Linien und Strukturen vor.

Man Ray In *Emak Bakia* (1926) arbeitete Man Ray mit der Wechselwirkung zwischen statischen Kompositionen und wechselnden Detaileindrücken: ein paar mathematische Objekte, Spielwürfel, ein Banjo, ein Kragen bildeten Ruhepunkte in einem Strom von Lichtformen und Bewegungen. Wer nach einer Aussage des Films fragt, erhält den Titel zur Antwort:

Die Poesie der Dinge in *Emak Bakia* von Man Ray.

Emak Bakia ist ein baskisches Wort und bedeutet »Stör mich nicht«. Der Film will nichts anderes sein als eine subjektive Meditation, ein künstlerisches Experiment mit optischen Möglichkeiten.

In ein Filmpoem übersetzte Man Ray Desnos' Gedicht *L'étoile de mer* (1928); auch hier baute er sein Thema kontrapunktisch auf. Alle Sequenzen, die in der äußeren Wirklichkeit spielen, werden durch einen beschlagenen, aufgerauhten Filter sichtbar, während die poetischen Assoziationen mit äußerster Präzision dargestellt sind. Dies widerspricht dem bis dahin Gewohnten: das reale Geschehen erscheint als etwas Unwichtiges, das hinter einer dicken Glaswand ausgeschlossen bleibt; wirkliche Realität besitzen nur die Traumbilder. Der lange Spaziergang des Liebespaares auf dem Parkweg wird hinweggezaubert, die Gesten, die Küsse werden ironisch von einem Paar gallertartiger Schatten ausgeführt; und gleichzeitig wird durch den schwankenden,

Ein Stilleben in Man Rays *L'étoile de mer*, in dem er die Tradition von Chardin und Cézanne weiterführt.

nebelhaften Charakter der Bilder eine Unterwasserstimmung heraufbeschworen: hier, tief unten im Meer, lebt der Seestern. Das Meer ist das Element der Geburt, des Traums und der Ewigkeit. Der Seestern wird zu einem Symbol der Liebe. Es ist eine ozeanische Liebe. Er stirbt und trocknet aus, wenn er herauf, an die Außenwelt gelangt.

Der Seestern kehrt wieder in einer Reihe von Kompositionen, die an medizinische Schaubilder und technische Pläne erinnern, man glaubt in einen Organismus zu blicken, in dem der Seestern wie ein Herz in einer komplizierten Maschinerie von Kolben, Leitungen und elektrischen Spannungen lebt. Etwas Kühles, Intellektuelles vermitteln diese Bilder von sonderbaren Apparaturen, Retorten, Gläsern, Tabellen (auch ein Perpetuum mobile taucht wiederholt auf), etwas von Laboratorium und Operationssaal, aber gleichzeitig auch die Empfindung eines *Mysteriums*; es ist, als ob Man Ray sagen wollte: ich drücke hier mit den Mitteln der Wirklichkeit etwas aus, das völlig ungreifbar ist – wie wenn man etwa mit mathematischen Formeln die Existenz des Unendlichen beweist.

Seine vielfachen Brüche machen es unmöglich, logisch über den Film zu berichten: man kann ihm nur mit einem entspannten eigenen poetischen Gefühl folgen.

Die eigene poetische Aktivität ist eine Voraussetzung, wenn man einen solchen Film zum Leben erwecken will. Dies gilt für die meisten Avantgarde-Produktionen. Und es ist wohl die große Schwierigkeit, diese Quellen in sich zu erschließen, was zur Folge hat, daß diesen Filmen häufig der Eindruck von Exklusivität anhaftet.*

Der Avantgardefilm spielt in der großen, allgemeinen Filmproduktion dieselbe Rolle wie die modernistische Lyrik in der Literatur.**

Andere Filme aus derselben Periode sind:
Ménilmontant (1925) von Dimitri Kirsanov.
Faits-divers (1924) von Claude Autant-Lara.
Pour construire un feu (1928) von Autant-Lara. Dieser Film, der in drei parallele Bildebenen gegliedert ist, zeigt gleichzeitig drei verschiedene Handlungen.
Jeux des reflets et de la vitesse (1925) von Henri Chomette. Eine Komposition aus großstädtischen Rhythmen und Lichteffekten.***
Cinq minutes de cinéma pur (1926) von Chomette, mit dem der Ausdruck »Cinéma pur« lanciert wurde.
Crystals (1925) von Chomette. Er verwendet nur funkelnde Kristallspiegelungen und erreicht so eine außerordentliche Materialwirkung.
La fille de l'eau (1925) von Jean Renoir.
La petite marchande d'allumettes (1927) von Renoir. Mit der langen Sequenz eines Traums des Mädchens.
La p'tite Lili (1926) von Alberto Cavalcanti.****
En rade (1928) von Cavalcanti. Ein dokumentarischer Spielfilm um einen Hafen.*****
Anémic cinéma (1927) von Marcel Duchamp. Dieser Film besteht bloß aus einigen rotierenden Scheiben, auf die a-konzentrische Kreisformen gemalt worden sind. Wenn nun diese Kreise um den Mittelpunkt der Scheibe schwingen, entsteht eine optische Täuschung: die zweidimensionale Ebene wird

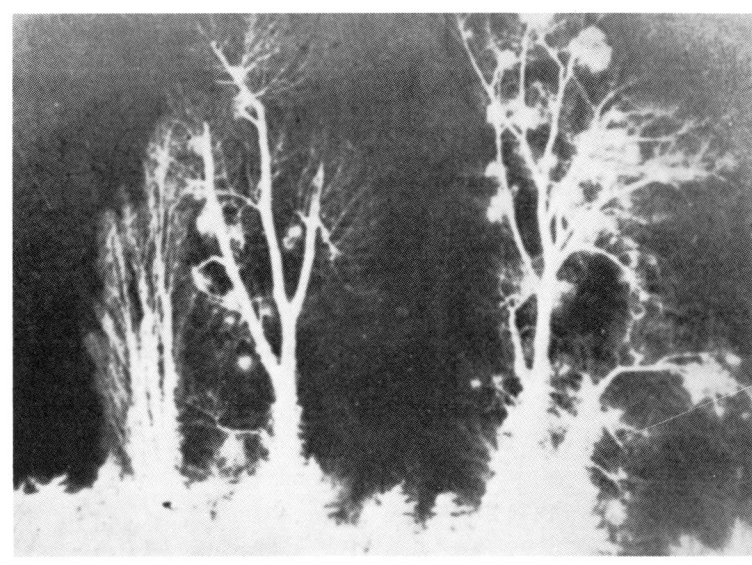

Bäume im Negativbild. Eine spukhafte Wirkung, die sich Murnau in *Nosferatu* zunutze machte und die später von Cocteau in *Orphée* wieder aufgenommen worden ist. Dieses Bild hier stammt aus Chomettes *Cinq minutes de cinéma pur.*

gebrochen, und man glaubt in einen tiefen Trichter zu blikken. Duchamps Absicht war, die vorgefaßten Meinungen über das logische Funktionieren der Dinge umzustoßen – einzig dem Auge sollte man trauen.

Vormittagsspuk (1927) von Hans Richter. Einige Objekte revoltieren gegen die alltägliche Routine. Die Tassen auf dem Teetablett beginnen ihr eigenes Leben und fliegen umher, ein Schwarm Hüte erhebt sich in die Lüfte und segelt in geschlossener Formation von dannen.

Les mystères du château du Dé (1929) von Man Ray. Bei einem Besuch in der hypermodernen Villa des Vicomte de Noailles setzt Man Ray die Wirklichkeit für einige Verwandlungsspiele außer Kraft. Unter anderem sind Mitglieder der bessern Gesellschaft auf dem Boden liegend zu sehen, in phantastische Schattenmuster gehüllt.

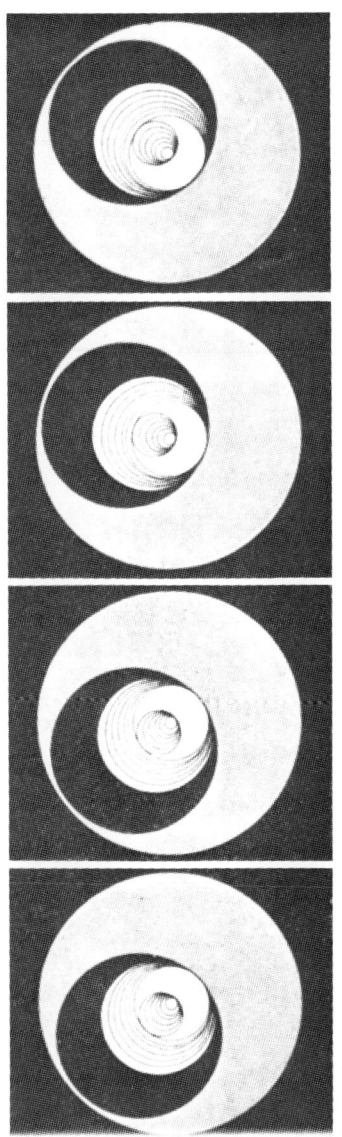

Rotierende Scheiben spiegeln
in Duchamps *Anémic cinéma* eine
saugende Tiefenperspektive vor.

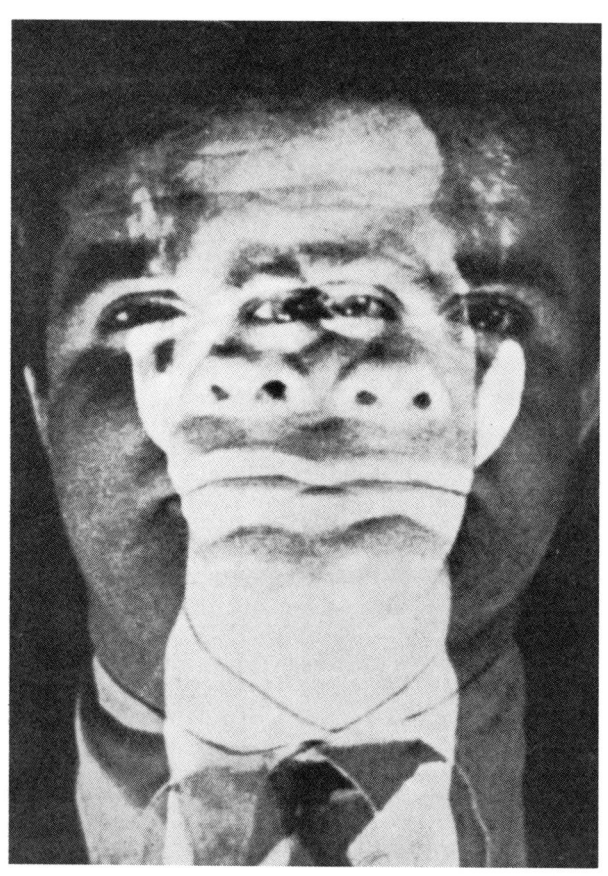

Die unbeständige Wirklichkeit in Richters *Vormittagsspuk*.

La marche des machines (1928) von Eugène Deslaw. Er folgt der Linie Légers, konzentriert sich aber auf den Rhythmus der Maschinen.* In seinem nächsten, unvollendeten Werk *Towards the robots* erhält das Maschinelle einen magischen Charakter, er durchbricht die gewaltige Tätigkeit der Walzen, Kolbenarme und Räder mit suggestiven Totembildern und primitiven Masken.

Brumes d'automne (1928) von Dimitri Kirsanov.★

La chute de la maison Usher (1928) von Jean Epstein. Eine Phantasterei um Poes Novelle.★★

Inflation (1927) von Hans Richter.

Rennsymphonie (1928) von Richter.

Zweigroschen-Zauber (1929) von Richter.★★★

Gardiens de phare (1929) von Jean Grémillon. Ein experimenteller Spielfilm.

Romance sentimentale (1930) von Eisenstein, Alexandrov und Tissé.★★★★

La coquille et le clergyman (1927) von Germaine Dulac, nach *Dulac* einem Drehbuch des Dichters und Theaterrevolteurs Antonin Artaud, ein Werk von dunkler Zentrallyrik, ein persönlicher Mythos, hermetisch geschlossen.★★★★★

In einem Kellerraum ist ein Mann in einem schwarzen Priesterrock mit einer merkwürdigen Tätigkeit beschäftigt: mit Hilfe einer Muschelschale füllt er unzählige Glasretorten mit irgendeiner Flüssigkeit, bloß um danach Glas um Glas zu zerschlagen – die Scherben auf dem Boden wachsen zu einem großen Haufen. Eine schmerzhafte, sinnlose Arbeit – als ob er mit irgend etwas zu Rande kommen wollte, das von Beginn an zum Scheitern verurteilt ist. Ein großer, kräftiger Mann erscheint hinter ihm auf der Treppe, in eine Generaluniform gekleidet, mit Orden behängt, einen langen Säbel hinter sich herschleifend. Wie eine Riesenspinne tanzt und hüpft der Uniformierte um den Priester herum, dominierend und auslöschend. Er nimmt ihm die Muschel aus den Händen, und während der ganze Raum in gewaltige Konvulsionen versetzt wird, spaltet er die Muschel mit einem Säbelhieb mitten entzwei. Schmal und eingeschüchtert liegt der Priester vor der martialischen Figur, und als der Mächtige aus dem Kellerloch herausstolziert, kriecht ihm der Priester auf allen vieren nach. Wie ein Hund kriecht er die Straße lang, und auf dem Kopfsteinpflaster liegend erblickt er seinen Übermann wieder: diktatorisch sitzt er in einer Kutsche, eine schöne, weißhaarige, in Weiß gekleidete Frau neben sich. Wie ein Brautpaar begeben sie sich zur Kirche. Der Priester läuft ihnen nach und zerrt den Mann aus dem Beichtstuhl, in dem dieser sich mit der Frau versteckt hat. Aber die Autoritätsfigur ist nun in einen Beichtvater verwandelt, einen Vorgesetzten in

Ein suggestives Bild aus *The way*, einem unvollendeten Film von Francis Brugière. Durch Spiegeleffekte und Doppelbelichtungen wird eine verwirrende Wirkung erzielt.

der kirchlichen Hierarchie; wütend ringen sie miteinander, und dieses Mal obsiegt der Schwache und Erbärmliche, es glückt ihm, die große, schwere Figur wegzuschleudern. Nun ist er es, der die verlockende, mütterliche Frau in den Beichtstuhl zieht, er überschüttet sie mit Zärtlichkeiten; als er ihr Kleid öffnet, erscheint ein Panzer aus Muschelschale auf ihrer Brust. Er reißt ihr den Panzer ab, die Kirche wird plötzlich zu einem großen Ballsaal, voll tanzender Paare. Aber da tritt der Mächtige wieder auf, in einer königlichen Uniform, die Frau-Königin an seiner Seite. Der Priester-Sohn-Untertan steht allein, in einem Leerraum erstarrt. Doch der Muschelpanzer, den er hochhebt, besitzt Zauberkraft, alles Leben ringsum löst sich auf, nur die Frau bleibt übrig, und auf dem öden, spiegelnden Steinboden kommt sie auf ihn zu. Sein schwarzer Rock wird zu einem Leichengewand, zu einer unendlichen nächtlichen Straße, zu einer Landchaussee, auf der er zusammen mit der Frau in einer kosmischen Flucht dahinstürmt.

Eine hohe Eisentüre erhebt sich vor ihm. Fiebrige, nervöse Versuche, die Tür aufzuschließen; und als es ihm glückt, steht er wieder vor einer verschlossenen Tür, er überwindet Tür um Tür, bis er in einen Raum eindringt, in dem er wiederum dem Mann und der Frau gegenübertritt. In einem Tumult von Bildeindrücken setzt er seine kosmische Flucht fort, Landschaften, Meere, Städte, Wolken schweben vorüber, Fäuste schlagen an Türen, irgendwo, vielleicht auf einem Schiff, liegt der große Herrscher in Ketten. Zuweilen taucht die Frau auf, er will sie umarmen, aber sie entschwindet, zum Schluß hält er nur einen Glasglobus in den Armen.

Dieser Glasglobus erscheint nun auf einem Gestell mitten in einem großen Raum, und mit Sorgfalt wird der Raum von schwarz gekleideten Kammerfrauen und Dienern in Ordnung gebracht. Von allen Seiten dringt Licht durch offene Fenster herein. Unnahbar, wie eine Herrscherin, steht die Frau, nunmehr schwarz gekleidet, am Fenster.

Der Priester nähert sich der gläsernen Kugel; in deren Innerem befindet sich ein Gebilde, das einem Kopf gleicht. Er zerschlägt das Glas und hebt seinen eigenen Kopf heraus, der auf einer Muschel ruht. Der Kopf schmilzt zu einer dunklen Flüssigkeit, die er mit geschlossenen Augen trinkt.*

Luis Buñuel

Buñuels Film *Un chien andalou* (1929) war anti-ästhetisch und anti-artistisch. Seine Stärke lag nicht in den Bildkompositionen, Montagen und Rhythmen, sondern einzig in seinem emotionalen Gehalt. Der Film war nach den Prinzipien der Traumarbeit aufgebaut. Doch der Traum wurde nicht als ein unwirklicher Zustand hingestellt, als ein Kontrast zur äußeren Wirklichkeit, sondern Traum und Wirklichkeit waren eins. Der Film erzeugte Wirklichkeit mit den Mitteln des Traums.

So wie *Potemkin* und die russische Avantgarde die äußeren Bedingungen der menschlichen Existenz attackiert hatten, so sezierte Buñuel die Eingeweide der bürgerlichen Gesellschaft, er zeigte die verzerrten Impulse des Menschen, seine unterdrückten Triebe und unstillbaren Begierden.

Der Inhalt des Films ist das Resultat eines *psychischen Automatismus*. Der Surrealismus beruht auf der Vorstellung, daß das Unbewußte, das Verdrängte bedeutungsvoller ist als das uns Bekannte (verdrängt, weil es allzu entzündbar, allzu gefährlich ist für unsere Anpassung und unsere Moral). Dieser Idee gemäß versammelte Buñuel in Zusammenarbeit mit Salvador Dalí ein Feld von Assoziationen rund um das Thema: die Beziehung zwischen einem jungen Mann und einer Frau. Aus dem Material wurde indes eine Auswahl getroffen, es wurde *bewußt* geordnet, alles, was nicht von zentraler thematischer Bedeutung zu sein schien, wurde weggelassen. Auf diese Weise erhielt der Film so etwas wie eine Handlung, eine Handlung jedoch, die ganz aus den Quellen einer Poesie des Unbewußten aufsteigt, eine vom Ballast der Vernunft und der Tradition befreite Handlung.

Bereits der erste Zwischentitel des Films ist eine Kriegserklärung: »Es war einmal ...«. Ein Mann erscheint am Fenster (Buñuel selbst), ein Rasiermesser wetzend, mit einer Zigarette im Mundwinkel. Er blickt aus dem Fenster, eine Wolke nähert sich dem Mond. Ein Frauengesicht taucht auf, mit offenen Augen. Das Rasiermesser schneidet ins Auge hinein und schneidet es durch.★ Die Wolke ist am Mond vorüberge-

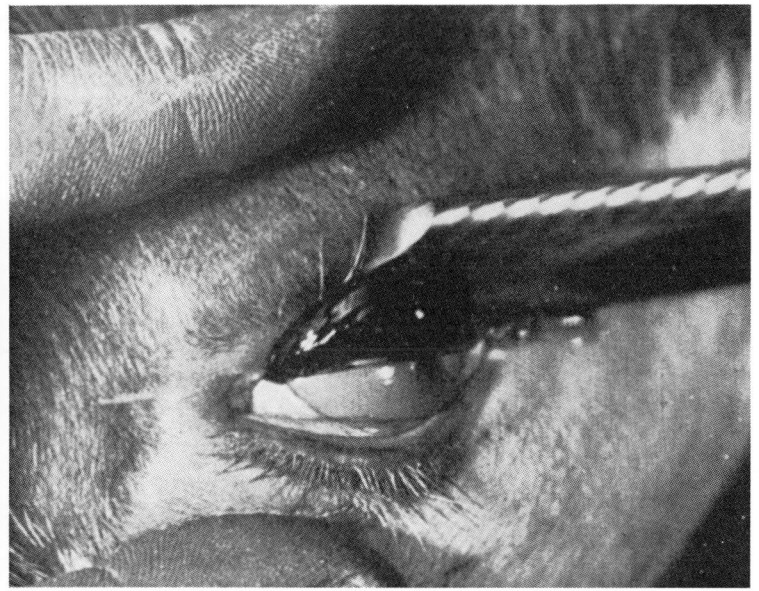

Ein gewaltiger Schock. Eine drastische Auseinandersetzung mit dem ästhetisierenden Film.

zogen. – »Es war einmal...« – Damit ist Schluß mit allem, woran sich ein intellektuell-verspieltes Publikum bislang ergötzt hatte. In einer drastischen Attacke ist das Auge, das etwas Schönes, etwas Interessantes erwartete, aufgeschlitzt worden. In Aktion gesetzt werden sollte jetzt *das zentrale Nervensystem.*

»Acht Jahre später« lautet der nächste Zwischentitel. (Eine ironische Anspielung auf die epischen Ambitionen des Spielfilms.) Darauf wird ein Mann sichtbar, der durch eine morgendlich leere Straße radelt, er radelt mechanisch, ohne zu steuern, die Hände auf den Knien. Über seinem Anzug trägt er einen breiten Kragen und eine Kinderschürze, und an seiner Brust baumelt eine Pappschachtel an einer Schnur um seinen Hals.

Oben in einem Zimmer an derselben Straße sitzt eine Frau

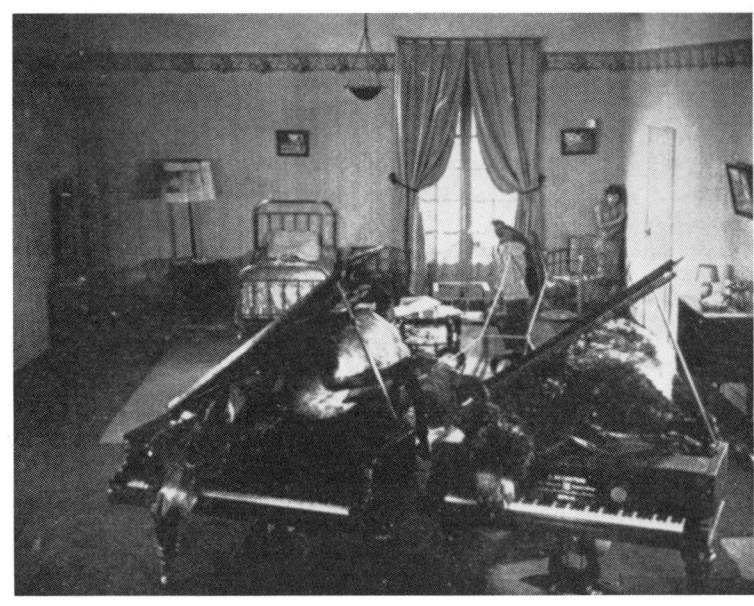

Die furchtbaren und grotesken Nöte des Mannes beim Versuch, sich der Frau zu nähern.

und liest. Sie hebt den Kopf, lauscht gespannt. Durch irgend etwas beunruhigt wirft sie das Buch fort und läuft zum Fenster. Das Buch liegt offen, obenauf eine Reproduktion von Vermeers »Spitzenklöpplerin«.

Unter dem Fenster fährt der Radfahrer gegen den Rinnstein und stürzt. Mit erregtem Gesichtsausdruck stürmt die Frau auf die Straße hinunter, wirft sich über den Radfahrer und küßt ihn auf den Mund, die Augen, die Nase. Er liegt unbeweglich. Seine Pappschachtel ist aufgeplatzt und enthüllt ihren Inhalt, eine Krawatte.

Die Frau ist nun wieder in ihrem Zimmer. Auf dem Bett breitet sie die Sachen des Radfahrers aus, seine Schachtel, seinen Kragen und seine Krawatte, dann setzt sie sich wie zur Totenwache.* Plötzlich aber wendet sie den Kopf und sieht hinter sich den Radfahrer an der Tür. Angsterfüllt starrt er

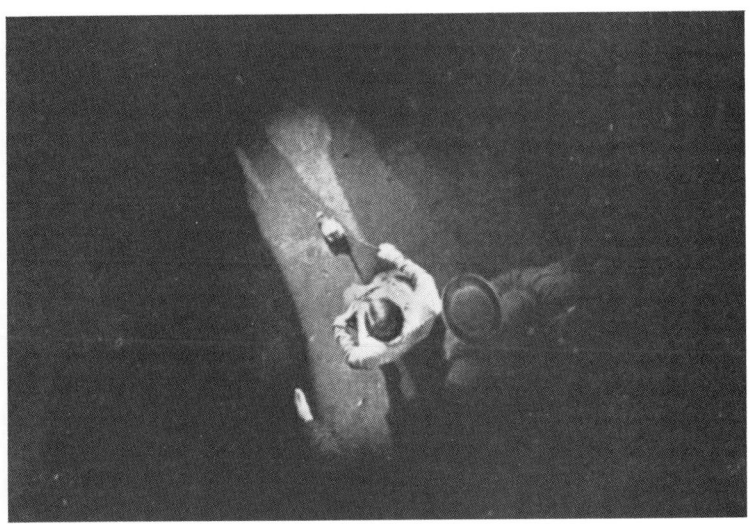

Die machtlose Hand. Abgehackt liegt sie auf der Straße.

auf seine Hand. Sie nähert sich ihm und sieht, daß die Hand ganz von Ameisen besetzt ist.

Von der Großaufnahme der krabbelnden Ameisen wechselt das Bild auf das Haar in der Achselhöhle einer Frau. Dann geht das Bild über von einer treibenden Qualle in einen senkrecht nach unten gerichteten Blick auf ein Mädchen, das in der Mitte eines Kreises von neugierigen Zuschauern steht. Mit einem Stock berührt es eine Hand, die vor ihm auf der Straße liegt.* Ein Polizist kommt ihm zu Hilfe, er hebt die Hand auf und legt sie in die wiederaufgetauchte Schachtel. Mit einem militärischen Gruß reicht er ihm die Schachtel. Die Zuschauer entfernen sich. Das Mädchen bleibt mitten auf der Straße zurück, völlig gleichgültig gegenüber dem Verkehr ringsum. Oben am Fenster werden der Radfahrer und die Frau Zeugen, wie es auf einmal überfahren wird. Als habe dieser gewaltsame Vorfall den Mann angestachelt, beginnt er nun, die Brust der Frau zu streicheln. Er sieht sie nackt vor sich, sein Gesicht verzerrt sich zu einer lüsternen, tierischen Fratze. Die Frau entzieht sich ihm, sie reißt sich los und ver-

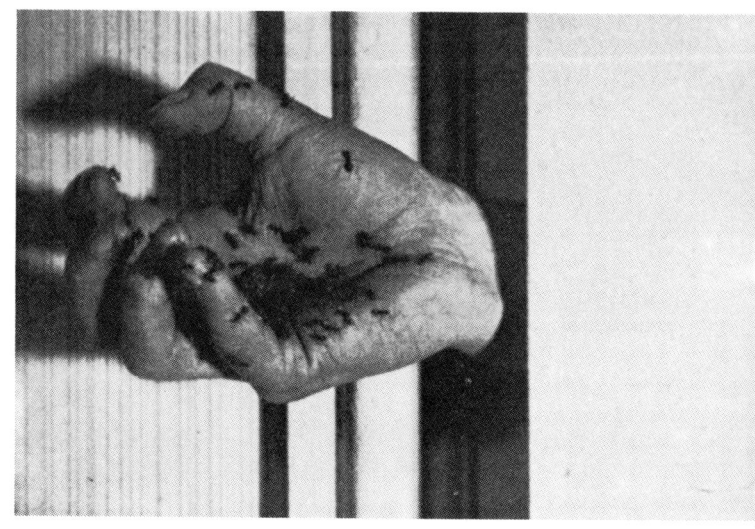

Im Türspalt eingeklemmt, von den Ameisen der Schuld übersät.

barrikadiert sich hinter einem Tisch.* Langsam nähert er sich ihr. Doch jetzt wird er zurückgehalten von einem fürchterlichen Gewicht. Ein Paar dicke Stricke liegen auf seinen Schultern, und vornübergebeugt müht er sich ab, als zöge er einen Schleppkahn, währenddessen ihm die Frau wie gelähmt vor Schreck zusieht. Was er hinter sich herzieht, sind Korkstücke und große Glaskugeln, wie sie die Fischer als Schwimmer für ihre Netze verwenden, dann ein paar Priester, mit einem erstaunten, anklagenden Gesichtsausdruck, dann zwei große Konzertflügel, und auf jedem der Flügel liegt ein toter Esel. Mit einer ungeheuren Anstrengung schleppt er sich in die Nähe der Frau, doch bevor er sie erreicht, läuft sie aus dem Zimmer. Da läßt er die Stricke fallen und verfolgt sie. Sie will sich in ein anderes Zimmer einschließen, er bekommt die Hand in die Tür, doch sie wirft sich mit aller Kraft dagegen. Seine Hand wird sichtbar, im Türspalt eingeklemmt. Wieder quellen die Ameisen hervor. Doch als sie sich umdreht, sieht sie, daß der Radfahrer auf ihrem Bett liegt: anscheinend ist es ihr gar nicht gelungen, das Zimmer zu verlassen. Er ist gekleidet wie zu Beginn und trägt die Pappschachtel auf der Brust.

Ein Mann tritt ein. Als der Radfahrer seiner ansichtig wird, springt er auf. Der Mann entreißt ihm die Schachtel und seine Sachen und wirft sie aus dem Fenster. Dann befiehlt er dem Radfahrer, sich in die Schamecke zu stellen. Erst jetzt wendet der Neuankömmling sein Gesicht der Kamera zu. Ein neuer Zwischentitel lautet: »Vor sechzehn Jahren«, und man sieht, daß der Neuankömmling mit dem Radfahrer identisch ist, jedoch jugendlicher wirkt. In einer Zeitlupenbewegung begibt er sich zu einer Schulbank, holt von da zwei voluminöse Bücher und drückt sie dem Radfahrer in die Hände. Es ist, als ob dieser die Bücher zur Strafe halten solle. Er will sich losreißen, die Bücher verwandeln sich in zwei Revolver, außer Sinnen erschießt er sein Alter ego, das ihn mild und flehentlich anblickt. Im Augenblick des Todes wird er in eine Parklandschaft versetzt, während er niedersinkt, streicheln seine Hände einen nackten Frauenkörper, der sich wie eine Skulptur vor ihm erhebt. Zwei zufällige Passanten, der eine ein großer und blaßfeister Kerl, der andere ein hinkender Zwerg, heben ihn, beinahe ohne stehenzubleiben, hoch und tragen ihn fort.

Daraufhin ist wieder das Zimmer zu sehen. Die Frau und der Radfahrer stehen einander gegenüber. Spöttisch betrachtet sie ihn. Er preßt seinen Handrücken gegen den Mund. Als er die Hand wegzieht, ist der Mund verschwunden. Gleichgültig schminkt die Frau ihre Lippen. Plötzlich jedoch wachsen Haare, wo sich sein Mund befunden hat. Mit Schrecken entdeckt die Frau, daß die Haare in ihrer Achselhöhle verschwunden sind. Sie streckt ihm die Zunge heraus und verläßt ihn.

Sie ist an einem Strand zu sehen, mit einem andern Mann. Sie sind ausgelassen und umarmen einander. Am Wassersaum liegen die Sachen des Radfahrers und die aufgeweichte Schachtel. Der Mann und die Frau gehen wie durch eine Vision von Freiheit.

Der Film – wie er gewöhnlich gezeigt wird – schließt hier. In der Originalversion aber setzen der Mann und die Frau ihren Weg den Strand entlang fort, bis sie immer tiefer im Sand versinken. Nach einem letzten Zwischentitel: »Im Frühling…«

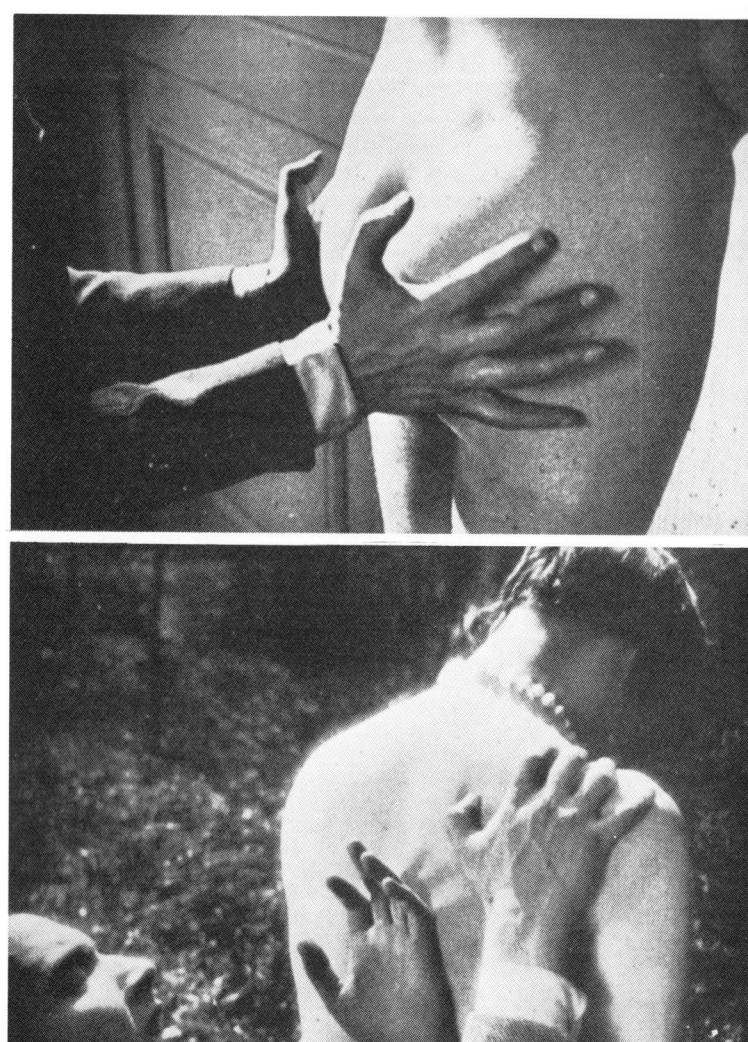

Von der Wollust – in den Todeskampf.

46

erscheint sie wiedervereint mit dem Radfahrer, beide bis zur Brust in einer unendlichen Wüste eingegraben.

Vom Gesichtspunkt der Logik und der Tradition her betrachtet ist die »Handlung« nur schwer faßbar. Doch wenn man empfänglich ist für diesen unaufhörlichen Strom von Gefühlen, wie er von den Bildern vermittelt wird, folgt man der Entwicklung einer Liebesbeziehung, oder vielmehr deren Verhinderung durch verzehrende und zersetzende Kräfte.

Da werden die schleichenden Schuldgefühle des Mannes an der von Ameisen übersäten Hand deutlich. In der Szene mit den Stricken gelangt sein Gefühl der Impotenz zum Ausdruck. Er schuftet sich mit dem Strandgut seiner ganzen Erziehung ab, vom Leichtesten, scheinbar Bagatellsten bis hin zu den Moralgeboten der Religion und dem Erbe der klassischen Kunst.* Der Kragen und die Krawatte sind alles, was von dem zivilisierten Manne übriggeblieben ist, die Krawatte wird zu einem Geschlechtssymbol: nachdem die Frau sie auf das Bett gelegt hat, erhebt sie sich wie in einer Erektion. Die kindliche Kostümierung seiner gewöhnlichen Kleider symbolisiert seine Infantilität. Er ist nicht reif für eine Liebesbegegnung. Er besitzt nichts anderes als eine leere Pappschachtel. Und diese Pappschachtel enthält seine abgehackte Hand: das Zeichen für seine Machtlosigkeit, für seine geistige und sexuelle Kastration. Die Konfrontation mit dem jüngeren Ich des Mannes spricht von einer unheilbaren Zersplitterung; er hat sich selbst aus den Augen verloren. Die dicken Schulbücher haben ihm nur Gelehrsamkeit und Gesetze mitgegeben, aber keine Harmonie. Er ist sich selbst fremd, sein eigener Feind. Das Lächeln seines Alter ego im Augenblick des Todes ist wie eine Sehnsucht nach einer Einheit – doch dieses Lächeln wird vernichtet. Schrecklich sind die beiden Repräsentanten der Allgemeinheit, der Ringertyp und der Verkrüppelte, die ihn wie im Vorübergehen aus dem Weg räumen, ihm und all seinen Nöten gegenüber gleichgültig. Ein Detail wie die Haare in der Achselhöhle, die zum Mund des Mannes hinüberwechseln, drücken ein plötzliches Erlahmen, ein plötzliches Verstummen aus: ein poetisches Bild einer absurden Situation, voll sinnlicher Empfindungen und Gefühlen der Ohnmacht.

Un chien andalou soll nicht rational verstanden werden. Seine rein visuelle Sprache wendet sich gegen jegliche verbalen Auslegungen, nichts im Film hat mit Literatur, Schauspiel oder Bildkunst zu tun. Empfindungen allein nehmen visionäre Gestalt an. Der Zuschauer wird in Aufruhr, in Schrecken und Faszination versetzt. Der Film duldet keine Analyse und kein Ordnungsschema. Er will gerade das Inkonsequente, Primitive, schwer zu Deutende in unserem Verhalten aufzeigen, er will bloß, daß man seine eigenen Träume, seine dunklen Impulse, seine Gefühle der Unsicherheit wieder spürt.

Nur mit einem *intuitiven, assoziativen* Verständnis können wir dem Film nahe kommen.* In der Szene mit den beiden Konzertflügeln beispielsweise spürt man – gleichzeitig mit dem starken Gefühl von sexueller Unlust und Hemmung – das Feierliche, man spürt die Salon- und Konzertatmosphäre, man sieht die Virtuosen vor sich, die Günstlinge des Publikums – und dann die beiden Esel, mit ihren halb verwesten Köpfen, die über die Tasten baumeln: durch sie wird diese Feierlichkeit verhöhnt; die ganze klassische Kunst, die Große Kunst, wird für verrottet erklärt, für tot – warum tot? –, weil sie außerhalb unseres Lebens steht, weil sie die Einschränkungen unseres Lebens nicht aufzuheben vermag – bloß ein toter Esel spielt noch Klavier. – Alle diese Eindrücke ergeben sich beinahe gleichzeitig, die Zusammensetzung der Bilder, ihre Ambivalenz, ihr blutiger Hohn, ihr Schrei nach neuen Werten. Unser Inneres gerät ins Wanken.**

Versucht man nachträglich, diese Eindrücke zu gliedern, verfehlt man die Absicht des Films.

Der Titel, *Ein andalusischer Hund*, ist ebenfalls ein unterschwelliger, heimtückischer Angriff. Es kommt kein Hund vor in dem Film, doch ein wildes Tier ist die ganze Zeit über gegenwärtig, ein Heulen, ein rasender eingesperrter Trieb, ein Hundegebell in einer heißen andalusischen Nacht.

Derselbe karge Stil wie in *Ein andalusischer Hund,* derselbe Mangel an technischer und kompositorischer Raffinesse prägte auch Buñuels nächsten Film, *L'age d'or* (Das goldene Zeitalter, 1930). Vielleicht war die Kargheit hier sogar noch weiter getrieben und die Gewalt des Stofflichen bis zur Unerträglichkeit gesteigert worden. *Un chien andalou* war ein kurzer, stummer Film über einen menschlichen Konflikt. Die Handlung spielte sich gleichsam hinter verschlossenen Türen ab. Im Tonfilm *L'age d'or* dagegen wurden alle kulturellen Muster, in denen der Konflikt abläuft, gezeigt. Es gibt kaum eine Institution, kaum Moralgebote, die nicht niedergerissen werden in diesem gewaltsamsten Befreiungsversuch, der je mit filmischen Mitteln unternommen worden ist.

Eingeleitet wird *L'age d'or* mit einer kurzen Dokumentaraufnahme einiger Skorpione, die zuerst eine Ratte zu Tode beißen und dann, im trockenen Sand kreiselnd, sich gegenseitig abstechen. Alles verdorrt, steinig, dornig. Ein ödes Land. Eine einsame Küste. Oben auf den Klippen steht eine Gruppe kirchlicher Prälaten, Litaneien murmelnd. Ein Mann in Lumpen schleppt sich über die versteinerte Lavaerde. Er trägt ein Gewehr auf dem Rücken. Ein Schiffbrüchiger, ein Bandit, ein letzter Vorposten.* Er torkelt zu einer baufälligen Hütte, wo er einige Waffenbrüder trifft, die ebenso zerlumpt und ausgemergelt sind wie er. Hier leben sie ihr Paria-Dasein, während die Priester weiter ihre Gebete murmeln. Einer der Männer liegt im Sterben, an der Wand festgebunden wie an einer Nabelschnur. Er versucht sich zu erheben, und mit einer letzten Anstrengung stöhnt er: »Ihr, die ihr Ziehharmonikas habt – Flußpferde – Kälber ...«, und mit diesem undeutlichen Protest stirbt er. Die Überlebenden wanken hinaus, denn es gibt ja eine Kultur, sie begeben sich hinaus, um dieser Kultur zu begegnen, der Kultur, die mit wimpelgeschmückten Schiffen in der Meeresbucht anlegt. Doch jene langen nie an, einer nach dem andern fallen sie in den Staub.

Und die Kultur steigt an Land: Priester, Beamte, Militärs, Diplomaten. Sie sind gekommen, um den Grundstein für *Die Ewige Stadt* zu legen. Ehrfurchtsvoll begrüßen sie die alten Prälaten, die nun verwest sind – deren Skelette jedoch weiterhin die ewige Messe murmeln, deren Kruzifixe und Bischofsstäbe in der Sonne glänzen. Aber dann geschieht etwas Peinliches: die feierliche Einweihungsrede wird von Schreien und Stöhnen unterbrochen – mitten unter den Versammelten liegt ein Liebespaar in heftiger Umarmung in einer Schlammpfütze. Sie werden auseinandergerissen. Der Mann wird ge-

Eine Litanei in alle Ewigkeit – *L'age d'or*.

fangengenommen und von zwei stämmigen Detektiven hinweggeschleift. Er wirft sich nieder, doch er wird unerbittlich weitergezerrt, von Schmutz besudelt, an das Handgelenk des Detektivs gekettet.★ In seiner Raserei zertrampelt er einen Käfer und beobachtet lüstern dessen letzte Todeszuckungen, dann tritt er nach einem Hund und einem alten blinden Mann.★★ Gegen seinen verzweifelten Widerstand wird er durch die Stadt geschleppt – das öde Land hat sich nun in Die Ewige Stadt verwandelt. Da erinnert er sich plötzlich, daß er ein wertvolles Dokument bei sich trägt. Es glückt ihm, das siegelgeschmückte Papier seinen Wächtern vorzuzeigen – und sogleich wird er unter Ehrfurchtsbezeugungen freigelassen: aus dem Dokument geht hervor, daß er für einen hohen Posten im Staatsdienst auserkoren ist.★★★

In der Zwischenzeit ist die Frau in ihr Elternhaus geführt worden. Nach einem Haßausbruch gegen die Mutter und einem Zusammenstoß mit dem Vater hat sie sich aus den großen, prunkenden Sälen in die Toilette geflüchtet. In sich versunken steht sie hier, in einer modernen, zweckmäßig ein-

Die Kuh erhebt sich auf dem Bett der Frau.

gerichteten Gefängniszelle und sieht zu, wie das Papier an der Rolle abbrennt – eine Szene von eigentümlicher analerotischer Bedeutung, die in die Vision des Mannes übergeht, wie er sich auf dem Weg zu ihr befindet: feiste Bürger promenieren mit Brotlaibern auf dem Kopf; ein Krieg bricht aus; ein Bombenangriff – und kurz darauf Schilder, welche die Ruinen als pittoreske touristische Sehenswürdigkeiten anpreisen.

Die Frau sitzt jetzt in ihrem Zimmer vor dem Spiegel. Der Spiegel ist wie ein Fenster. Sehnsüchtig betrachtet sie im Spiegel den Himmel und die Wolken. Von ihrem Bett erhebt sich eine Kuh, groß und fruchtbar, und gleichzeitig grotesk und bedrohlich.★ Der Klang einer Glocke begleitet den Liebestraum der Frau. Wie in einer gemeinsamen Halluzination werden der Mann und die Frau vom Glockengeläut zueinander hingesogen. Ein Windzug fegt durch das Zimmer. Unten in den Sälen aus den achtziger Jahren treffen sie sich wieder auf einem offiziellen Empfang. Mit geschlossenen Augen, wie Schlafwandler, wollen sie sich in die Arme sinken, mit einer unermeßlichen Hingabe, doch immer wieder werden sie getrennt, wird die Frau von der Mutter oder vom Vater zurückgehalten, stellen sich konversierende Gesellschaftsdamen und servierende Diener dem Mann in den Weg. In kurzen Einschüben wird der Horizont ständig nach allen Seiten hin aufgerissen: eine von einem Pferd gezogene Müllkarre rumpelt durch den Raum; Feuer bricht in der Küche aus, ein Dienstmädchen steht schreiend und brennend in der Tür, und niemand nimmt Notiz von ihr; der Jäger, der ohne Beute von der Jagd kommt, ärgert sich über seinen kleinen Sohn und schießt ihn nieder wie einen Hasen.

Im Gedränge der Cocktailparty gerät der Mann immer mehr außer Sinnen. Er schlägt die Mutter der Frau, die versehentlich einige Tropfen Wein auf ihn vergossen hat. Bevor der Skandal sich entwickelt, suchen sie nach einem Ort, um sich zu verstecken; außer sich vor Sehnsucht stehlen sie sich hinaus in den Park und werfen sich zwischen Skulpturen und gestutzten Büschen nieder. Doch jetzt, da sie sich endlich küssen können, wird sein Gesicht plötzlich blutbeschmiert, sie weißhaarig und runzlig. Eine geraume Weile saugen sie einander verwirrt an den Fingern, unaufhörlich »Mon amour, mon amour...« stammelnd – und wieder werden sie unterbrochen: erst kommen ein paar Mönche vorbei, dann meldet ein Diener »Seiner Hoheit« ein Telefongespräch. Nachdem er sie allein gelassen hat, fährt sie geistesabwesend fort, an der großen Zehe der Marmorskulptur zu saugen.

Am Telefon spricht er mit dem Staatsminister, der ihm vorwirft, seine Amtspflichten nicht erfüllt zu haben – außer sich vor Zorn herrscht er seinen Vorgesetzten an, bis dieser entrüstet vom Stuhl an die Decke fliegt und stirbt.* Kaum ist er zur Frau in den Park zurückgekehrt, da werden sie von neuem gestört durch die Gäste, die hinausgeströmt sind, um einem Konzert zuzuhören.

Die Musik war bereits die ganze Zeit über zu vernehmen – ein einziges Mischmasch aus Wagner, Brahms und Beethoven, eben jenes schwülstige, pathetische Standardprogramm, das bis in alle Ewigkeit durch die Konzertsäle zu brausen scheint. Der Dirigent mit dem ehrwürdigen Bart legt unver-

Die Raserei des Mannes – aus *L'age d'or*.

mittelt seinen Taktstock nieder, greift sich an die Stirn und wankt, von fürchterlichen Kopfschmerzen gepeinigt, mit verzerrtem Gesicht zum Paar in der Laube. Seine Schritte knirschen auf dem Kiesweg. Als er naht, erhebt sich die Frau, wirft sich in seine Arme und läßt ihre Zunge durch seinen gepflegten Bart gleiten. Sie ist des Unvermögens ihres Liebhabers überdrüssig, seines formlosen, chaotischen Begehrens, sie wendet sich wieder der Tradition und der Ordnung, dem ewigen Vater zu.

Der verlassene Mann läuft Amok. Oben in ihrem Zimmer zerbeißt er ein Daunenkissen. Das Haar voller Federn, Federn spuckend wirft er einen Pflug, einen brennenden Baum und eine Giraffe zum Fenster hinaus.* Der Film schließt mit einer delirierenden Phantasie um ein Thema von Marquis de Sade: wir sehen Christus bei Sexualorgien und perversen Ausschweifungen. Buñuel parallelisiert Christus und de Sade, um seine These zu verdeutlichen, daß Selbstaufgabe und Selbstquälung zwangsläufig in Sadismus und Destruktion münden. Er entthront Christus, den leidenden Menschen, der entsagt, der das Leiden zu einem Genuß macht; das Ideal der Kultur. Buñuel sieht in Christus den Triumph der Lüge. Die katholische Kirche ist für ihn eine lebensfeindliche Macht. Bereits die Szenen zu Beginn, in denen die Priester über der Hütte der Verhungernden ihre Messe singen, zeugen von der Gleichgültigkeit der Kirche gegenüber der Not des Menschen (hier unter einem sozialen Aspekt). Als der Mann festgenommen, das heißt sein Sexualtrieb unterdrückt wird, verwandelt sich die Kraft in ihm in Haß – er muß andere quälen und zertreten. De Sades Traumschloß – eine befestigte Burg mit hochgezogenen Brücken – ist die letzte Konsequenz der Ewigen Stadt Gottes: die Stadt heißt Sodom und wird beherrscht von Machtlust, Falschheit und blutiger Gewalt. Im letzten Bild des Films wird das Kreuz, das wie ein Totempfahl mit Skalps behängt ist, umgestürzt, und, in Rauch gehüllt, kracht es zu den Klängen eines Paso Doble zusammen.

(Dalí, der auch hier mit Buñuel bei der Abfassung des Manuskripts zusammenarbeitete, distanzierte sich von dem Film, als er ihn in fertigem Zustand gesehen hatte: er wollte nicht verantwortlich zeichnen für dessen antiklerikale Einstellung; mit den Jahren wurde er zunehmend religiöser und hat nun wieder vollständig zur katholischen Kirche zurückgefunden.)

In den meisten Filmen, die wir sehen, ist die Handlung abgerundet, die Intrige zu Ende geführt. Wenn das Licht im magischen Salon angezündet wird, ist der Film definitiv vorbei. Es bleiben nur ein paar Erinnerungsbilder an einige Personen und Situationen, und die verlöschen sachte. Anders ist es bei einem Film wie *L'age d'or*. Er kommt nie zu einem Abschluß. Er lebt in einem weiter, weil er nichts klargelegt hat. Er wirkt wie eine Injektion auf unsere Phantasie und unser Gefühlsleben. Er hat unsere elementaren Funktionen angerührt. Seine Bilder bleiben haften wie jene Grunderlebnisse, zu denen wir immer wieder zurückkehren können und die eine nie versiegende Wirkung besitzen.

In *Un chien andalou* und *L'age d'or* machte Buñuel die Sprache des Traums zu einer Sprache der Wirklichkeit, er arbeitete mit unterschwelligen, verdrängten Kräften ebenso wie mit greifbaren, schmerzenden Realitäten. In seinen folgenden Filmen ging er den umgekehrten Weg, das primäre Material war hier die äußere Wirklichkeit – doch er steigerte sie derart, daß sie den Charakter einer Halluzination, eines Traums erlangte.

Der Ausschnitt der Wirklichkeit, den er in *Terre sans pain* (Land ohne Brot, 1932) schildert, übertrifft jede surrealistische Vision. In Las Hurdes, einer Provinz im Norden Spaniens, stieß er auf eine isolierte Volksgruppe, die für ihn zu einem allgemeinen Symbol der äußersten menschlichen Erniedrigung wurde. Der kurze Film besteht aus einer Reihe schrecklicher Radierungen, den Capriccios von Goya verwandt.

Aus Mangel an anderer Nahrung essen die Leute in den Dörfern unreife Kirschen. Ihre Körper sind entstellt von Geschwulsten und Ausschlägen. Zu einem großen Teil geistig zurückgeblieben, vegetieren sie in Erdhöhlen und Steingrotten dahin. Ihre Apathie und ihr primitiver Aberglaube lassen keine Verbesserungen, keine Erleichterungen zu. Ihre Werkzeuge sind mittelalterlich. Ihre Hacken vermögen nichts gegen die ausgetrockneten Böden. Tiere und Kinder sterben in der glühenden Sonne. Den Biß einer ungefährlichen Ringelnatter versuchen sie zu heilen, indem sie die Wunde mit einem giftigen Kraut einreiben, so daß sie an Blutvergiftung sterben. Die Abwasserkanäle münden in den Fluß; in dem trüben Wasser baden die Aussätzigen; dasselbe Wasser wird unsterilisiert getrunken. Ein Esel stürzt auf dem Weg hin und wird von einem Bienenschwarm angefallen, zuckend liegt er unter einer dicken Decke von Insekten. Jedes Gesicht wirkt wie ein Faustschlag: tierisch stumpfe Gesichter, Gesichter, in unsäglichem Schmerz erstarrt, Gesichter von Krüppeln, Kretins und Mißgeburten. Wie ist unsere Welt beschaffen, wenn es solche Lebensformen gibt – das ist die Frage, die der Film stellt.*

Wie unveränderlich Buñuels Weltbild ist, zeigt sich in seinem mexikanischen Film *Los olvidados* (1950). Auch dies ist ein schwarzer Film, ein Film jedoch, der erfüllt ist von unendlichem Mitgefühl und einer Poesie des Abgrundes. Es ist ein Film über Hunger und Verzweiflung und über die un-

Die Mutter entschwebt ihrem Bett – aus *Los olvidados*.

lösbaren Schwierigkeiten menschlicher Beziehungen. Die
Bande von Jugendlichen, die sich auf das Plündern von Bett-
lern und Krüppeln spezialisiert hat, lebt inmitten von Abfallhaufen und Ruinen. Das Milieu ist authentisch, es liegt an der
Peripherie von Mexico-City; wieder ist es die Wirklichkeit
selbst, die das grausam-harte Material bereitstellt. Die Welt
dieser Allerärmsten ist in sich geschlossen, voll gegenseitiger
Unterdrückung, Verfolgung und Schuld. Irgendwo aber gibt

es eine Hoffnung, Möglichkeiten des Verständnisses. Doch sie scheinen unerreichbar.* Die eigene Mutter ist eine feindliche Mauer für den Jungen, der in die allgemein herrschende Tendenz hineingezogen wird. Als sein Kamerad unter seiner ungewollten Mitwirkung ermordet wird, träumt er die Nacht darauf von der Sehnsucht nach Zärtlichkeit und Liebe. Die Mutter entschwebt ihrem Bett, erst um ihn zu umarmen und dann nochmals, jetzt mit einem großen zermanschten Fleischstück in der Hand – das Fleisch, das sie ihm zuvor verweigert hat, als er an ihrem Herd darum bettelte –, und während sie langsam näher kommt, wie in einer zähen Masse schwimmend, das Haar in einem eisigen Wind flatternd und mit einem drohenden Lachen auf den Lippen, richtet sich hinter seinem Bett der Arm des Ermordeten auf. Später, als sie ihren Sohn in der Erziehungsanstalt besucht, verliert sie für einen kurzen Moment ihre Selbstsucht und Härte, sie möchte um Vergebung bitten, doch nun steht der Sohn kühl und abweisend am Fenster.

Die Bilder sind voller Traumkraft, sie sind vieldeutig; jedes Detail weckt einen Strom von Gefühlen. Da gibt es den alten blinden Spielmann; die Jungen überfallen und steinigen ihn, er seinerseits aber schikaniert den geduldigen Ochitos, den Bauernburschen, der bei ihm gelandet ist, und er versucht das junge Mädchen zu vergewaltigen, das mit der Milch zu ihm kommt. Ein paar Tiere erscheinen sonderbar bedeutungsvoll: als der überfallene Spielmann zwischen seinen zerschlagenen Instrumenten liegt, starrt ein Hahn auf ihn; ein Küken wird für Pedro, den verstoßenen Sohn, zum Liebesobjekt, er streichelt es, während die Mutter einen Mann auf ihrem Zimmer empfängt, aber dann erschlägt er es in einer plötzlichen Raserei**, eine Taube, von der man glaubt, daß sie Fieber heilen könne, liegt wie eine heimliche Herrscherin auf der Brust der kranken Frau.

In einem dämonischen Wechselspiel werden das Schreckliche und das Zerbrechliche ineinander verwoben. Der Mann ohne Beine wird von der Horde Jugendlicher bedrängt, von seinem Karren heruntergerissen und liegt hilflos da wie ein Käfer, während der Karren die abschüssige Straße hinabrollt, und im Stall reibt das Mädchen seinen Körper mit Milch ein, um eine schönere Haut zu bekommen. Kinder reiten auf den

Pferden des Karussells, entrückt und verzaubert, und das Karussell wird von Ochitos gezogen, von ihm, der selbst wie ein Pferd angeschirrt ist.

Es ist, als ob Buñuel nach Luftlöchern suchte, nach kurzen Augenblicken der Erleichterung. Mitten im tiefsten Dunkel finden sich kleine Gesten, die wie Monumente wirken: ein Lachen, der Lichtreflex auf einer Stirn, ein Klaps auf den Rücken, eine Begrüßung, der Sohn, der den betrunkenen Vater heimführt, der Junge, der dem Mädchen seinen Talisman schenkt – einen Zahn, den er auf dem Friedhof gefunden hat. Überall in der Unbarmherzigkeit lebt das Gemeine und grotesk Menschliche.* Ein tiefes Mitempfinden spricht aus der Szene von Jaibos' Tod, wo sein Schrecken angesichts des ganzen Daseins aufwallt – er, der Mörder, sieht sich nun selbst ausgeliefert, eine Landstraße fließt ihm entgegen, ein großer Hund kommt angelaufen – es ist die Szene einer entsetzlichen Verlassenheit. Und als schließlich auch Pedro getötet wird, da geht die Prophezeiung des *andalusischen Hundes* in Erfüllung: die Nachbarn wollen ihn so schnell wie möglich loswerden, um keine Scherereien zu bekommen, sie stecken ihn in einen Sack, befördern ihn auf einem Esel weg und werfen ihn auf den Schuttabladeplatz der Stadt hinunter.

Cocteau: *Le sang d'un poète*

Ähnlich wie Artaud in *La coquille* verwandelt auch Jean Cocteau in *Le sang d'un poète* (1930) sein eigenes Leben in einen Mythos, in eine Legende. Er erhellt einige Räume seines inneren Labyrinthes, in allegorischer Form skizziert er sein Lebensmuster. Er unternimmt etwas ähnliches wie Hermann Hesse im *Steppenwolf*: in einem tranceähnlichen Zustand, außerhalb des gewohnten Zeitkontinuums, wird er Zeuge einer Reihe von Szenen aus einer sonderbaren Theatervorstellung. Wie Harry Haller im *Steppenwolf* begeht er einen Schein-Selbstmord, das heißt, er löscht um einer mystischen, unfaßbaren Poesie willen sein rationales Ich aus, er ist bereit, die Erneuerung mit seinem eigenen Blut zu bezahlen. Seine Vision, die eine unbegrenzte Zeit zu umfassen scheint, währt den kurzen Moment, in dem ein Schornstein zusammenstürzt: der hohe Fabrikschornstein beginnt im ersten Bild des Filmes zu fallen – im letzten Bild donnert er zur Erde nieder. Auch diese Sprengung deutet den Zusammenbruch des alten Ich an. Fortwährend muß der Dichter sterben, um von neuem geboren zu werden.

Die Zeitlosigkeit, das Verhaftetsein des Dichters in der Vergangenheit kommt schon in der ersten Szene zum Ausdruck. Der Protagonist steht an der Staffelei, halbnackt wie ein Athlet, doch mit einer Perücke aus dem 18. Jahrhundert; er ist dabei, ein Frauengesicht zu zeichnen. Er arbeitet naiv, naturalistisch, dilettantisch – doch plötzlich entdeckt er das Magische in seinem Künstlertum: der gezeichnete Mund wird lebendig. In seinem ersten Schrecken versucht er den Mund wegzuwischen, doch dieser bleibt an seiner Hand haften, er lebt und atmet in seiner Hand und stöhnt: »Luft, Luft!«. Fasziniert starrt der Dichter auf den Mund, er küßt ihn und läßt ihn über seinen eigenen Körper gleiten (die Poesie ist in ihm selbst gefangen, sie liebkost sich selbst). Nach der (von der Zensur weggeschnittenen) onanistischen Handlung sinkt er in einen Stuhl und schläft ein. Als er erwacht, findet er eine Skulptur neben sich, einen Frauentorso, und in einem neuerlichen Versuch, den Mund loszuwerden (seine Poesie vom

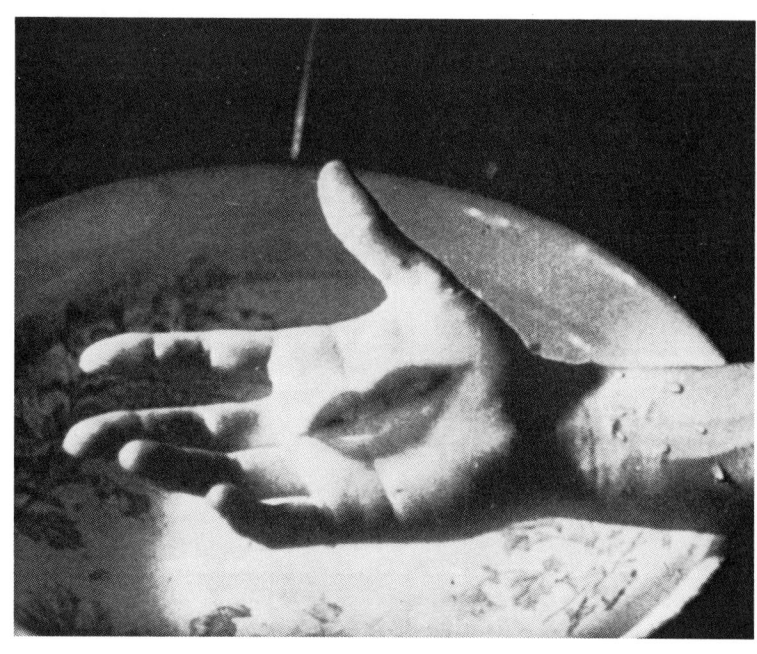

– die Hand besitzt einen sprechenden Mund –.

Persönlichen zu befreien und mit dem Anonymen zu verschmelzen), preßt er seine Hand gegen die Lippen der Skulptur. Die Skulptur erwacht zum Leben. Ihr Mund bewegt sich, ihre Augen öffnen sich. Cocteaus stark stilisierte Stimme läßt sich vernehmen: »Wozu eine Statue aus dem Schlaf der Jahrhunderte erwecken?«

Danach wird mit einer weiteren Frage die zweite Szene eingeleitet: »Glaubst du, es ist so einfach, dich von einer Wunde zu befreien, den Mund einer Wunde zu verschließen?« – Der Raum um den Dichter und die Statue haben sich jetzt verwandelt, er ist leer wie eine Gefängniszelle, das Fenster ist verschwunden, wo die Tür war, erhebt sich ein hoher Spiegel. Während der Dichter verwirrt nach einem Ausgang sucht, deutet die Frau auf den Spiegel. Er muß den Spiegel zerschlagen (die Selbstbespiegelung überwinden), und er wirft sich in das Glas, das nun die Konsistenz von Wasser besitzt.

Langsam, wie auf dem Meeresgrund schwebend, bewegt er sich durch einen Korridor, dessen Türen zu Theaterlogen zu führen scheinen. Durch die Schlüssellöcher erblickt er die verschiedenen Tableaus der Vorstellung, zuerst sieht er einen mexikanischen Bauern, der von einem Erschießungskommando hingerichtet wird, er fällt, erhebt sich wieder in einer rückläufigen Bewegung, fällt und erhebt sich in steter Wiederholung. Die Stimme sagt: »Das Morgengrauen ist in Mexiko das gleiche wie auf dem Boulevard Arago, auf einem Feld in Vincennes, in einem Hotelzimmer.« Der Tod ist überall und immer gegenwärtig.

Die nächste Szenerie wird »Die Geheimnisse Chinas« genannt. Der Dichter sieht eine Opiumpfeife, die angezündet wird, den Schatten des Rauches an der Wand, und dann ein asiatisches Auge, das von der anderen Seite des Schlüssellochs unbeweglich seinen Blick trifft. Er wird konfrontiert mit der Mystik der Dichtung, die wie ein berauschendes Gift wirkt, der Dichtung, die sich nicht erforschen läßt, sondern ihm unergründlich entgegenblickt.

In der folgenden Szene ist ein kleines Mädchen zu sehen, das von seiner Gouvernante »Fluglektionen« erhält. Angetrieben von der Peitsche der Gouvernante und mit Glöckchen behängt, die unablässig schellen und rasseln, arbeitet es sich die Wände hoch und langt schließlich oben an der Decke an. Das Erschreckende an der Szene erhält einen grotesken Aspekt: höhnisch streckt es seiner Peinigerin die Zunge heraus. Die Gesetze der Schwerkraft sind hier aufgehoben, die Grenzen der Realität gesprengt, die mühselige, schmerzliche Anstrengung wird von einem Gefühl des Triumphes gekrönt.

Dann ist der Dichter nicht mehr Zuschauer, er wird in eine aus Kulissen, künstlichen Gliedmaßen und poetischem Zubehör bestehende Szenerie hineingezogen, wo er gezwungen wird, sich selbst zu erschießen. Doch er stirbt nicht; dieser erste Selbstmord besitzt noch keine Kraft, sein Blut ist noch immer bloßes Theaterblut, seine Dichtung noch immer ohne Leben. Seine Muse ist wieder zu Stein geworden, besinnungslos tobend geht er auf den Torso los und zerschlägt ihn, in Staub gehüllt.

Die Dimensionen des Raumes werden gesprengt –
– die Gravitationsgesetze werden im Korridor des magischen
Theaters aufgehoben –.

– Das Geheimnisvolle –.
– »Fluglektionen« –.

Jetzt sieht der Dichter sein wirkliches Blut in schrecklicher Direktheit, er begegnet sich selbst als Kind auf dem Schulhof während einer Schneeballschlacht. Dargelos, sein geliebter Kamerad, zielt auf ihn mit einem Schneeball, den er zu Eis gepreßt hat; er selbst steht vor Liebe und Furcht gelähmt da und wird von dem Schneeball getroffen, der »tödlich ist wie eine spanische Klinge«. Sein Stöhnen wird von schwarzem, dickem Blut erstickt, das aus seinem Munde quillt. Hier auf diesem Schulhof, von dem jetzt die Kameraden in wilder Panik fliehen, wurde ihm die zentrale Wunde zugefügt – hier verlor er die Liebe, hier verschloß er sich in sich selbst. Hier aber wurde auch die Poesie aus dem Schmerz und der Enttäuschung geboren.

Der Schulhof hat sich in einen großen, leeren Theatersaal verwandelt. (Der Dichter ist nicht mehr draußen in den Korridoren, sondern drinnen, im Zentrum des Theaters), die Logen ringsum füllen sich mit einem mondänen Publikum. Über seinem getöteten Kindheits-Ich hat sich ein Tisch erhoben, und an dem Tisch sitzt er mit einer Frau (der Skulptur, die wieder zum Leben erwacht ist), sie halten Spielkarten in den Händen. Er ist jetzt erwachsen, er muß beweisen, daß er ein Mann ist. »Wenn du das Herz-As nicht hast, bist du verloren«, sagt sie, und er beugt sich nieder zu dem Toten und zieht die Herzkarte aus dessen Brusttasche. Eher gelangweilt als neugierig wartet das Publikum darauf, daß das Kartenspiel zwischen dem Mann und der Frau jetzt beginnen möge. Der Dichter aber ist dieser Liebe nicht gewachsen. Das Herz besitzt kein Leben. Es ist bloß eine Spielkarte. Seine Liebe liegt gebunden, unerlöst in dem Kindheitserlebnis. In diesem Augenblick, in dem sich Cocteaus persönliche Tragik enthüllt, taucht ein von Öl glänzender Schwarzer mit Flügeln auf, »der Schutzgeist des Kindes«, er hebt den Toten auf und trägt ihn hinweg. Es ist wie ein endgültiger Abschied. Die Liebe des Dichters gehört einer andern Wirklichkeit an. Die Liebe zwischen Mann und Frau ist für ihn unmöglich geworden; aber als er dies gewahr wird, beginnt sein Herz zu schlagen, man hört es pochen, die Kraft der Liebe ist in ihm, sie zielt jetzt ganz auf die magische, dämonische Poesie. Noch einmal begeht er Selbstmord: der Mann, die Persönlichkeit wird jetzt endgültig ausgelöscht; der Dichter ist anonym geworden.

Wieder wird die Frau zur Statue, erhobenen Hauptes verläßt sie den Raum, verschwindet im Zeitlosen und Mythischen. Das Publikum applaudiert zerstreut und verständnislos, dumpf hallt es im Theatersaal wider.

Jean Vigo

Verwandt mit Buñuel war Jean Vigo, auch er ein Realist, Realist vom Schlage derer, welche die Einheit zwischen äußerer und innerer Wirklichkeit erkennen. Auch er war einfach und direkt, kein großer Stilist, er gab das unmittelbar Erlebte wieder. Doch er hatte nicht das eruptive, heftige, unversöhnliche Temperament Buñuels. Seine Filme sind geprägt vom gleichen Bedürfnis nach Wahrheit, doch sie reden eine eher träumerische, meditative Sprache. Bei Buñuel (zumindest in seinen zwei surrealistischen Werken) gleicht der Mensch einem Archetypen, einem Wesen, das aus dem kollektiven Unbewußten heraus lebt; Vigo dagegen schildert ausgesprochen persönliche Schicksale.*

Sein kurzes Leben – er starb mit neunundzwanzig Jahren an Lungentuberkulose – ist beinahe symbolisch für den Kampf des individuellen Filmkünstlers. Seine angegriffene Gesundheit wurde zusehends durch die Anstrengungen unterminiert, einige seiner Ideen zu verwirklichen. Neben einigen dokumentarischen Arbeiten vermochte er lediglich zwei Filme zu drehen – beide gehören zu den Meisterwerken dieser Kunstgattung. Der erste, *Zéro de conduite*, wurde sogleich von der Zensur verboten, weil er eine »grobe Beleidigung der Schulen des Landes« darstellte, und gelangte sechzehn Jahre lang nicht an die Öffentlichkeit. Der andere, *L'Atalante*, den Vigo kurz vor seinem Tod vollendete, wurde vom Produzenten zusammengeschnitten und durch ein paar banale Gesangsszenen entstellt, die den Film marktgängiger machen sollten.**

Zwischen 1928 und 1930 trieb sich Vigo in Nizza herum und sammelte das Material zu *A propos de Nice*, einem bitteren, ironischen Epitaph auf die sommerlichen Vergnügungen der reichen Mittelklasse. (Ein Thema, das durch Tatis *Monsieur Hulot* zu neuem Leben gelangt ist.)*** Aufdringlich und entlarvend arbeitet er mit seiner versteckten Kamera. Auf der breiten Strandpromenade schleicht er sich an die abgestumpften, untätigen Kurgäste heran, die wie Mumien auf

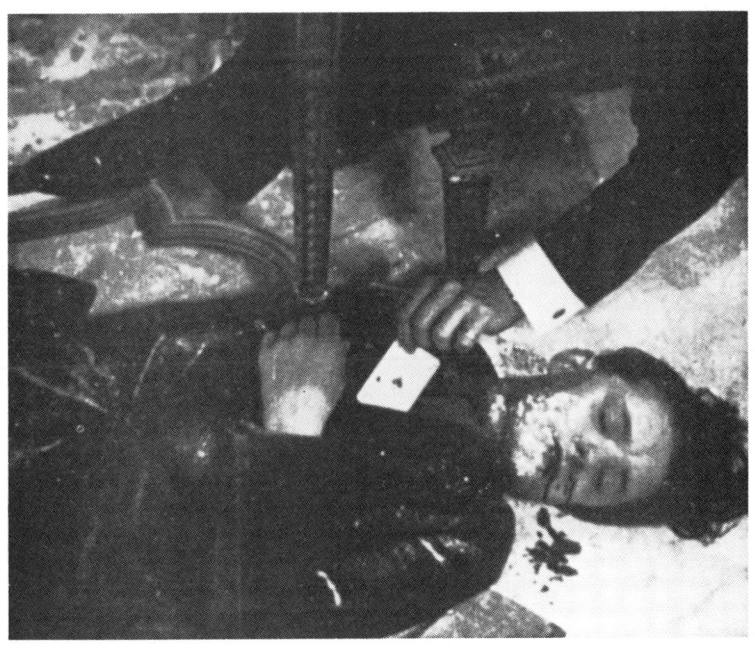

– Herz-As – aus *Das Blut des Poeten*.

den Bänken sitzen und ihre Schnurrbärte sonnen oder mit ihren Straußenfedern und Schoßhündchen promenieren. Alles wird unternommen, um sie zu ergötzen: eine Armee von Dienern umschwärmt sie, Musikanten spielen, Gigolos nehmen sich der betagten, herzkranken Damen an, in den Armenvierteln werden die großen Masken für den Karneval gemalt. Die Prozession der grotesken, makaberen Masken scheint eine Fortsetzung der ewigen Prozession entlang der Strandpromenade zu sein;* es ist, als ob die Armen die Reichen verhöhnten, sie putzen sich zu phantastischen Riesen mit Zigarren und Zylindern heraus, sie karikieren die mit Juwelen geschmückten, geschminkten Damen, sie amüsieren sich auf deren Kosten. In wirbelnder Ausgelassenheit tanzen sie vorbei an den Zuschauern auf den Hotelterrassen, deren Gesichter allzu versteinert sind, um lächeln zu können. Die großen Hotels gleichen Mausoleen; nach einem Schwenk über die schimmernden Fassaden mit ihren Skulpturen und Pfeilern zeigt die Kamera die pompösen Grabdenkmäler auf dem Friedhof.*

Vigo arbeitet rein assoziativ. Die Bilder vom Blumenkrieg auf der Straße werden abgelöst durch einen Blick auf die Kriegsschiffe, die draußen am Kai ankern; der Karnevalszug wird von einem Trupp marionettenhaft marschierender Soldaten unterbrochen;** ein Mann, der seine Schuhe putzen läßt, hat plötzlich bloße Beine, und der Lappen mit der Schuhcreme poliert seine Füße; eine Frau sitzt auf einmal nackt in ihrem Liegestuhl (in einigen Kopien von der Zensur weggeschnitten. Die Zensur: diese Über-Ich-Einrichtung des Films, die zuschlägt, wenn das Thema allzu heikel wird!) – wie eine Erinnerung an die Existenz des Körpers, die ansonsten verhüllt wird. Den stärksten Ausdruck findet sein Phantasieren, seine Improvisationsfähigkeit in einer Szene, die zwei alte konversierende Damen zeigt: sie wenden ihre gepuderten Gesichter nach oben und scheinen hingerissen ein paar Fabrikschornsteine anzustarren, die über ihnen ihre enorme Potenz heben und senken.***

In *Zéro de conduite* (1933; Kamera, wie in allen Filmen Vigos: Boris Kaufmann) bleibt nichts mehr von sozialer Bitterkeit, der ganze Film strahlt einen befreiten Anarchismus aus.**** Die Kinder in der Internatsschule, die gegen ihre Lehrer einen Aufstand inszenieren, gelten vom ersten Moment an als Sieger. Die Erwachsenen werden als einfältige Attrappen geschildert, von Beginn an sind sie entthront und vermögen nichts gegen die hervorbrechende Revolte der Jugendlichen. Die Revolte ist für Vigo einer der wesentlichsten menschlichen Impulse – eine Kraft, die beständig wach gehalten werden muß.

Es gibt keine konsequente Handlung in dem Film, das Geschehen entfaltet sich in eine poetische Konzeption. Da ist dieses stete Erlebnis des *unmittelbar Gegenwärtigen* durch das Kind und das Primitive, es gibt nichts anderes als den Augenblick mit seinen willkürlichen Einfällen und seinen überraschenden Forderungen, alles wird direkt und zentral erlebt, sei es ein improvisiertes Spiel (wie in der Bahnszene zu

Beginn, als die Jungen auf dem Schulweg alle möglichen obskuren Gegenstände aus ihren unzähligen Taschen hervorkramen und zum Schluß zwei große Zigarren zu rauchen beginnen), sei es in einer Konfrontation mit einer der Autoritätspersonen. In diesen Konfrontationen werden die Erwachsenen blitzschnell nach den Eingebungen des Augenblicks verwandelt, wie Hampelmänner, die in der kindlichen Phantasie leben. Die Welt der Kinder ist völlig getrennt von der erstarrten Welt der Erwachsenen. Bereits in der Bahnszene, in der die beiden Jungen mit einem schlafenden Mitreisenden alleine sind, wird diese Grenzziehung sichtbar; auf ihrer Sitzbank albern sie mit ihren Hühnerfedern, Spielzeugtrompeten und aufgeblasenen Ballons herum, mit ihren Zigarren ziehen sie einen Rauchring um sich, und als der Zug mit einem Ruck an der Station stehenbleibt, wo sie aussteigen sollen, und der Schlafende von der Sitzbank gleitet, rufen sie: »Er ist tot!«*

Die Wirklichkeit als Rohmaterial der Phantasie und die unerhörte Sensibilität in der Schilderung der augenblicklichen Stimmungen kommen vielleicht am stärksten zum Ausdruck in einer Szene, die einen der Jungen an einem Sonntag zu Hause bei seinem Aufpasser zeigt. Mit verbundenen Augen, steif und unbeweglich, sitzt er auf einem Stuhl am Fenster. Der Aufpasser selbst ist nicht zu sehen, aber man erahnt ihn hinter der ausgebreiteten Zeitung auf dem Sofa. Neben dem Jungen steht ein Klavier, und auf dem geschlossenen Deckel schleicht sich ein kleines Mädchen auf den Zehenspitzen heran. Es hebt eine Glaskugel hoch und hält sie vor das Gesicht des Jungen, dann löst es dessen Augenbinde und setzt sich neben ihn. Alles trägt sich in einer atemlosen Stille zu, man weiß nicht, was geschieht, man spürt nur, daß der Junge dort irgendeine absurde Strafe absitzt, man spürt, daß eine Atmosphäre der Bedrohung das Zimmer beherrscht und daß die beiden Kinder auf eigenen, geheimnisvollen Wegen sich vom Erwachsenen entfernen, der hinter der Barriere seiner Zeitung lauert. Wie zwei Verschworene betrachten sie lächelnd die Glaskugel vor sich.**

Der Rektor der Schule, der Mächtigste von allen, ist ein Zwerg. Mit der Stimme eines Liliputaners hält er seine rhetorischen Ansprachen. Als er hinter seinem riesenhaften

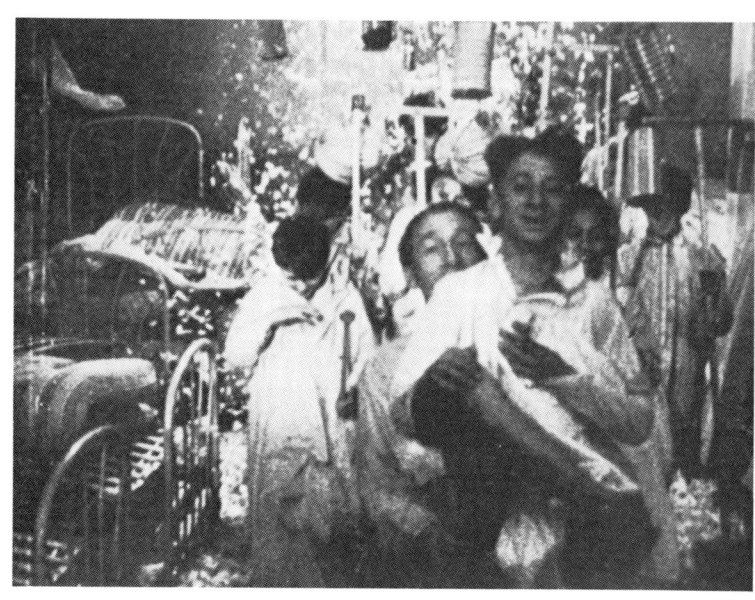

– Der Freudentaumel, die Revolte – aus *Zéro de conduite*.

Schreibtisch sitzt, argwöhnt man plötzlich, daß er lediglich
ein verkleidetes Kind mit einem großen schwarzen falschen
Bart ist. – Doch in der nächsten Sekunde verwandelt er sich in
ein schreckliches Monstrum. Einer der Lehrer ist ein schlei-
chendes Phantom, stets mit einem süßlichen Lächeln auf den
Lippen, der auf den Zehenspitzen um den Rektor herum-
scharwenzelt und heimlich den Kindern Schokoladetafeln
stiehlt. Ein anderer Lehrer ist ein schnaubender Fleischberg,
seine Unterrichtsstunde ist eine böse Studie der Idiotie: er
thront hinter seinem Pult, fummelt an Kragen und Schlips
herum, kratzt sich, räuspert sich fortwährend und spuckt ins
Taschentuch. Der einzige Lehrer, der auf der Seite der Kinder
steht und sie zum Widerstand ermuntert, trägt die Züge von
Chaplin, gleichzeitig ist er ein Selbstporträt von Vigo: jene
Mischung aus tragikomischem Außenseiter, Romantiker und
Revolutionär – stets auf der Seite der Schwachen. Ungeheuer-
lich ist sein Spaziergang mit den Jungen durch die Stadt: er

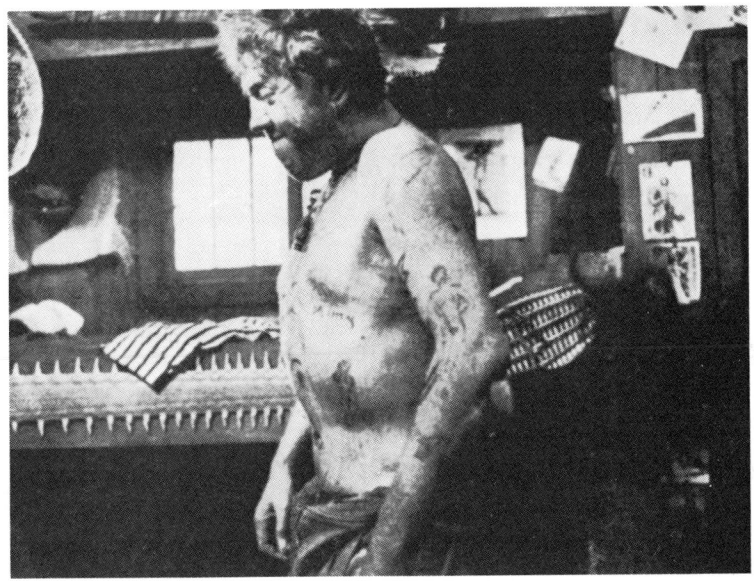

Père Jules, ein lebendiges Bilderbuch, aus *L'Atalante*.

verliert sich in Träumereien und freut sich am Himmel und an der Sonne, geradeaus setzt er seinen Weg durch die Straße fort, während die Kinder um eine Ecke biegen; einige Quartiere weiter schließen sich ihm die Kinder wieder an – er hat nicht einmal ihre Abwesenheit bemerkt.

Die Revolte wird durch unzählige kleine Anlässe vorbereitet. Als sie zum Schluß ausbricht, greift sie wie eine Naturgewalt um sich. In einem phantastischen Triumph schreiten die Kinder im Schlafsaal zum Angriff gegen den wachhabenden Lehrer. Als sie ihn mit Kissen bombardieren, steht er als Symbol für jede Form von Übermacht und Unterdrückung. Erbärmlich und machtlos flüchtet er sich in sein Bett zurück, während die Jungen die Kissen aufschlitzen und in einem Schneetreiben von Daunen ihren Siegeszug beginnen – ich kenne keinen Film, der ein derart ekstatisches Glücksgefühl vermittelt: in einer traumhaften Prozession, einer Mischung aus Karneval und religiösem Ritual, wie in Zeitlupe in ihren

Nachthemden fliegend, ziehen die Kinder durch den Schlafsaal und singen mit ihren hohen Diskantstimmen eine unwirkliche Hymne. Der schlafende Lehrer (eine assoziative Fortsetzung des Schlafenden im Eisenbahnabteil) wird am Bett festgebunden, das Bett wird aufgerichtet und wie ein schlaffer und vernichteter Gekreuzigter hängt er in den Stricken.

Die Schlußbilder sind aus einer erhöhten Perspektive aufgenommen: die vier Anführer des Aufruhrs sind auf das Dach geklettert und werfen Papier, Nachttöpfe und Schulbücher auf den Hof hinunter, wo man sich zu einem feierlichen Gebet versammelt hat. Die lächerliche Übermacht wird in die Flucht geschlagen und auf dem höchsten Dachfirst stehen die Sieger in ihrer wilden Freiheit.*

Dieselbe direkte filmische Inspiration prägt auch *L'Atalante* (1934), einen Film über die Menschen auf einem Schleppkahn, über eine gemächliche, zeitlose Flußfahrt, wo alles in die Atmosphäre des Wassers, in ein silbriges Grau gehüllt ist. Auch hier gibt es keine gradlinige Handlung; die Ufer ziehen vorüber, man legt an einem Kai an, das Wasser murmelt monoton, der Schiffer heiratet ein Mädchen aus einem Dorf, in dem man zufällig angehalten hat – der Weg von der Kirche über das Feld zum Schiff hinunter erzählt von dem Zufälligen, Flüchtigen; der Mann und die Frau kennen einander kaum, sie gehen jeder für sich, und in der eigentümlichen Welt des Kahns werden sie zusammengeführt. Juliette fühlt sich in der Kajüte eingeschlossen, sie geht nur mit, weil sie sich nach Paris sehnt, Paris ist ihr großer Traum. Für Jean, den Schiffer, und Père Jules ist die Kajüte eine alltägliche Welt.** Père Jules (von Michel Simon gespielt) ist eine der wunderlichsten Figuren, die je vom Film geschaffen worden sind. Mit seinen Katzen und einem alten Grammophon lebt er inmitten geheimnisvoller Souvenirs: Bilder von Eingeborenenfrauen, einem Glasgefäß mit einem Paar in Spiritus konservierter abgeschnittener Hände, einer Spieldose mit einem mechanischen Dirigenten, einem Reißzahn – all diese Dinge besitzen für ihn magische Bedeutung. Sein Körper ist vollgekritzelt mit Tätowierungen, auf dem Bauch findet sich ein großes Gesicht – der Mund sitzt um den Nabel und kann eine Zigarette halten. (Bezeichnend ist wohl, daß gerade diese Szene, die den Bilderbuchcharakter seines Lebens, dessen Verflechtung mit den düsteren und bizarren Dingen ringsum ausdrückt, von der Zensur weggeschnitten worden ist.) Der ganze Film baut auf solchen Einfällen auf; gerade dem Belanglosen kommt Bedeutung zu, die Personen werden in diesen parenthetischen Augenblicken durchleuchtet: als Jean Juliette hochhebt, um sie zu küssen, ahmt Père Jules den Liebeskampf mit einem Schattenboxen nach; als Juliette Père Jules einen Mantel zur Anprobe reicht, inspiriert ihn dies zu einem exotischen Bauchtanz und danach zu einem Stierkampfspiel, bei dem er den Mantel vor einem imaginären Stier schwenkt.

Während sich das Schiff Paris nähert, zanken sich Jean und Juliette immer öfter. Jean ist eifersüchtig auf ihre Sehnsucht nach der Stadt. Aber als sie sich dann allein in die Stadt begibt, fühlt sie sich ängstlich und verloren, die Stadt ist wie eine Steinwüste. Als Père Jules sie findet, läßt sie sich willig zum Schleppkahn zurückführen, den sie jetzt zum erstenmal als ihr Zuhause empfindet.*

(Bei de Sica gibt es Augenblicke, die an Vigos Hellhörigkeit für die feinsten Nuancen heranreichen, bei ihm können die Dinge und die Menschen dieselbe Transparenz erlangen: zum Beispiel in *Umberto D.*, wo das schwangere Mädchen frühmorgens in die Küche hinausgeht – es lebt von innen heraus, die Kamera ist für es nicht vorhanden –, seine Handlungen sind nicht vorausbestimmt, sie entstehen aus den Impulsen des Augenblicks: mit einem brennenden Papierfetzen verjagt es die Kakerlaken aus dem Ausguß; das plötzliche Gefühl von Ekel und Müdigkeit erinnert an seinen Zustand – völlig verloren sinkt es auf den abgenutzten Küchenstuhl, den Rock hochgezogen, sein bleiches Antlitz offen wie eine Blume, der Wasserhahn tropft...**)

Peixoto: *Limite*

Limite (1929), ein brasilianischer Film von Mario Peixoto, variiert in komplexer, kontrapunktischer Form das Thema der *Begrenzung*. Drei Schiffbrüchige, zwei Frauen und ein Mann, treiben erschöpft in einem Rettungsboot auf dem Meer, während in Rückblenden eine Szene aus ihrem jeweiligen Leben beleuchtet wird. Jede dieser Szenen schließt mit einer persönlichen Niederlage, die eine gemeinsame Endgültigkeit erhält angesichts des Ausgeliefertseins auf dem offenen Meer. Der Film ist stumm und, mit Ausnahme einer kurzen Sequenz, ohne Zwischentitel; die Bedeutung des Geschehens wird durch variierende Rhythmen und Einstellungslängen veranschaulicht. Jedes Motiv, Erwartung, Ruhe, Aufbruch, Beengung und Flucht, besitzt seinen eigenen Puls. Gewisse Elemente, vornehmlich Türen und Fenster, wiederholen sich wie feste Motive. Die erste Frau ist zu sehen, wie sie das Gesicht in den Händen verbirgt. Diese Geste, diese Stimmung des Bildes läßt sich später in den Lebensvisionen der andern beiden wiedererkennen – so wird ein Gefühl von Totalität suggeriert. Die Frau flieht mit der Hilfe eines Wärters aus ihrer Gefängniszelle. Die Magie der verschlossenen und geöffneten Türen beginnt. Der Rhythmus des Zuges in die Freiheit ist ein anderer als der Rhythmus des Zuges auf ihrer Flucht. Die Monotonie und Beengtheit in der Fabrik, in der sie eine Stelle als Arbeiterin erhalten hat, haben sie gebrochen; bloß ein neues Gefängnis hat sie finden können.

Die andere Frau ist an einem Strand zu sehen, wo sie Fische einkauft. Der Rhythmus der Bilder ist offen, die Natur ist zugänglich, die Frau bewegt sich kreatürlich-unbewußt, leichtfüßig schreitet sie zum Dorf hinauf. Doch während sie durch das Dorf geht, ändert sich ihr Schritt, man erhält das Gefühl, daß sie die Ankunft zu Hause aufschieben will. Unterwegs begegnet sie einem Mann; als sie einander gegenüberstehen, sprechen ihre Haltungen und ihre Gesichter von einer endgültigen Trennung. Dann ragt das Haus vor ihr auf. Die Türen und Fenster sind geschlossen. Mit seinen nackten Mauern gleicht es einer Festung. Drinnen im Haus begegnet sie ihrem Gatten. Er sitzt zusammengesunken auf der Treppe. Auch zwischen ihnen hat eine Grenzziehung stattgefunden. Wie der Abschied vom Geliebten zuvor sich in den Gesichtern der beiden gespiegelt hat, so sprechen jetzt ihre Hände mit den Eheringen. Während sie sich entfernt, wird eine groteske Variation des Fluchtthemas eingefügt: man sieht eine Szene aus einem Chaplinfilm – eben ist es ihm gelungen, sich durch das Gitter hindurchzuschlängeln, er glaubt, frei zu sein, doch er läuft geradewegs zwei Wachtposten in die Arme.

Auch der Auftakt zur Geschichte des Mannes baut auf einem offenen Rhythmus auf; die Strandszene kehrt wieder. Er erfährt, daß die Frau, die ihn liebt, an Aussatz leidet. Seiner Verzweiflung kontrastiert die Härte des Felsblockes und des Berges; es ist, als ob ihn die ganze Natur vernichten wollte.

Währenddessen hat sich auch der Rhythmus des Meeres verändert. Das Gefühl einer kosmischen Übermacht wird stärker. Das Boot sinkt in einem fugenartigen Ansturm der Wogen.

Neben dem außergewöhnlich gesteigerten Rhythmusgefühl wird der Film von einer konstruktiven Bildkomposition getragen. Der teilweise südländisch melodramatische Zug in den Geschichten wird vollständig von dieser Grundstruktur dominiert.

Eisenstein:
Que viva Mexico!

Que viva Mexico! (1931) war eines der größten Filmprojekte, die je in Angriff genommen worden sind, und sein Resultat wurde zu einer der größten Tragödien in der Filmgeschichte. Eisensteins Idee war es, ein Filmepos zu schaffen, das die gesamte Entwicklung Mexikos mit seinen starken Kontrasten, seinen mannigfaltigen Landschaften und Kulturen enthalten sollte – von der Epoche der Mayas bis zu den Revolutionen und der Neuzeit; sein Drehbuch ist ein ekstatisches Prosagedicht, das von blendenden Visionen überquillt. Die Filmreihe sollte mit den Todesriten der Maya-Zeit und mit Yucatán beginnen, »dem Land der Ruinen und der großen Pyramiden«, in dem die heutige Bevölkerung noch immer ihren Vorvätern gleicht. »In einer Landschaft von traumhafter Schönheit« sollte von einer Eingeborenenfrau berichtet werden, von ihrer Hochzeit und ihrer Mutterschaft.

Die zweite Episode ist geprägt von der Kargheit der Wüstenlandschaften und handelt von der Verfolgung und vom Tod der Bevölkerung unter der Diktatur des Präsidenten Diaz.

In der Episode »Fiesta« wird man in die spanische Kolonialatmosphäre um 1910 versetzt; hier sollte der Bildstil »dem spanischen Kolonialbarock, der die Säulen und die Steinaltare zu phantastischen Spitzenmustern verwandelt«, gleichen. Die Aufzeichnungen sprechen von »Karussellen, Blumen, Pilgern auf dem Weg zum Volksfest, rituellen Tänzen, üppigen Kostümen und Masken, von den kostbaren Mantillen und Kämmen der Mädchen, den gold- und silberbestickten Gewändern der Matadore«.

Nach einer Episode über die Unruhen der Revolutionszeit und den Rückzug der Armeen sollte das moderne Mexiko auferstehen. Doch das gewaltige Fresko der sozialen Reformen wird plötzlich durch Bilder vom Karneval des Todes unterbrochen: der Tod ist es, der am »Calavera-Tag« mit seinen grotesken Pappfiguren, seinen gemalten Schädeln und Gerippen angetanzt kommt.

Der zum Tod Verurteilte, aus *Que viva Mexico!*

Soweit existierte der Film als Rohmaterial, als dessen Produzent, Upton Sinclair, die Aufnahmen abbrach, weil sie sich in die Länge zogen, zuviel Geld verschlangen und kaum einen Kassenerfolg versprachen. Während mehrerer Jahre dauerte der Kampf zwischen ihm und Eisenstein um die Besitzrechte an dem Film. Doch als Sinclair das gesamte Material zugesprochen bekommen hatte, verkaufte er es an irgendeine Hollywoodgesellschaft, während Eisenstein gezwungen war, in die Sowjetunion zurückzukehren. Die ganze Avantgarde-Bewegung unterstützte Eisenstein, man forderte, daß er den Film zur Bearbeitung erhalten müsse. Doch all dies half nichts. Ein Teil des Materials wurde dem Hollywood-Cutter Sol Lesser überlassen, einem geschickten Techniker, der jedoch kein Gespür für Eisensteins Bildsprache besaß. Überhaupt ist es ja undenkbar, daß jemand anderer als Eisenstein selbst dieser ungeheuren Fülle an Material eine innere Kontinuität verleihen könnte. Sol Lesser sah lediglich Bruchstücke. Später verschwanden dann große Teile des Materials bei andern Gesellschaften, wo sie als Hintergrundprojektionen Verwendung fanden oder zu einem Flickwerk zusammengeschnipselt wurden.

Lesser wählte für seine Version einige Ausschnitte aus den statischen Bildern, die zur ersten Episode des Films gehört hätten: monumentale Kompositionen von Menschen, Ruinen und Steinskulpturen, und einige Szenen aus den Todesriten. Der kurze Film wurde *Thunder over Mexico* (1932) genannt. Auch wenn er keine der Absichten Eisensteins verwirklicht, vermitteln die verstümmelten Bilder doch eine Ahnung von der Kraft des geplanten Films.

Erst 1940 dann tauchte ein weiterer Film auf, der aus Eisensteins Material zusammenmontiert worden war, *Time in the sun* von Marie Seton. Sie hatte mit großer Ausdauer die Hollywood-Produzenten davon zu überzeugen versucht, daß das Material Eisenstein übergeben werden sollte. Ohne Erfolg. Sie selbst jedoch erhielt die Überreste des Films zur Auswahl, im wesentlichen Teile aus der »Fiesta«-Episode. Auf diese Weise wurde der letzte Grabstein über einem der Hauptwerke Eisensteins und der Filmkunst insgesamt errichtet.

Carl Theodor Dreyer

Jeanne d'Arc (1928): in einer einzigen Folge von Großaufnahmen wird der Mythos um einen Menschen geschildert. Ein Mensch ohne Namen und Geschlecht, ein Mensch, der Reinheit und Zerbrechlichkeit symbolisiert in einer Welt der Härte und Brutalität. Es gibt keine Steigerung: der Film ist ein einziger Höhepunkt, eine Abfolge von ekstatischen Augenblicken. Das mittelalterliche Dekor ist abstrakt und schlicht wie eine Architektur von Le Corbusier. Es gibt kein Dunkel, keine Mystik; die groben, rauhen Kapuzen der Mönche, die Stahlhelme der Soldaten könnten auch aus unserer Zeit stammen. Das Leder ist es, das erzählt, das Metall, die spitzen Waffen, die Folterwerkzeuge, das Sackleinengewand der Gefangenen. Die statischen Bilder zeigen in ständiger Wiederholung eine geistige und körperliche *Tortur*. Es gibt keine Handlung: nur den Gegensatz zwischen dem Zerbrechlichen und dem Gefühllosen, die langsame Vernichtung des Zerbrechlichen. Nichts begreifend steht die Gefangene im Kreis der Richter, sie weiß nicht, wessen sie angeklagt ist, sie ist lediglich das Opfer inmitten ihrer Henker.

Immer und immer wieder ihr nacktes Antlitz. Eine offene Landschaft. Bis zum äußersten verwundbar. Umstellt von den übermächtigen Gesichtern der Soldaten und Mönche. Dicke Lippen öffnen sich, um zu spucken. Die Spucke rinnt über die Wange der Gefangenen. Eine Fliege setzt sich auf ihr Auge. Ihre dürre, schmutzige Hand – eine Knabenhand – verscheucht sie. Ein klobiger, genagelter Stiefel tritt nach ihr. Riesenhafte, entsetzliche Hände packen ihre Hand und ziehen ihr den Ring vom Finger. Die hämmernden Fragen der Inquisitoren. Ihr verwirrter Blick. Die Tränen in ihren Augen. Ihre zuckenden Augenwinkel. Die Schnittwunde des Dolches in ihrem Fleisch – das Blut rinnt in die Schale. Die glitzernden Bartstoppeln in den Gesichtern der Soldaten. Gesichter wie bei Breughel und Bosch. Unter den Zuschauern die große Frau, die ihr Kind stillt: sie symbolisiert die Gleichgültigkeit des Lebens. Alles geht seinen Gang; während die eine ermordet wird, wird der andern das Leben

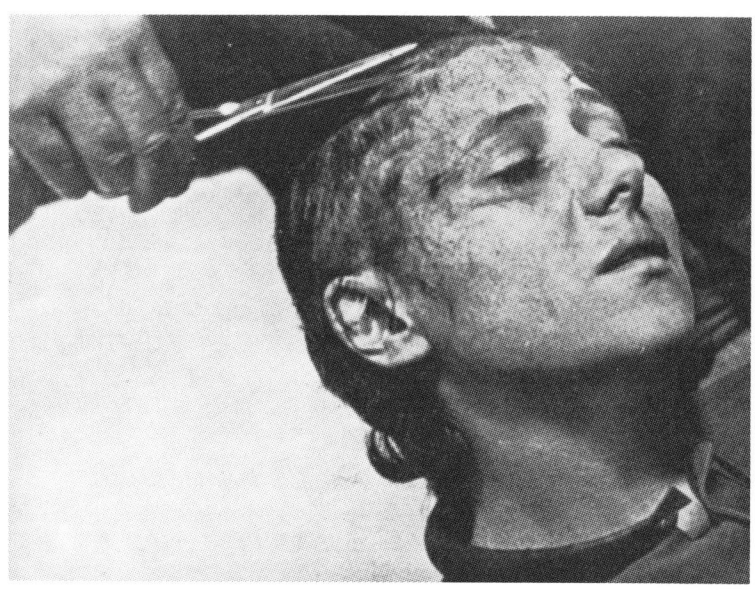

Jeanne d'Arc, der Film über das nackte Antlitz –.

geschenkt. Die Haare werden der Gefangenen geschnitten. Ihr asketisches Antlitz, in den Rauch des Scheiterhaufens gehüllt. Ihre aufgerissenen, durstigen Lippen. Und der Todeskampf – in ihren Augen, um ihren Mund.

Als Dreyer in einem verlassenen Landgasthof die ersten Szenen zu *Vampyr* (1932) drehte, mißlangen die Aufnahmen, der Film besaß nach herkömmlichem Verständnis eine »schlechte Qualität«. Doch gerade das schummrige Weiß und die Unschärfe verliehen den Bildern einen Charakter, welcher der Stimmung des Films entsprach. Zusammen mit seinem Kameramann Rudolph Maté tastete sich Dreyer nun experimentierend vor in diese eigentümliche graue Verschwommenheit, die die Bildwelt von *Vampyr* prägt. Mit einem dünnen schwarzen Tüllschleier vor dem Kameraobjektiv – das von der Sonne oder von einem Scheinwerfer bestrahlt wurde – erzielte man bewußt diese »schlechte Qualität« – dem Film

eignet eine blasse Substanzlosigkeit, die Formen scheinen jeden Augenblick in Wolkenschleier zu verfließen. Es ist das
Weiß, das einem von diesem Film vor allem in Erinnerung
bleibt, ein Weiß, das man in gewissen morgendlichen Träumen erleben kann, wenn das Tageslicht bereits auf das Auge
fällt und die Traumbilder auszuwischen beginnt.

In dieser atmosphärischen Ungewißheit gerät die Haupt-
figur des Films in eine wunderliche Umgebung – eine Mischung aus Schloß, Mühle und Kalkbrennerei, die bewohnt
wird von ein paar spukhaften Wesen und einer vom Vampyr
gezeichneten jungen Frau. Der Protagonist ist ebenso ungreifbar, seine Bewegungen, seine Handlungen werden wie in
somnambulem Zustand ausgeführt; widerstandslos läßt er
sich in ein Spiel geheimnisvoller, dämonischer Verbindungen
hineinziehen, bis er zum Schluß die Eisenstange durch die
Leiche stößt, die als Vampyr weitergelebt hat (von der Zensur
weggeschnitten) – und der Zauber sich auflöst.

Wie in den meisten echten Filmgedichten ist es schwierig,
sich einen Begriff vom Geschehen zu machen – es entsteht
rein visuell, ohne logischen Zusammenhalt; man schaut in
eine Welt, die ihren eigenen Gesetzen gehorcht. Das Geschehen liegt im selben Bild, in dem auch die Gemütsstimmung
und die Seelenlage wiedergegeben werden: die Szene, in welcher der Fährmann mit einer Sense die Glocke läutet; das
Gesicht des besessenen Mädchens im Bett – es zieht seine
Oberlippe hoch und entblößt die Zähne; der Schatten des
einbeinigen Schloßwächters, der in gigantischen Zerrbildern
über die Wände gleitet; oder der Tod des Arztes im Mühlen-
schacht: er ertrinkt im herabrieselnden Mehl, in einem Cre-
scendo von Weiß.

Dreyers *Vredens dag* (1943) ist in sich geschlossen, streng,
unbarmherzig. Eine Fuge, in der jeder Ton in den folgenden
übergeht und in ihm nachklingt; jede Geste, jedes Wort ist
wie eine musikalische Bewegung und ordnet sich in die Ge-
danken des Gesamtgefüges ein.

Zunächst das Choralthema. Das schwere Motiv der drohenden Gefahr, der Grundtakt, auch zwischen den feinsten Mo-
dulationen dumpf hörbar, das ätherische Thema der Hoffnung einbeziehend, unberührt und seines endgültigen Sieges

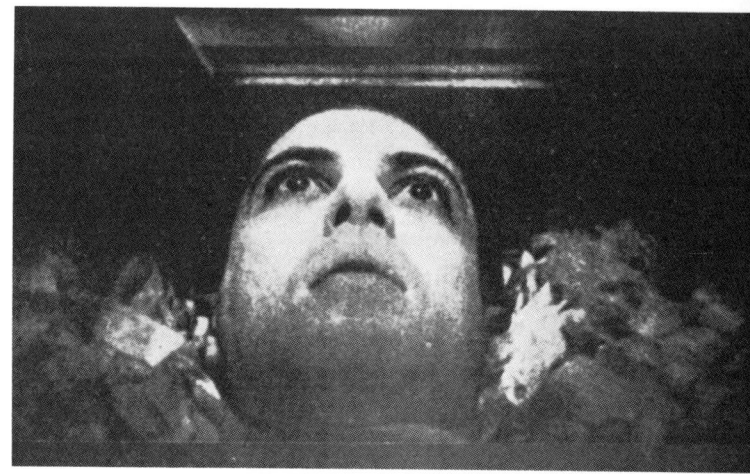

Aus Dreyers *Vampyr*. In einem Traumzustand erlebt der Protagonist des Films seinen eigenen Tod – durch die Luke des Sarges wird er Zeuge seiner schaukelnden Beisetzung.

gewiß, zuletzt mit unmenschlicher Stimme in der Kälte der Welt verklingend.

Der Mensch, eingeschlossen in seine Finsternis, einsam, von blinden, tauben Rufen verfolgt. Das Haus, in dem die Frau lebt, gleitet an ihr vorüber, Zimmer um Zimmer, alle Gegenstände sind seltsam lebendig und verlassen; die Tiere stehen ruhig im Stall, im Dreck des Schweinekobens findet sie die letzte Wärme. Niemand bietet ihr Schutz, die Häuser stehen den Verfolgern offen.

Sie ist das Leben, das erdrosselt und gefoltert werden soll.

Ihr Antlitz lebt, bebt, will sich nicht hergeben; es ist erfüllt von Angst, Hilflosigkeit und Verzweiflung. Es wird entstellt und ausgelöscht werden. Der Mann, der sie verurteilt, versucht in ihr seine eigene Mutter zu töten. Durch ihren Tod sucht er sich von einem unerträglichen Druck zu befreien. Sie soll verbrannt werden, um die Last der Seele zu erleichtern. Aber die eigene Finsternis wächst.

Die Kinder werden herbeigeholt, um zu sehen, um zu erben. Mit kalten verschlossenen Gesichtern preisen sie die

Lüge angesichts des sterbenden Lebens. Nur eine Vogel-stimme erklingt irgendwo in der Ferne durch das prasselnde, wartende Feuer.

An diesem schönen Tag wird sie zur Verherrlichung der Lüge und der Ohnmacht, zur Verherrlichung Gottes ver-brannt.

Und die Mutter lebt noch, sie besitzt die Schlüssel, sie be-sitzt das Haus, den Sohn. Er ist gefangen. Sie war seine Verbindung zum Leben. Sie ist die Erbin des entstellten Le-bens.

In der jungen Frau lebt die Sehnsucht nach der Freiheit, aber der gefangene Mann errichtet Mauern um ihre Sehnsucht. Die Mutter steht zwischen ihr und ihm, die Mutter ist eine unbezwingbare Macht. Die Offenheit in ihm ist er-loschen, doch sie lebt noch in seinem Sohn. In ihrer Sehn-sucht nach der Freiheit begegnen sich die junge Frau und der junge Mann. Ihre Stimmen und ihre Bewegungen werden zu einem schlichten Madrigal verwoben, einige kurze leise Takte in der Freiheit der Quelle, der Wiese und des Flusses, dann werden sie wieder umschlossen von der Finsternis des Hau-ses.

Es gibt kein Entrinnen. Die Mutter ist die Wächterin, sie besitzt die Schlüssel zu den schweren Türen, sie herrscht über die schweren Möbel. Der knarrende Boden, die tickende Uhr, das Kruzifix, Symbol der Auslöschung, gehören ihr. Der Sohn gehört ihr. Er wird in ihr Netz eingesponnen. Die junge Frau, das aufflammende Leben, soll erdrosselt und ver-nichtet werden.

Ein kurzer, verzweifelter Kampf zwischen dem Licht und der Finsternis, ein Kampf ohne Hoffnung. Die brütende Macht der Mutter zermalmt die verhaßte Freiheit wie zwi-schen zwei langsam rotierenden Mühlsteinen.

Die Uhr tickt, die Dielen knarren, unendlich ferne sind der Himmel, die Quelle, der Vogelruf; die lebenssüchtige Stimme ist gebrochen, ihr Echo verklingt, im Nebel über dem Feld irrt sie umher.

Wieder die blinden, tauben Rufe; stumm und verurteilt ist das Leben. Verlassen, ohne zu begreifen, wie eine zerbrech-liche Blume schwebt ihr Antlitz im Kreis der erstarrten Ge-sichter. Von breiten, weißen Kragen getragene und abgehauene Gesichter; die Körper unter ihnen ohne Beziehung wie schwarze Steine.

Unter dem Joch gefangen sind der Sohn und der Enkel. Willenlos sind die Kinder, sie singen zu Ehren der Lüge, sie treten eines nach dem anderen vor, jedes für sich eine geschlossene Welt, jedes für sich gezeichnet und gerichtet vom Würgegriff des mächtigen Zwanges.

Sie, die Helle, sie weiß, daß sie zermalmt werden wird; in dieser Welt wird das Sanfte und Helle von unerbittlichen Flammen aufgefressen werden.

Der Ring schließt sich, Finsternis greift in Finsternis, das Vorgefühl der Hoffnung ist wie ein kaum sichtbarer, matt schimmernder Stein auf diesem Ring.

In ihrer selbstgeschaffenen Finsternis leben die Menschen.

Gelassen, ohne anzuklagen, ohne Bitternis, umfließt sie der zeitlose Choral: so leben sie, so lieben, hassen, vernichten sie; sie kennen nichts Besseres, sie leben in der Finsternis des Aberglaubens und der Furcht.

Andere wesentliche Filme zu Beginn der dreißiger Jahre sind:

Impatience (1929) des belgischen Malers Charles Dekeukelaire.

Flamme blanche (1930) von Dekeukelaire.

Hands (1929) von Stella Simons.

Nevros (1930) von Wow und Zitch. Eine psychoanalytische Studie.

Light rhythms (1930) von Francis Brugière und Oswell Blakeston.

Borderline (1930) von Kenneth MacPherson. Eine psychoanalytische Schilderung der Beziehung eines Schwarzen zu einer weißen Frau (mit Paul Robeson).

L'affaire est dans le sac (1931) von Jacques und Pierre Prévert.

Une nuit sur le mont chauve (1933) von Alexej Alexeieff und Claire Parker.

Le mauvais œil (1936) von Dekeukelaire und Jean Painlevé.

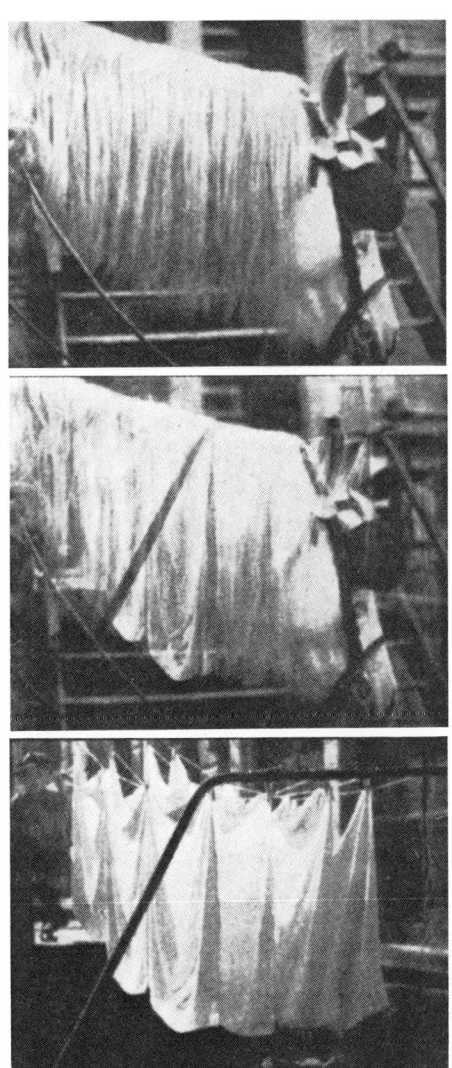

Von der Poesie eines Alltagsrealismus geprägte Bildübergänge.
Aus einem Dokumentarfilm von Pierement.

Dokumentarfilme mit Avantgarde-Charakter:

Voyage au Congo (1927) von Marc Allégret.

Images de Paris (1928) von André Sauvage.

Images d'Ostende (1928) von Henri Storck.

Idylle sur la plage (1930) von Storck.

Le Borinage (1933) von Storck und Joris Ivens. Eine schneidende Sozialreportage über belgische Grubenarbeiter.

Regen (1929) von Joris Ivens.

Zuiderzee (1930) von Ivens.

Markt am Wittenbergplatz (1929) von Wilfried Basse.

La zone (1929) von Georges Lacombe. Ein Film über einen Stadtteil von Paris.

Finis terrae (1929) von Jean Epstein.

Drifters (1929) von John Grierson.

Frauennot – Frauenglück (1930) von Eduard Tissé, Eisensteins Kameramann. Ein Film über eine Entbindung, in einem Schweizer Wöchnerinnenheim gedreht. (Der Film war unverzüglich geächtet worden.)

Jean Taris (1932) von Jean Vigo. Eine Studie über einen französischen Schwimmchampion.

L'hippocampe (1934) von Jean Painlevé.

Coal face (1935) von Alberto Cavalcanti.

Song of Ceylon (1935) von Basil Wright.

Night mail (1936) von Wright und Harry Watt.

Epaves (1946) von Jacques Yves Cousteau. Ein Unterwasserfilm.

Spiegel van Holland (1951) von Bert Haanstra. Eine Bootsfahrt durch holländische Kanäle, die Bilder geben Wasserspiegelungen wieder.

Louisiana story (1948) von Robert Flaherty.

Pacific 231 (1949), der Film über eine Lokomotive von Jean Mitry. Musik: Arthur Honegger.

Die Stadt*

Die Großstadt, ihr reiches, widerspruchsvolles Leben, ihr Puls, ihre vorübertreibenden Menschenschicksale sind immer wieder im Film geschildert worden. Es gibt eine ganze Flora solcher Werke, die aufbauen auf der Bildwirkung der Architektur, auf dem Rhythmus des Handwerks, des Verkehrs und der Maschinen, auf den Bewegungen der Menschen und auf dem Wechsel zwischen Morgen und Abend. Das Thema ist unerschöpflich; die Stadt eröffnet denen, die zu sehen vermögen, täglich neue Perspektiven.

1919 gründete Dziga Vertov eine Filmgruppe, die er *Kino-Auge* nannte. Sie lehnte alles ab, was atelierhaft, konstruiert, instruiert oder gespielt war. Einzig direkte Sinneseindrücke sollten sprechen. Getragen von einem enthusiastischen, revolutionären Geist baute Vertov auf einer visuellen Welt der Fakten auf.** Er arbeitete mit extremen Großaufnahmen und mikroskopischer Fotografie, mit einer dynamischen Montage und ganz und gar ungewöhnlichen Blickwinkeln – aus Vogel- und Froschperspektiven sowie mit abrupt aus ihrer Bewegung gerissenen, instruktiven, stillstehenden Bildern. In seinen Dokumentarfilmen *Der Mann mit der Kamera* (1928–29) montierte Vertov die Kamera vorne auf Motorräder und Lokomotiven, er drehte mitten im Verkehrsgewühl, in Werkstätten und Fabriken, sein Kameraauge glitt Schornsteine hinauf und über Radiomasten und Hausfassaden und in die Zimmer der Armen und Reichen. Das Kameraauge sollte eine gesteigerte Empfindung für das Gegenwärtige vermitteln. Jedes Detail aus dem täglichen Leben wurde wahrgenommen und registriert, jede kontinuierliche Handlung verworfen. Der Film sollte nicht unterhalten, er sollte *aufwecken und aufrütteln*. Die Stadt war eine chaotische Masse, in der die Kamera wie ein Bewußtsein umherglitt, auf der Suche nach kontrastierenden und vergleichenden Eindrücken.*** Vertov entwickelte die filmische Assoziationsfähigkeit, er stellte ungleiche oder verwandte Erscheinungen gegeneinander und legte so neue Zusammenhänge offen, er ließ auf eine Gasmaske einen Totenschädel folgen: dies war ein Kontrast und zugleich eine

Explosive Großstadtbilder aus Vertovs
Der Mann mit der Kamera.

Identität – und leitete dann über zu einem logischen Schluß-
satz; er zeigte die Extreme: den Grubenarbeiter tief unten in
der Erde und die Spitze des Fabrikschlotes, das weiche, gemachte Bett und die harte Parkbank des Bettlers; er zeigte das
Verwandte, wie es das Auge vorher nie wahrgenommen hatte:
eine Straße, die mit einem Wasserschlauch abgespritzt wird,
und ein Mädchen, das sich in seinem Zimmer wäscht, das
Muskelspiel eines Gewichthebers und eines Pferdes, eine
Hand, die über das Haar eines Menschen streicht, und eine
Hand, die eine Katze liebkost. In raschen Bildwechseln stellte
er Innenräume gegen Außenräume, enge Wände gegen einen
offenen Horizont, er spielte verschiedene Formen gegeneinander aus: Vierecke gegen Kreise, das Harte gegen das Weiche. Seine Übergänge konnten sachte gleitend oder schockar-
tig sein.* Die Kamera wurde für ihn zu einem neuen,
überempfindlichen Assoziations-Sinn.

Vertov war ein Pionier, mit dem Recht des Pioniers auf
Übertreibungen. Seine Bildsprache erregte Aufsehen, doch

bisweilen überschätzte sie sich selbst, erinnerte sie allzusehr an die Technik der Kamera – auch wenn dies beabsichtigt war: er idealisierte die Technik im Dienste des Menschen.★ Er war besessen von der Kamera: so zeigte er beispielsweise zwei parallel fahrende Autos, im einen Auto den Kameramann, in dem anderen eine Frau; zuerst ist der Kameramann zu sehen, wie er die Frau fotografiert, danach das Bild aus der Sicht seiner Kamera, danach der Kameramann aus der Sicht der Frau, und zum Schluß das Filmnegativ, die Filmentwicklung und der Schnitt im Labor.★★

Die erste Stadtschilderung in den USA wurde 1921 vom Maler Charles Sheeler und dem Kameramann Paul Strand gedreht. Ihr Film *Manhatta* baute auf kunstlosen, nahezu statischen Bildern auf. Der Filmtitel war einem Gedicht von Walt Whitman entnommen, Zeilen aus dem Gedicht wurden als Text verwendet, wie überhaupt der ganze Film von Whitmans poetischem Realismus geprägt war. Die ästhetischen Effekte wurden von der Wirklichkeit selbst geschaffen: die kubistischen Kompositionen der Wolkenkratzer, graphisch ornamentale Türme und Masten, Licht- und Schattenmuster, atmosphärische Wechsel von Rauch, Dampf und Staub. Die Stadt lebte in intensiv sprechenden Szenen: die Ankunft eines Ozeandampfers am Kai, eine vollbeladene Fähre, Menschengewimmel in der Tiefe der Straßenschluchten.★★★

Auch Robert Flaherty drehte 1925 einen Film über New York, *24 dollar island*. In seinen Filmen zuvor hatte er abgeschiedene, primitive Völker besucht, in *Nanook* das Leben der Eskimos geschildert und in *Moana* das Leben auf einer Südseeinsel; jetzt schilderte er den weißen Menschen in seiner Zivilisation. Hier fand er einen extremen Gegensatz zu der menschlichen Ursprünglichkeit, zur Naivität und zum Phantasiereichtum, die in seinen exotischen Werken zum Ausdruck kamen; hier war der Mensch reduziert auf einen winzigen Bestandteil in einer riesigen Komposition aus Stein. Flaherty selbst formulierte es so: Es ist nicht ein Film über Menschen, sondern über die Wolkenkratzer, welche die Menschen gebaut haben und in deren Schatten sie zu Zwergen schrumpfen.

So geriet sein Film zu einer Komposition aus Linien und Blöcken, aus Hell-Dunkel-Kontrasten, aus den Flutwellen

Sheeler – Strand

Flaherty

der Menschenmassen und der Geschwindigkeit der Züge, aus den Reflexen der Leuchtreklamen und des Wassers.

Später wurde dieser Film von einem Broadwaytheater aufgekauft, zusammengeschnitten und als Hintergrundprojektion für eine Tanzrevue verwendet (das Schicksal von *Que viva Mexico!* ankündigend).*

In Vertovs Stadtsequenzen wurde man in einen Wirbel von Bildern hineingeworfen, in eine gärende Welt; es war, als ob Vertov noch immer völlig überwältigt vor den Möglichkeiten seiner neuen optischen Sprache stünde.

Caval- Bei Walter Ruttmann und Alberto Cavalcanti kehrt die
canti Stadtschilderung in neuen Formen wieder. Beide arbeiteten etwa zur gleichen Zeit an ihrer eigenen Symphonie, Ruttmann an *Berlin* (1927) und Cavalcanti an *Rien que les heures* (1926). Ihnen ging es ebenfalls nicht darum, eine Geschichte zu erzählen oder irgendwelche Themen zu Ende zu führen; es galt einzig, einen kaleidoskopischen Eindruck zu vermitteln, Menschen und Dinge in konzentriertem, überraschendem Licht zu zeigen. Bei Vertov gab es nichts Hektisches und Flimmerndes, er wollte soviel wie möglich erfassen; Cavalcanti begrenzte, komprimierte. Vertov wollte ein ideologisch gefärbtes Bild einer Welt im Umbruch vermitteln; Cavalcanti war an der persönlichen, menschlichen Geste interessiert. Die Ereignisse in seinem Film sind zufällig, so wie man sie erleben kann, wenn man sich einen Tag lang von morgens bis abends in Paris herumtreibt.

Die Bildübergänge sind gefühlsgesättigt: von der dampfenden Kaffeetasse zu einem qualmenden Fabrikschlot, von der Morgenstimmung in einem Zimmer zu den Schaufensterpuppen, die in einer Geschäftsauslage angekleidet werden, vom Überfluß an Blumen und Früchten in der Markthalle zum Abfall in den Mülleimern, von übereinanderstolpernden Ochsen- und Kalbsbeinen zu den aufgeschlitzten Leibern im Metzgerladen. Die Menschen behalten bei ihm selbst in der flüchtigsten Begegnung individuelle Züge, selbst wenn sie sich verlieren, haben sie unsere Phantasie angeregt, leben sie in uns weiter. Ebenso sprechen auch die Dinge: das Bündel Spielkarten, der Teller und die Eßschale auf einem Tisch besitzen die Intimität eines Stillebens von Chardin.

Walter Ruttmanns Film hat nicht die gleiche Tiefe wie *Rien* *que les heures,* er baut stärker auf der Dynamik von oberfläch- lichen Mustern auf. Bei ihm gibt es kaum irgendwelchen Spielraum für individuelle Züge, der Mensch wird als ein Zahnrad im Getriebe der Welt behandelt. Das Aufstehen am Morgen vollzieht sich kollektiv, wie ein großer menschlicher Bagger, der gleichzeitig mit den Motoren und den Fahrzeugen in Gang gesetzt wird. Kein Herz ist zu sehen, nur stampfende Kolben, Treibriemen und Räder. Der Mensch erwacht hinter abbröckelnden, rußigen Hausfassaden, die Mauern wider- spiegeln den Schlaf und die Träume. Die ersten Regungen in der Stadt werden von einem fahrenden Zug aus gezeigt: als er in die große Halle gleitet, beginnt der Tag zu atmen; bald wer- den die Straßen von Füßen bevölkert, von eilenden Füßen und rotierenden Rädern. Telefonhörer werden abgehoben, in den elektrischen Leitungen surren Stimmen.* Die Stadt bevölkert sich nicht mit Individuen, sondern mit Menschenmaterial. Die Arbeiter in den Kneipen, die Frauen, die ihre Einkäufe besorgen, sogar die Selbstmörderin, die aus dem Kanal gezo- gen wird, sie gehören alle zu einer anonymen grauen Masse, verwandt mit den monotonen Reihen der Puppen und Zinn- soldaten in den Schaufensterauslagen. Ein Reklameschild mit einer rotierenden Spirale wird zum saugenden Blickfang, zum Symbol für das mechanisierte Leben. Die rotierende Schwing- tür nimmt das Thema des ewigen Kreislaufs auf. Die Cafébu- den bevölkern sich, die Prostituierten promenieren hin und her (ohne sich der Kamera bewußt zu sein, welche die ganze Zeit über in einem Hinterhalt verborgen liegt), der Elefant im Zoo hält Mittagsruhe, und ein dicker Mann schläft auf einer Bank; die Essensreste in den Restaurantküchen werden weg- geworfen, während hungrige Hände in den Abfallhaufen wühlen. Doch der Film nimmt nie Stellung, bekennt nie Farbe, er erhebt nicht den Anspruch, soziale Schilderung zu sein, Ruttmann will lediglich die *Weite* seines Motivs abstek- ken, er will die Vollendung des Rhythmus erreichen.

Es ist die Komposition einer großen Gleichgültigkeit. Der Mensch bleibt nicht nur einsam, er ist bloß ein Schatten. Wenn abends die Papierabfälle den Rinnstein entlangwehen, wirken auch die heimkehrenden Menschen wie weggewor- fene Fetzen.

Wenn die Räder in den Werkstätten angehalten werden, beginnt das Vergnügungsrad mit seinen Theatern, Bars und Symphoniekonzerten zu kreisen; die Leuchtreklamen bilden einen künstlichen Sternenhimmel mit Sonnen und Kometen, und in einem letzten Wirbel werden die Beine tanzender Varietégirls mit den pedalenden Füßen des Sechstagerennens vermischt – rund rund herum dreht es sich, ohne Unterlaß, die ganze Woche hindurch.

Die Straße als Schauplatz, ein Geschehen, das sich unmittelbar aus der Wirklichkeit herauskristallisiert, keine Berufsschauspieler, sondern zufällige, namenlose Menschen – dies *Siodmak* waren die Richtlinien, denen auch Robert Siodmak, Billy *Wilder* Wilder und Fred Zinnemann* 1929 in ihrem gemeinsamen *Zinne-* Film *Menschen am Sonntag* gefolgt waren. Die Stadt liegt *mann* stumm, sie ruht für einen vergnügten sommerlichen Sonntag. Ruttmann zeigte das motorisierte Dasein, die Mühlen des Alltags in voller Aktion – jetzt, wo die Maschinen angehalten haben, wirkt alles sonderbar verloren, die Straßen liegen träge und öde, und man kann sich Zeit lassen, in eine dieser Menschensiedlungen, hinter die melancholisch gähnenden Fassaden einzutreten. Das primäre Gefühl ist, daß die Stadt bewohnt ist – hinter all diesen Steinwänden Menschen atmen.

Ein Mann und eine Frau in einem Zimmer. Der Mann wäscht sich, kleidet sich an, trinkt seinen Kaffee und liest die Zeitung; er ist ein Frühaufsteher, unternehmungslustig, er hat die Last der Woche von sich abgeschüttelt – an der Frau hingegen bleibt sie hängen, sie kommt nicht aus ihrem Bett hoch, sie verschläft den einzigen freien Tag.**

Eingehend wird das Zimmer geschildert: der zerschlissene Teppich, der Spirituskocher, der Krempel auf der Kommode, die Hosenträger des Mannes, die Kleider der Frau, die ungeordnet auf dem Stuhl liegen, ihre billigen Schuhe mit den hohen Absätzen*** – um so stärker wirken sodann die Luft und das Glitzern des Wassers am See.

Im Menschengedränge, das aus der Stadt hinausstrebt, treffen der Mann und sein Arbeitskollege zwei Mädchen, zusammen verbringen sie ein paar Stunden am Ufer des Berliner Wannsees. Der Eindruck ihres Lebens in der Stadt dauert noch an, doch langsam wird etwas frei in ihnen, was sie zu wunderlich erwachsenen Kindern macht; anfänglich wirken sie hilflos in ihren Badekleidern, sie stelzen und flattern umher, bis sie sich in einer wilden Ausgelassenheit selbst vergessen.

Dies ist das unerhört starke Gefühl, das der Film vermittelt: dieser kurze Augenblick der Freiheit, einer Freiheit, die man kaum mehr begreifen kann.

In einer Szene lassen sie sich fotografieren. Übermütig bilden sie eine Gruppe, und als der Fotograf auf den Auslöser drückt, steht das Bild still, man sieht gleichsam die fertige Fotografie – ein Augenblick, der der Zeit entrückt ist, eine konzentrierte Sehnsucht nach einer Verwandlung des allzu Flüchtigen in eine Ewigkeit.

Die Sinnenfreude, das Zärtliche, all dies, was in der Stadt nicht existieren zu können scheint, erwacht in ihnen, die ganze Zeit über jedoch begleitet von der Empfindung, daß bald alles vorbei sein wird. Es ist, als entdeckten sie ihre Körper, in ihren nassen Badekleidern tanzen sie miteinander zur Musik aus dem Koffergrammophon, dann liegt das eine Paar im Ufergras, ungeschickt liebkosen sie einander.* Die andern zwei begeben sich in den Wald, wo in einer Mischung von Rausch und Spiel das Mädchen vor dem Manne flieht; hier hat der Film seinen Höhepunkt: das Mädchen läuft zwischen den hoch aufragenden Kiefern umher, die Baumkronen kreisen über ihm, und so läßt es sich fangen und wirft sich atemlos zu Boden – es liegt zwischen Laub und Nadeln. (Diese Bilder verweisen thematisch auf Nikolai Ekks *Der Weg ins Leben*, auf dessen Schlußszene, in welcher der Knabe auf der Draisine über die Bahngleise gleitet, in einer phantastischen Freiheitsekstase singend – und dann die plötzliche Stille, nachdem der Wagen entgleist und der Knabe tot ist, die Stille, der dämmernde Morgen und die ersten, schwachen, zaghaften Vogelrufe...)

Dann schließt sich der Kreis wieder und der große Rückzug in die Stadt beginnt. In der Abendstimmung und in dem wehmütigen Abschied ahnt man bereits die bevorstehende Woche.**

In den späteren Hollywood-Produktionen von Siodmak, Wilder und Zinnemann finden sich hie und da Momente der

Die Wirklichkeit verliert ihre Konturen und zerfließt –
aus *Überfall.*

gleichen dokumentarischen Leuchtkraft. Doch als Ganzes
erreichte keiner ihrer Filme jemals wieder diese Unmittelbarkeit des Erstlingswerkes.

Metzner ★ Auch Ernö Metzners Film aus demselben Jahr, *Überfall,*
spielt auf der Straße. In seiner äußern Form gleicht der Film
einem Thriller, doch hinsichtlich seiner innern Handlung ist
es ein Alptraum vom großen Geld. Seine offene, realistische
Sprache bewirkte, daß der Film als »brutalisierend« und »de-
moralisierend« verboten wurde.

Ein Mann findet auf der Straße eine Münze.★★ Er hebt sie
auf und steckt sie in einem Café in einen Spielautomaten. Er
hat Glück und gewinnt: der Automat spuckt Geld aus. Ein
großer dicker Mann beobachtet dies und folgt ihm, als er auf
die Straße tritt. Gemeinsam gehen sie eine Weile die Straße
entlang, der kleine Mann, der unvermutet zu einer Tasche
voll Geld gekommen ist, und hinter ihm der andere, der auf
eine Gelegenheit wartet, die Münzen in seine eigene Tasche

zu stecken; der Neureiche versucht seinem Verfolger zu entkommen. Als ihn eine Prostituierte in einen Torgang zieht, folgt er ihr und glaubt sich bereits in Sicherheit. Doch er ist nur in eine neue Falle getappt. Er erwartet eine Schäferstunde, doch er will sie so billig wie möglich bekommen. Er ist bereits zu einem Kapitalisten geworden, der mit seinem Reichtum geizt. Da geht es ihm wie allen – der Zuhälter des Mädchens taucht auf, raubt ihm alles Geld und setzt ihn an die Luft. Draußen wartet der Dicke und schlägt ihn mit einem Knüppel nieder. Der Mann bleibt bewußtlos liegen, der Dicke wühlt in seinen Taschen, doch er findet nichts und geht verärgert von dannen.

Diese beinahe chaplinesk zugespitzte Sozialkritik findet nun eine nochmalige Steigerung im Traum des Mannes, der mit hohem Fieber und bandagiert im Krankenhaus liegt. Er sieht dieselben Personen wieder, dieselben Umgebungen, doch alles ist schmerzhaft verzerrt, alles zerrinnt, lediglich ein Zeigefinger kehrt unablässig wieder, auf dessen Kuppe die Münze balanciert wird.

Vorher, als er die Unbeständigkeit gekannt hatte, die Jagd nach dem Geld, die drohende Gefahr, das Geld wieder zu verlieren, da lebte er trotzdem in einer Welt mit festgefügten Normen, nie hat er sich die Mühe gemacht, die Beschaffenheit dieser Welt zu untersuchen. Doch jetzt ist ihm der Boden unter den Füßen weggezogen worden, hat er alle Begriffe, sein Orientierungsvermögen verloren, und übriggeblieben sind einzig Angst und Hilflosigkeit.

Als er erwacht und die Polizei ihn fragt, ob er sich an das Aussehen des Mannes erinnere, der ihn niedergeschlagen habe, schließt er nur erschöpft die Augen. Die Münze wird vor ihm auf dem ausgestreckten Zeigefinger balanciert und er weiß: bei jener Münze liegt die ganze Schuld.*

Andere deutsche Filmexperimente um 1930 sind:
Melodie der Welt (1929) von Walter Ruttmann. Ein Reklamefilm für die Hamburg-Amerikalinie, die Montage einer Weltreise im Stile von *Berlin*.
Mutter Krausens Fahrt ins Glück (1930) von Piel Jutzi nach Erzählungen von Heinrich Zille.**
So ist das Leben (1929) des Tschechoslowaken Karl Junghans.

Detailgenaue, authentische Milieuschilderungen, die manchmal wie Illustrationen zu Kafka wirken.* Der Film spielt in einem Armenviertel von Prag.

Kuhle Wampe (1932) von Slatan Dudow. Ein kommunistischer Propagandafilm nach einem Manuskript von Bert Brecht.

Filmrhythmen (1930) von Oskar Fischinger. Ein Spiel mit abstrakten, rhythmischen Formen.**

Amerikanische Experimente
in den dreißiger Jahren

Zu der Zeit, als die Experimente des europäischen Avantgardefilms bereits seltener wurden, setzten sie in den USA ein. *Caligari* war bekannt, und sein expressionistischer Stil wurde als
Waffe gegen die mediokren, standardisierten Produktionen
Hollywoods übernommen. Einer der ersten dieser Filme war
A Hollywood Extra (1928) von Robert Florey und Slavko Vor- *Robert*
kapich. In satirischer Form attackierte er den Starkult des Film- *Florey*
paradieses. Seine Figuren und Kulissen bestanden aus Pappe
oder verwendeten Zigarettenschachteln und Konservendo-
sen. Einzig die Beleuchtung war eine bewegliche 400-Watt-
Lampe. In wirbelndem Tempo wurde die Hollywood-Atmo-
sphäre mit ihren Nachtklubs, Glamourgirls und Dollarbergen
aufgerollt. Die Papierfigur Nr. 9413 träumt einzig davon, ein
berühmter Star zu werden; sie lernt »bah bah bah« sagen, sie
wird einem Test unterzogen und sagt »bah bah bah« de face
und im Profil. Doch der Produzent schüttelt nur abweisend
den Kopf: »nbah nbah nbah« und engagiert statt dessen
Nr. 15, deren »bah bah bah«-Version dermaßen überlegen ist,
daß ihr ein goldener Stern auf die Stirn geheftet wird.

Gemalte Lichtflächen, harte, kantige Schatten, verzerrte
Fenster und Türen, grelle Zickzacklinien, welche die Per-
spektive auflösten und die Raumvorstellung zerstörten, gab
es ebenfalls in *The tell-tale heart* (1928) von Charles Klein. *Charles*
Der Film nimmt Bezug auf eine Novelle aus Edgar Allan Poes *Klein*
Welt des Schreckens und des Wahnsinns.

Der Debütfilm von John Sibley Watson und Melville Web- *Watson –*
ber, *The fall of the house of Usher* (1928), nimmt ebenfalls *Webber*
Bezug auf eine Poe-Erzählung (auf das Motiv, das auch Jean
Epstein zur gleichen Zeit verfilmt hat). Das Thema ist filmisch ergiebig, da es eine dichte Atmosphäre und zahlreiche
Milieuschilderungen besitzt. Das expressionistische Dekor
ist hier stärker stilisiert und nähert sich dem Abstrakten. Die
optischen Verzerrungen, die prismatischen Brechungen und
die Mehrfachbelichtungen, die Watson und Webber später in

Ein Wiederaufleben des Caligari-Stils – aus *The tell-tale heart*.

Lot in Sodom in all ihren Aspekten zur Wirkung brachten, sind hier schon angelegt. Die agierenden Figuren erschienen als Schatten und Phantome. Dem ganzen Film ist eine beunruhigende, die Phantasie anregende Unterwasseratmosphäre eigen, in der groteske und makabere Eindrücke einander ablösen.

Florey Ein expressives Formexperiment drehte Robert Florey mit *The loves of Zero* (1928), das den Spuren *Caligaris* folgt, stilisiert in den Dekors, den Kleidern und in der Inszenierung. Als Bild auffallend ist hier zum Beispiel das Gesicht Zeros, das in zwei ungleich große Hälften unterteilt ist, oder jene Sequenz, in welcher der obere Teil eines Bildes von einer dynamischen Maschinenstraße eingenommen wird, während im unteren Teil Zeros kleine Gestalt auf dem Heimweg zu sehen ist.

Paul Der stärkste dieser an *Caligari* geschulten Filme scheint *The*
Fejos *last moment* (1927) von Paul Fejos zu sein, mit einer außerge-

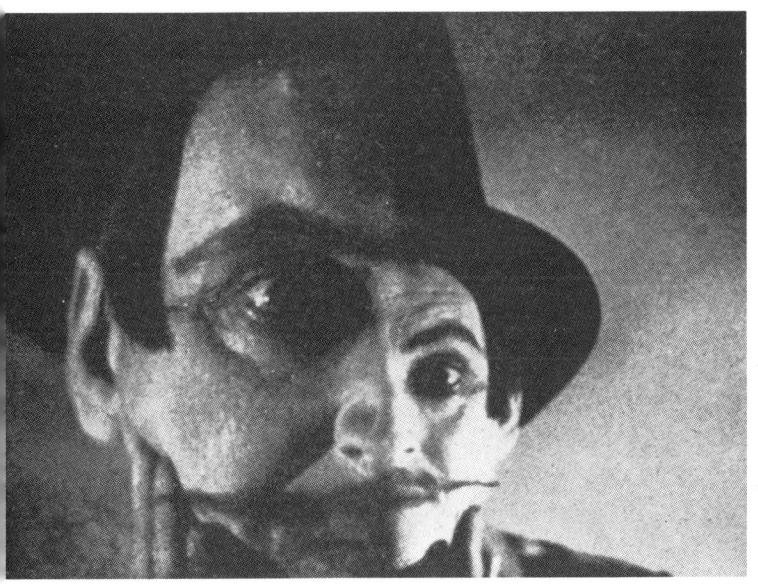

Deformationen wie bei Picasso, in Floreys *The loves of Zero*.

wöhnlichen Kameraarbeit von Leon Shamroy. Der Film setzt ein mit dem Bild eines ertrinkenden Mannes; er begeht Selbstmord und erlebt nun im Augenblick des Todes eine Explosion von Erinnerungsbildern. – Keine der Szenen wird zu Ende geführt oder erläutert; es sind bloß Andeutungen, vorbeirauschende Momentaufnahmen.

Ein anderer Experimentalfilmer, Ralph Steiner, stand in Opposition zu diesen expressionistischen, unrealistischen Werken. Er wollte objektiver arbeiten, ohne artifizielle Effekte zu verwenden. Sein Vorbild war Légers *Ballet mécanique*. Mit asketischer fotografischer Reinheit versuchte er den gewöhnlichen Dingen beizukommen. In H_2O (1929) fing er das Spiel der Schattenmuster und Lichtreflexe im Wasser ein; die innere Bewegung in jedem Bild, seine Schärfe und Präzision sollten an die Stelle eines durchgehenden dynamischen Rhythmus treten. Derselbe nüchterne, abstrakte Schönheitswert kommt auch im Film *Surf and seaweed*

Ralph Steiner

(1930) zum Ausdruck, der auf den Bewegungen der Brandung und des Ufergrases aufbaute, sowie im Film *Mechanical principles* (1930), der Werkzeugen, Nägeln, Schrauben und Muttern auf den Leib rückte und in Großaufnahmen deren Strukturen aufzeigte.

Lewis Jacobs Jo Gercon Lewis Jacobs und Jo Gercon drehten 1930 einen Film, hinter dessen abstraktem Titel *Mobile composition* sich die realistische Schilderung einer Liebesbeziehung verbarg. Wie in Gustav Machatys *Ekstase* wird ein innerer Sturm von Emotionen durch ein atmosphärisches Spiel von Lichtwechseln und dramatisch bedeutungsvollen Objekten geschildert. In einer Szene, in der der Mann und die Frau in einem Bildhaueratelier tanzen, wird die Kamera mit dem Mann identifiziert und sieht in einer schaukelnden, subjektiven Bewegung die Wände an sich vorüberkreisen – immer wieder taucht dabei eine Statue auf, die mit ihrer Haltung die Spannung und Furcht des Mannes ausdrückt.

Diese Tanzsequenz inspirierte Gercon zu einem neuen Film: *The story of a nobody* (1930), auch er mit einer subjektiven Kamera. Der Mann und die Frau wurden nie im Bild gezeigt, ebensowenig ließ sich ihr Gespräch mitverfolgen; alles, was sie sahen, hörten und redeten, vermittelte Gercon in einer Rebus-Sprache. Die Bilder besaßen fast informierenden Charakter (vielleicht beeinflußt durch Pabsts *Geheimnisse einer Seele*). In einer Szene beispielsweise ist in der Bildmitte ein Telefon zu sehen, während rechts und links davon ein Wechselspiel verschiedener Einzelheiten den Inhalt des Telefongesprächs illustriert.

Charles Vidor Dieser sachliche Stil wurde auch von Charles Vidor in *The spy* (1931) aufgenommen. Wie in *The last moment* zeigte der Film in einer Bilderfolge den unmittelbaren Augenblick vor dem Tode. Hier jedoch handelte es sich nicht um eine Rekapitulation der Vergangenheit, sondern um einen Zeitsprung nach vorne. Während das Seil sich auf den Kopf des Spions herabsenkt, wird man augenblicklich in die gehetzte Vision des Verurteilten hineinversetzt; als eine Wirklichkeit erlebt man, wie das Seil reißt, wie er in einen Fluß stürzt, ans gegenüberliegende Ufer schwimmt und es ihm glückt, in den Wald zu entkommen. Doch gerade in dem Augenblick, in dem er von der Freiheit träumt, wird die Schlinge zusammengezogen und er erscheint leblos am Seil hängend. Es wurden keine professionellen Schauspieler und keine Studioszenen verwendet. Der Film besitzt ein dokumentarisches Gepräge, das an russische Filme wie Abram Rooms *Das Gespenst, das nicht zurückkehrt* oder Pudovkins *Der Deserteur* erinnert.

Eine ganze Reihe von Filmen im gleichen authentischen, direkten Stil folgte:
Autumn fire und *City symphony* von Herman Weinberg.
Oramunde und *Laureate* von Emlen Etting.
City of contrasts von Irving Browning.
Bronx morning von Jay Leyda.
Another day von Leslie Thatcher.
Land of the sun von Seymour Stern.
A day in Santa Fé von Lynn Riggs.
Breakwater von Mike Seibert.
Portrait of a young man von Henvar Rodakiewicz.

In *Mr. Motorboats last stand* (1933) erzählen John Flory und *John* Theodore Huff die Geschichte eines arbeitslosen Schwarzen, *Flory* der auf einem Autofriedhof lebt. In einer durch René Clair beeinflußten Mischung aus Realismus und Phantasie werden seine Tagträume von ungeheuren Reichtümern geschildert – während er halb verhungert in einem monströsen Autowrack liegt.

Ironisch gestimmt spukt die Krise der dreißiger Jahre durch *Elia* den Film *Pie in the sky* (1933) von Elia Kazan, Molly Day *Kazan* Thatcher, Irving Lerner und Ralph Steiner. Darin wandten sich die Autoren radikal von jeder im voraus festgelegten Handlung ab; von einem Müllhaufen pflückten sie einen welken Christbaum, ein paar Trauerkränze, kaputte Flaschen, Kleiderpuppen und Eisenschrott, eine alte, rostige Badewanne und ein zerbeultes Schild mit der Aufschrift »Sozialhilfebüro«. Anhand dieses Zubehörs veranstalteten sie eine freie Improvisation, die gefilmt wurde. Lewis Jacobs schreibt über diesen Film: »Bezüglich Form und Inhalt war er uneben, sein Verfahren aber hatte eine zeitweilig außergewöhnliche Frische. Sein größtes Verdienst lag darin, daß er neue Methoden der filmischen Darstellung eröffnete, deren im-

– Körper einer neugeschaffenen Anatomie – aus *Lot in Sodom*.

mense Möglichkeiten seitdem leider nie weiterentwickelt worden sind.«

Watson –
Webber
Lot in Sodom (1933–34) von Watson und Webber ist das vollendetste amerikanische Filmexperiment der dreißiger Jahre. Im selben halb expressionistischen, halb abstrakten Stil wie in *The fall of the house of Usher* sowie mit einem gesteigerten technischen Raffinement kreisen Bilder des Unbewußten um dieses biblische Thema. Auch wenn die Landschaft der Körper, die nackten Gliedmaßen, grausamen Liebkosungen, sexuellen Perversionen, Lustmord, Beischlaf und Geburt in diesem Film dominieren, ist er unendlich weit vom Leben entfernt; seine Welt ist hermetisch unter einer reich facettierten Kristallglocke abgeschlossen. In schwindelnden visuellen Sensationen wird man Zeuge einer ästhetisierten Apokalypse.

Ein auffallendes Experiment drehte Len Lye in England mit *Len Lye*
seinem *Lambeth walk* (1941). Er schnitt Sequenzen aus Leni
Riefenstahls Film *Triumph des Willens* zusammen, er ver-
wandelte die Nazi-Armeen, die Paradémarsche und Hitler-
grüße sowie den Führer selbst zu etwas völlig neuem, zu
willenlosen Marionetten, die zu den Takten des Lambeth-
Walk tanzen. Der Eindruck ist vollkommen grotesk, in seiner
Propagandawirkung jedoch ist der Film unübertroffen.

In *Lambeth walk* kommen neue Möglichkeiten für die Zau- *Heisler*
bermacht der Schere zum Ausdruck. Ähnliche Experimente *Gold-*
mit der Montage von Handlungen aus alten Filmen zu einem *fayn*
neuen überraschenden Inhalt sind in letzter Zeit auch in
Frankreich von Heisler und Goldfayn gedreht worden.

Die amerikanische Avantgarde
nach dem Krieg

Der eklektische Zug, die Abhängigkeit vom Expressionismus und von den ästhetischen Experimenten der Avantgardebewegung ist von einer Reihe amerikanischer Werke überwunden worden, die in der Zeit nach dem Krieg entstanden sind. Da findet sich zum Beispiel Maya Deren, die in New York freischaffend tätig ist, oder eine Gruppe junger Künstler, deren gemeinsamer Ausgangspunkt das »California Institute of Fine Arts« war. Zahlreiche Institutionen in den USA, »Workshop 20«, »Cinema 16« und die Filmbibliothek im Museum of Modern Art in New York propagieren die Verbreitung des experimentellen Films und unterstützen auf diese Weise (zumindest bis zu einem gewissen Grad) ökonomisch eine individuelle Produktion.

Während Maya Derens Sprache melodiös und natürlich-spontan ist (verwandt mit der Poesie von Anaïs Nin), arbeitet die kalifornische Gruppe vielfach mit gewaltsamen, brutalen Ausdrucksmitteln. Mit ihrer Aggressivität erzielen sie eine Sprengwirkung, die die Normen der äußeren Wirklichkeit zerstört. Innerhalb einer Gesellschaftsstruktur, die dermaßen unterdrückend und tabubeladen ist wie die amerikanische, sind diese revoltierenden Filme von besonderer Bedeutung. Die Zerstörung der gängigen Formen ist ein Weg zur Entdeckung neuer Lebensmuster.

Sidney Peterson Sidney Peterson verleiht in seinen ersten Filmen dissonanten Jugenderlebnissen Ausdruck, in *Horror dreams* (1948) dargestellt in einer Tanzpantomime, in *The potted psalm* (1946) in einer psychoanalytisch orientierten Assoziations- und Symbolsprache und in *The cage* (1947) in einer halb burlesken, halb verzweifelten Aufbruchsstimmung. Da wird beispielsweise die Distanz zur Außenwelt in einer Szene dargestellt, bei deren Aufnahme der Protagonist mit dem Kopf in einem Vogelkäfig inmitten von erstaunt blickenden Passanten sich rückwärts durch eine der Hauptverkehrsadern der Stadt bewegt. Diese Sequenz wird im Film in der verkehr-

Der *Käfig des Ich,* aus *The cage* von Sidney Peterson.

ten Richtung abgefahren, so daß der Betreffende vorwärts geht und der ganze übrige Verkehr sich rückwärts bewegt. In *The petrified dog* (1948) wird die Umwelt mit den Augen eines Kindes erlebt und zu phantastischen Gestaltungen verwandelt. Der Ton erfährt hier ebenfalls einen filmischen Umschmelzungsprozeß, es gibt keine Musik, sondern einzig vom Kind wahrgenommene wunderliche Lautphänomene.

In *The lead shoes* (1949) taucht Peterson ein in zentrale Gefühlskonflikte. Eine Ödipussituation wird heraufbeschworen, doch ohne psychologische Deutungsversuche – die unbewußten Triebe bilden sozusagen das Rohmaterial. Mit Hilfe spezieller Objektive erzielt er Perspektivverschiebungen und Deformationen – die dem zerrissenen und dissonanten Inhalt entsprechen. Zuweilen erinnern seine Gestalten an Mastodonten à la Picasso, zuweilen gleichen sie Giacometti-

– Die schwere Geburt – aus *The lead shoes*.

Plastiken; in der gleichen Weise wird auch der Raum verwandelt. Der Film knüpft an zwei alte Balladen an: an *Edward* und *The Three Ravens*. Das Kain-und-Abelmotiv in *Edward* wird mit dem Vatermordthema in *The Three Ravens* verflochten. Das Aufbegehren des Sohnes gegen den Vater und die Verzweiflung der Mutter über den Tod des Sohnes bilden ein primitives, mythologisches Traumgemenge. Die Mutter steht in einem Fenster, ihr Mund schreit lautlos, währenddessen hört man eine wahnsinnige Jam-Session, mit verzerrten Gesangsfragmenten vermischt, die den Text der Ballade variieren: »How comes that blood on the top of my shoes – it's the blood of my younger brother –«. In Zeitlupe springt die Mutter hinab in den Schoß des Sohnes (der sowohl Mörder ist als auch Ermordeter). Und nun beginnt ihr Spießrutenlauf zum Ufer hin, wo der tote Sohn, der Ritter der Ballade begraben liegt. Ihre aufgelöste Flucht – sie scheint nicht vom Fleck zu kommen –, auf der sie bald in einer fürchterlichen Elefantiasis in die Breite zerfließt und bald zwischen den Hauswänden zu einem Pfeiler zusammengedreht wird, ist unterlegt mit der Tortur des »Noise-Jazz«, mit dem Gemurmel somnambuler Stimmen, mit fortwährend aufflackernden Kinderreimen sowie mit den widerhallenden Rufen »Edward, Edward!« – Sie gräbt den Sohn aus dem Sand aus, wie bei einer Geburt, konvulsivisch und chaotisch. Der Tote steckt in einem Taucheranzug. In einer phantastischen Szene schreitet sie mit dem Taucher-Ritter die Brandung entlang, sie zusammengesunken und schmal, er hoch wie ein Turm und unter den Lichtreflexen gleichsam brennend. Sie führt ihn ins Meer und zieht ihn wieder heraus. Darauf zerrt sie ihn die Uferböschung hinan und durch die Stadt, traumschwer, mit einer ungeheuren Anstrengung, seine Bleifüße schleifen nach – und die ganze Zeit über ist die Katastrophenmusik zu hören. Dann und wann wird ihr Weg unterbrochen von dem wie behauenen Bild eines Kindes, das Hüpfen spielt – das Bild führt noch tiefer hinein in eine primitiv-infantile Erlebnissphäre. Zum Schluß befördert sie die unförmige Gestalt in einem Kinderwagen eine abschüssige Straße hinunter, auf der zusammengedrückte Fahrzeuge und attrappenähnliche Menschen hastig vorüberrauschen. Mit dem Taucher in den Armen klettert sie an einem Seil zu ihrem Zimmerbalkon hinauf, von schrillen Pfiffen begleitet. Drinnen im Zimmer zieht sie ihm den Taucheranzug aus, schlammiges Wasser rinnt aus seinem schweren Helm. Sie schleppt ihn zum Bett, wo er liegen bleibt, sonderbar verkürzt, wie ein Kind in den Windeln.

Derselbe Subjektivismus kommt bei Kenneth Anger und Curtis Harrington zur Sprache. Doch das Niveau von Petersons mitreißenden, die Phantasie anregenden Werke erreichen sie nicht. Sie kreisen vielmehr um ihre privaten Neurosen, ohne es zu wagen, in sie einzudringen.

Kenneth Angers *Escape episode* (1946) ist ein Drama um die Beziehung eines jungen Mädchens zu einem jungen Mann und einer älteren Frau, die ein spiritistisches Medium ist. (Das Thema wurde in abgeänderter Form in Gian Carlo Menottis *Das Medium* wieder aufgenommen.) Das Mädchen wird zwischen diesen beiden Personen hin- und hergerissen, doch als es sich endlich dem Manne hingeben will, wird es

Kenneth Anger

von den Geistern fortgescheucht, die während einer Séance heraufbeschworen worden sind. Die Stimmung im Film drückt den Schrecken vor einer zwischengeschlechtlichen Beziehung aus; die Spiritistin, die Tante des Mädchens, steht aufrecht wie ein drohendes Muttersymbol. In *Fireworks* (1947) setzt Anger seine Flucht vor der Gemeinschaft mit einer Frau fort und schildert das Außenseiterdasein eines homosexuellen Mannes, seine beständige Furcht, erkannt und mißhandelt zu werden. Die Homosexualität ist ebenfalls *Curtis* Thema in Curtis Harringtons *Fragment of seeking* (1947). *Harring-* Der Film schildert eine peinigende Stimmung, ein Gefühl *ton* hoffnungsloser Beengtheit; der Versuch des Mannes, sich einer Frau zu nähern, schlägt um in einen makabern Effekt: er hält plötzlich ein Knochengerüst in seinen Armen. Im Film *On the edge* (1949), in dem das Gerüst eines Steges unten am Ufer und die Pfähle um ein Befestigungswerk das Gefühl eines verbarrikadierten Lebens schaffen, ist der Protagonist auf seinem qualvollen Weg zu sehen: er zieht einen Bindfaden hinter sich her, den er von einem Knäuel im Schoß einer alten Frau abrollt. Er hängt an einer unendlichen Nabelschnur, er vermag sich nicht von der Macht der Mutter loszureißen, das Leben eröffnet sich ihm nicht.

Frank Frank Stauffacher vermittelt in *Sausalito* Impressionen aus *Stauf-* einer kleinen Küstenstadt. In den lose zusammengefügten *facher* Bildern, die Blättern aus einem Skizzenbuch gleichen, kehren dann und wann ein neugierig starrendes Auge und ein kleiner Baum wieder, der die Straßen entlang promeniert. Der Baum symbolisiert eine poetische Inspiration, die in der engen Küstenstadtatmosphäre zum Leben erwacht, wo überall hinter den Gardinen Fensterspione und beobachtende Blicke lauern, wo Apotheke, Methodistenkirche und Benzinstation sich in der Sommerhitze ducken. Der Film, der in einigen Szenenfolgen abgehackt wirkt (ein üblicher Mangel des Experimentalfilms: das Geld reicht nicht für komplettierende Szenen), beinhaltet eine außergewöhnliche Sequenz: die Kamera gleitet an einem Haufen diverser Gegenstände entlang, manche sind gänzlich undefinierbar, in andern erkennt man Flaschen, Krüge, Körbe und Porzellanstapel. Während des langsamen Schwenks ist ein Stimmengemurmel zu vernehmen, wie auf einer großen Gesellschaft.

Auch Sara Arledges Film *Introspection* (1946) hat nicht zu *Sara Arledge* einem vollendeten Werk werden können, doch seine fragmentarischen Sequenzen sind sowohl in ihrer Farbtechnik als auch in ihrem formalen Streben innovativ. Der Film ist eine choreographische Studie, in der verschiedene Bewegungsmomente isoliert herausgehoben werden; die Tänzer bewegen sich in einem schwarzen Raum, in schwarze Trikots gekleidet, bloß einige weiße Körperteile bleiben sichtbar: eine Hand, ein Arm, das Gesicht, der Torso oder die Beine. Diese freischwebenden Körperteile schaffen eine dreidimensionale Wirkung, und wo sie in Mehrfachbelichtungen zusammengefügt werden, entstehen phantastische Schemen und Organismen – einzig aus Händen und Füßen, aus Körpern mit mehreren Köpfen und ähnlichen Gebilden. Auch die Farbe besitzt durch die Mehrfachfotografie und durch die Isolation im schwarzen Raum einen überraschenden und abstrakten Charakter. (Die Farbe kommt im Film immer dann am besten zur Geltung, wenn sie völlig unnatürlich verwendet wird.)

Daß in den Filmen von Maya Deren der Ton fehlt, mag vielleicht ein Mangel sein – es ist denkbar, daß eine solche zusätzliche Dimension ihre weiche und dennoch assoziationsbeladene Bilderwelt zu steigern vermocht hätte. Ihre Filme entstehen aus einer offenbar persönlichen Erlebnissphäre, sie setzen einander fort und komplettieren sich wie eine einzige Traumfolge. Bereits in ihrer ersten Arbeit verwendet sie das Medium Film mit traumwandlerischer Sicherheit, der Film ist für sie die vollkommen natürliche Sprache, sie denkt und fühlt visuell, auch sie selbst, die als Zentralfigur in allen ihren Werken steht, erscheint wie eine Personifizierung eines traumhaften Ich.

In *Meshes of the afternoon* (1943) zeigt sie, wie ein unbewußter Impuls eine dominierende Macht über ihre ganze Person erhält, wie eine ungewisse Todessehnsucht plötzlich umschlägt in eine selbstzerstörerische Handlung.

Das Ganze ist gleichsam ein Traum im Traum. Sie träumt, daß sie träumt (alles bei Maya Deren ist Traum – selbst die Wirklichkeit besitzt die Substanz des Traums): sie geht hinaus, um nach etwas zu suchen, und sie begegnet einer schwarzgekleideten Frau, deren Gesicht leer und platt ist wie

Der Tod – das Schicksal – eine Frau mit einem Spiegel als Antlitz –
aus Maya Derens *Meshes of the afternoon*.

ein Spiegel. Die Begegnung mit dem Schicksal-Tod wiederholt sich mehrere Male. Diese Wiederholungen kehren in
allen ihren Filmen wieder und schaffen einen Rhythmus des
Ewig-währenden, ein Gefühl der Zeitlosigkeit; die Empfindung des Todes klingt in allen Bildern an: die geknickte
Blume auf der Straße, die in einer sprechenden Geste von der
langen schmalen Hand aufgehoben wird, die beunruhigende
Schlüssel- und Messersymbolik: der Schlüssel, der aufschlie-
ßen, einen Weg bahnen, ein Geheimnis öffnen will – und das
Messer, das eine dunkle Gegenkraft ist, deren Ruf sie nicht
widerstehen kann. In einem plötzlichen Gefühlsumschwung
liefert sie sich dem Befehl aus, die weiße Hand, die vorhin den
Schlüssel gehalten hat, wird schwarz und hält das Messer.
Und während sie das Messer in sich hineinstößt, scheint sie
nicht mehr zu träumen, und die Handlung, die sie in einem
Traumzustand ausgeführt hat, scheint ihr lebendes Ich zu

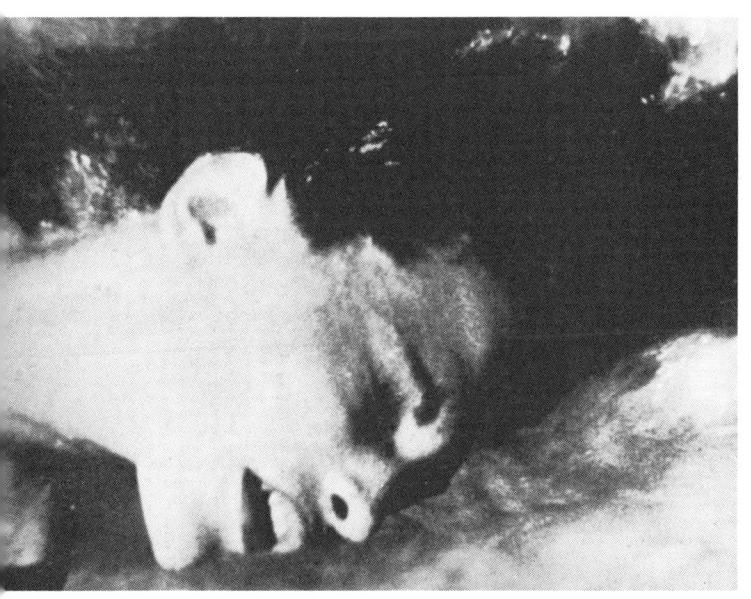

Maya Deren – das Meereswesen – wird an Land gespült, aus *At land*.

treffen. Sie liegt tot im Raum der Wirklichkeit. Aber auch dies ist ja bloß ein Traum. In *At land* (1944) entsteigt sie dem Meer, klettert durch eigentümliche Fels- und Holzformationen, schlüpft geschmeidig wie ein Tier durch die Windungen der Steine und das Filigranwerk der Äste, gleitet an einem Tisch entlang, dessen gestikulierende und trinkende Gesellschaft sie nicht bemerkt, und zuweilen bewegt sie sich zwischen großen, sich sachte wiegenden Blättern. Wie ein Meereswesen, das sich unter die Menschen verirrt hat, setzt sie ihre Erkundung fort. Alles ist ihr merkwürdig und fremd. Auf einem Feldweg wird sie von einem Mann begleitet, der fortwährend das Gesicht wechselt, sie flieht den Mann mit dem ungewissen Gesicht und gelangt in ein Zimmer, in dem alle Möbel in weiße Tücher gehüllt sind und ein Mann in einem weißen Leichenhemd unbeweglich auf dem Bett liegt, nur seine Augen folgen ihr. Auch ihn, der vielleicht ihr Vater

Maya Deren spielt ihr Traumleben, ihre Filme sind Konfrontationen mit sich selbst, aus *At land*.

ist, flieht sie und begibt sich zum Strand zurück, die schroffen Klippen hinab und durch die Schluchten der Dünen. Am Strand begegnet sie einer Gruppe von Frauen, und in einer Szene von sinnlicher und plastischer Schönheit wird die lesbische Liebe angedeutet. Aber sie entfernt sich wieder, die Zeit löst sich auf, als sie auf dem Weg über eine Reihe von Sanddünen zu sehen ist: sie klettert die erste Düne hoch und verschwindet hinter deren Krone, die Kameraeinstellung bleibt fest, man erwartet, daß sie hinter der ersten Düne hervorkommen wird – doch sie taucht hinter der zweiten Düne auf; und so wandert sie weiter, der Blickwinkel bleibt unverändert, die Zeit wird jedoch mehr und mehr gesprengt, bis die Frau schließlich in weiter Ferne am Strand entschwindet, ihre Fußspuren zurücklassend, die Fremde aus einer andern Welt.

Eine Bewegung beginnt – und setzt sich in einen unerwarteten Raum fort –
aus *A study in choreography*.

A study in choreography for camera (1945) ist ein in filmische Raum- und Zeitdimensionen transponierter Tanz; der Tänzer setzt auf einer Anhöhe vor dem offenen Horizont zu einer Bewegung an und führt die Bewegung in einem geschlossenen Raum fort, er setzt auf einer Klippe zu einem Sprung an und landet mitten in einem großen Saal, er nimmt Anlauf von einem Statuensockel herab, erstarrt in der Luft zu einer schwerelosen Skulptur und fliegt dann mit einem mächtigen Satz weiter, die Kamera beschreibt einen langsamen Schwenk nach links, doch unmittelbar nachdem er am rechten Bildrand verschwunden ist, taucht er auf der linken Seite wieder auf.

Auch *Ritual in transfigured time* (1946) wird von einer choreographischen Idee getragen. Die gegenseitigen Beziehungen zwischen den Figuren werden durch Bewegungsmuster ausgedrückt, die alles gleichsam in ein Spinnennetz verweben. Die Stimmung aus *Meshes of the afternoon* klingt an im Zusammenspiel zwischen der schwarzen und der weißen Frau, in der Wechselwirkung zwischen Brautschleier und Trauerflor, in der traumhaften Ungewißheit über die Verschiedenheit von Leben und Tod, Nacht und Tag, Schlafen und Wachen. Die dunkle und die helle Frau begegnen sich in einer kontrapunktischen Pantomime, in der die eine zwischen ihren ausgebreiteten Händen einen Wollknäuel abwickelt, den die andere festhält; ihre Bewegungen, die geschmeidigen Flügelschlägen gleichen, werden von einer größern Gruppe aufgenommen: ein seltsames Ritual von Händen, die ausgestreckt werden, die einander ergreifen, die einander loslassen und andere Hände suchen, eine Maschinerie von Umarmungen, von Gesichtern, die sich einander zu- und voneinander abwenden, von unverbindlichen Lächeln und sprechenden Mündern – steigende und fallende Wellenbewegungen von menschlichen Versuchen, sich einander nahezukommen.

Orson Welles Orson Welles' *Citizen Kane* (1941) – Kamera: Gregg Toland – brach radikal mit allem, was Hollywood seit den Tagen Stroheims geleistet hatte. In einer unverfälschten filmischen Sprache, vollendet in den schockartigen Bildübergängen, in der Handhabung des Lichts, den freien Dialogformen, der Komposition der Bilder und der neuartigen Tiefenschärfe, schildert er die dumpf widerhallende Welt des Zeitungskönigs, die Einsamkeit, die Isolation und innere Kälte im Leben des Großkapitalisten. Es findet sich vieles von Welles' eigener Außenseiterposition in diesem Film, es ist ein überaus subjektives Bild eines Giganten im Reiche Liliput, eine Schilderung der Irrationalität, Ambivalenz und Unzugänglichkeit der menschlichen Existenz. Der Film wird geprägt von einem unerhörten Engagement, Szene um Szene versucht beharrlich und verzweifelt, das Rätsel des Lebens zu ergründen, von allen Seiten wollen die Blicke zum Herzpunkt durchdringen – verdichtet in einer Szene, in welcher der Junge aus der Kindheit herausgerissen wird: drinnen im Elternhaus wird sein Schicksal entschieden, und durch das Fenster sieht man ihn in einer saugenden Tiefenperspektive mit dem Schlitten spielen, der die Aufschrift »rosebud« trägt.

James Broughton, ein junger Lyriker und Dramatiker, ist der Satiriker in der San-Francisco-Gruppe. Bei ihm findet sich eine gewisse Verliebtheit in die Atmosphäre der Jahrhundertwende. Etwas Dandyhaftes läßt sich bei ihm ausmachen, wie auch eine Manier, die auf Mack Sennetts Slapstickkomik zurückgeht. Doch seine Stummfilmtechnik macht ebenfalls vom Tanz, von der Pantomime oder von einem Commediadell'arte-Stil Gebrauch. In einem seiner ersten Filme, *Adventures of Jimmy*, tritt ein Typus auf, den er später mehrmals variiert. Es ist eine romantische Müßiggängerfigur, ein Symbol für die Poesie in einer allzu rationalen Welt. Broughton wollte geltend machen, daß sich hier, bei diesem unbeholfenen Neurotiker, eine wesentliche Lebenskraft manifestiert, eine Kraft, die wertvoller ist als die sogenannte Frische der Erfolgreichen. Um überhaupt existieren zu können, hat er fortwährend Possen aufzuführen.

In einem folgenden Film, *Loony Tom, the happy lover,* scheint sich indessen die Müßiggängerfigur souverän von allen Banden zu befreien. Mit grotesken Possen bricht er in ein Mädchenpensionat ein, wo er große Verwirrung stiftet, reichlich Beute macht und die Gouvernante mit der Wespentaille und dem Federhut besiegt. Wie der Gott Pan wirbelt er im Park umher und verschwindet flötenspielend hinter der Hecke.

Sein Film *Mother's day* (1948) ist ein »Lobgesang« auf die amerikanische Mutter. Die Mutter ist ein kaltes, in sich selbst verliebtes Idol. Wie eine Herrscherin thront sie droben in ihrem Zimmer hinter einer Hausfassade, die wie eine hohle Kulisse wirkt. Sie ist umgeben von Spiegeln in schweren, verschnörkelten Rahmen, von Plüsch und Gardinen. Erstarrt sitzt sie da, das Gesicht zur Hälfte unter ihrem breitkrempigen Hut oder unter den Schattenmustern der mit Spitzen verzierten Gardinen verborgen. Typisch ist ihre Reglosigkeit. Sie ist ein Totembild. Untertänig und ehrfurchtsvoll verbeugt man sich vor ihr, und nur hinter ihrem Rücken wagt man ein paar Grimassen. In *Mother's day* trägt die Atmosphäre der Jahrhundertwende dazu bei, eine eigentümliche Zeitlosigkeit hervorzuzaubern. Bilder aus der Jugendzeit der Mutter werden vermengt mit den Eindrücken des erwachsenen Sohnes von seiner Mutter, und diese Eindrücke wiederum sind gefärbt von dessen Erinnerungen an seine frühe Kindheit. Die Bilder vermitteln die Gefühlsambivalenz des Filmemachers, die um diese Mutterimago kreist. Es finden sich hier Impulse des Aufbegehrens gegen die Mutter, die jedoch erstickt werden und sich nur in höhnischen und melancholischen Gesten äußern. Es finden sich hier Furcht und Gebundenheit, und in all dem Sarkasmus in der Schilderung der stereotypen mütterlichen Kälte existiert auch eine heimliche Bewunderung. Es liegt etwas beinahe Zärtliches in all diesen Bildern der Mutter, die in verschiedenen Haltungen auf ihr Spiegelbild starrt und sich zum Fenster in der Hausfassade hinausbeugt, um in völliger Gleichgültigkeit die Huldigung der Bewunderer entgegenzunehmen. Ihre Bewunderer blicken stumm und geduldig mit ihren Geschenken zu ihr empor. Nur verschwinden die Geschenke aus ihren Händen. Erstaunt blicken sie auf ihre leeren Hände. Ein Bildtext sagt: Die Mutter nimmt, was sie haben will. So nimmt sie den Vater – mit einer gelangweilten, beinahe angewiderten Geste. Der Vater, das ist eine Figur mit schwarzem Bart und Melone. In den kurzen Sequenzen, in denen der Vater mit dabei ist, wirkt er wie eine bloße Marionette, eine Staffage, welche die Befehle der Mutter ausführt. Kopfüber hängt er in einem kleinen ovalen Rahmen, ein Bestandteil des Zimmers, und rollt mit den Augen.

Die Kinder wachsen in einem Hinterhof auf, einem Abstellplatz für alten Plunder, umgeben von einem hohen Bretterzaun. Es ist kein fest umgrenzter Hinterhof; ebenso klein wie

Der Vater – eine Staffagefigur im Reich der Mutter – *Mother's day*.

das Haus und die Zimmer der Mutter, wechselt er seine Form, spiegelt er ein beunruhigendes Bild des ganzen kindlichen Lebens, das umzäunt ist von Gesetzen, Verboten und Drohungen. Und diese Kinder, die auf dem Hof zu sehen sind – sie sind erwachsen. Sie spielen mit der trübsinnigen Würde und der halberstickten Aggressivität der Erwachsenen kindliche Spiele. Diese jungen Männer und Frauen sind zu sehen, wie sie zwischen Blechdosen, Schutt und leeren Kisten Seil hüpfen, Ball werfen, Dreirad fahren, mit Puppen spielen. Großartig ist die Szene, in der sie auf dem Zaun herumklettern, vergeblich versuchend, die Kindheit zu überwinden. Es glückt ihnen nicht, über die Bretter zu klettern, sie vermögen bloß durch die Ritzen zu kiebitzen.

Auch der Mutter und ihren Bewunderern begegnet man im Hinterhof der Infantilität. Die Mutter legt einen rostigen Eisenring um sich, eine Geste, die ihre Beengtheit und Egozentrik andeutet. Es gibt einige symbolbeladene Gegenstände im Film, die wie musikalische Themen fortwährend wiederkehren: Hüte, Bälle, Stöcke, Puppen, eine Mandoline.

Ein anderer Zwischentitel im Film sagt: Die Mutter will artige und wohlerzogene Kinder. Die folgende Szene zeigt eine amerikanische gesellschaftliche Situation im Konzentrat: verlogen und sich anbiedernd unterhält sich ein junger Mann mit einer alten Dame, bis er ermattet auf dem Sofa eine Embryonalstellung einnimmt und einschläft. Gleichzeitig erscheint auf einem andern Sofa im Zimmer ein junges Mädchen, das sich herausfordernd um eine wachsende Schar junger Männer herumschlängelt. Doch deren Versuche, mit ihm zu schmusen, werden immer wieder durch das Auftauchen der Mutter in der Tür unterbrochen.

Broughton stürzt das Mutterbild nicht; er dreht eine beißende Satire über die Verherrlichung der Mutter, doch er befreit sich in *Mother's day* nicht von ihr. Die Befreiung erfolgt erst im Film *Pleasure garden,* der 1952 in England gedreht worden ist. Die Atmosphäre hier ähnelt Broughtons früherer Romantik. In einem verwilderten Park mit alten Skulpturen suchen ein paar burleske Paare zueinander, während die Gouvernante und ein älterer Gentleman in Frack und Zylinder sie stören und für Ordnung sorgen und alle möglichen Verbotstafeln aufhängen. Die Steinskulpturen in dem bewachten Paradies werden mit Feigenblättern versehen, der feurige Yankee in der Aufmachung eines Operettencowboys (eine Weiterführung des Loony-Tom-Typs) wird hinter ein Gitter gesperrt, im Pavillon wird, vor gähnenden Zuschauern, ein langweiliges klassisches Ballett getanzt. Bis endlich die gute Fee des Parks mit ihrem Zauberschleier auftaucht. Es ist eine üppige Zigeunerin, eine Mischung aus Elefant und Gazelle, stöhnend und geschmeidig tanzt sie im besten Commedia-Stil. Die Wächter holen aus einem Bestattungswagen Verstärkung, befrackte Herren steigen aus, mit Harken bewaffnet, es glückt ihnen, den Zauberschleier zu erobern, die Liebeshungrigen zusammenzurechen, die Frauen von den Männern zu trennen und ihnen Stempel aufzudrücken. Aber dann geht schließlich alles über in ein wildes Tauziehen um den Zauberschleier. Die Jungen obsiegen, die Gouvernante und die Bestattungsautoritäten werden ihrer Macht beraubt. Doch sie werden nicht aus dem Park hinausgejagt, sondern sie müssen bleiben und eine neue Lebensweise erlernen. Der sterile Muttertyp der Gouvernante

Aus Max Ernsts Episode in *Dreams that money can buy*.

hat der vitalen, sinnenfreudigen Zauberin weichen müssen, die man jetzt im Pavillon tanzen sieht.

Pleasure garden ist Broughtons erster Film, in dem er Dialoge verwendet. In seinen früheren Filmen bestand der Ton einzig aus einem Gedichttext oder aus Musik – in *Mother's day* übrigens von außergewöhnlicher Qualität. Die eingefügten Dialoge wirken nicht völlig organisch, sie fügen sich nicht in die sensiblen Bewegungsmuster des Films ein. Sie stören

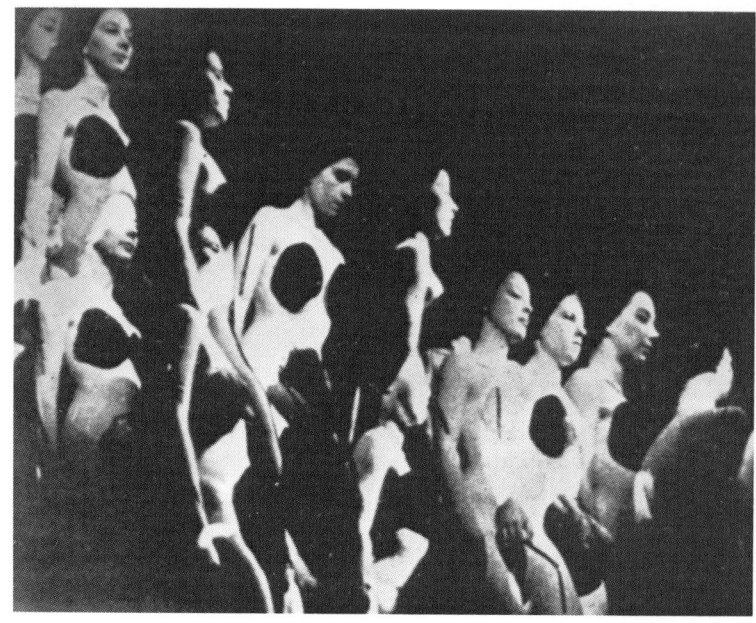

Aus Duchamps Episode in *Dreams that money can buy*.

eher, als daß sie die Handlung verdeutlichten. Broughtons
Filmpoesie bedarf kaum irgendwelcher Worte, sie wirkt ganz
durch das innere Leben der Bilder, durch die Mimik und die
Pantomime.

Hans Hans Richter (der 1940 zum Chef eines Technischen Filmin-
Richter stitutes in New York ernannt worden war) drehte in Zusammenarbeit mit einer Reihe hervorragender zeitgenössischer
Künstler das kostspielige Experiment *Dreams that money
can buy* (1944–46). In der Rahmenerzählung dieses Films (in
Schwarz-Weiß gedreht) findet sich ein junger Psychiater, der
die Fähigkeit besitzt, in die Seelen seiner Patienten zu blikken: in ihren Augen sieht er deren geheimste Wünsche und
Phantasien (in Farbe dargestellt). Der erste dieser Träume
baut auf einem Skript des surrealistischen Malers Max Ernst
auf, die ganze Stimmung erinnert an dessen Collagen, in de-

nen er verschiedene Bildfragmente aus Büchern der achtziger Jahre zu einem neuen Ganzen zusammengefügt hat: irrationale Handlungen werden in einem überladenen Plüsch-Milieu gespiegelt. Ernst selbst spielt eine Rolle (er trat übrigens auch in Buñuels *L'age d'or* auf, als Banditenführer zu Beginn des Films), er trägt einen Frack, mit Orden und Bändern behängt, eine Art Über-Ich-Figur, die voller Ironie auftaucht, wenn die Träumereien allzu kühn zu werden scheinen. Das Thema besitzt eine Verwandtschaft mit den Werken von Buñuel und vielen andern Surrealisten: die Behinderung des Trieblebens durch die Normen der Tradition und Konvention; Ernst jedoch versucht nicht, sie mit aggressiven, destruktiven Mitteln zu überwinden, er bleibt innerhalb der gezogenen Grenzen.

Fernand Léger steht für eine andere Episode des Films, eine Satire auf die Hollywood-Erotik – synthetisch, leidenschaftslos, in Zellophan verpackt. Die »Star«-Rollen werden von zwei Schaufensterpuppen gespielt, die mit ihren mechanischen Bewegungen die Liebe-in-Serie parodieren, begleitet von klischierten Dialogen.

Parodistisch ist ebenfalls die nächste Episode von Man Ray, die von der Bereitschaft des Kinopublikums zur Identifikation mit dem Filmhelden handelt.

Filmisch am eindrücklichsten wirkt die folgende Episode von Marcel Duchamp, der die rotierenden Scheiben aus *Anémic cinéma* vereinigt mit dem Motiv eines Bildes, das er 1912 gemalt hat: *Akt, eine Treppe herabsteigend*. Aus ungezählten Blickwinkeln betrachtet, ist in verschiedenen Bewegungsstadien auf ein und demselben Bild eine nackte Frauenfigur zu sehen, die die Treppe herabsteigt, und auf ihren Brüsten und Hüften bilden die rotierenden Scheiben tiefe Wirbel. Die mehrfachen Farbbrechungen erhalten obendrein noch einen irisierenden Glanz durch eine mit Wassertropfen besprengte Glasscheibe, die vor die Kamera gehalten wird.

In Episode fünf und sechs werden Alexander Calders Plastiken lebendig, in *A ballet in the Universe* seine Mobiles mit den hauchdünnen, kreisenden Metallscheiben – zu Musik von Edgar Varèse – und in *Circus* seine Drahtpuppen, die er in den zwanziger Jahren geschaffen hat: Löwen, Clowns, Akrobaten und Kunstreiterinnen.

Richter selbst ist für die letzte Episode des Films verantwortlich: den Traum des Psychiaters, in dem dieser plötzlich mit der Einsicht konfrontiert wird, daß er *anders* ist, daß er Künstler, Poet ist. Seine Haut verändert ihre Farbe, er wird plötzlich blau, als er unter seinen Freunden sitzt, und die Dinge um ihn herum verwandeln sich. Es treibt ihn hinaus auf eine Traumreise, die schließlich seine Vernichtung fordert: das alte Ich muß sterben, wenn ein neues Leben seinen Anfang nehmen soll.

Durchgehend wird diese Traumfolge geprägt von der Idee, daß die innere Wirklichkeit genauso stark ist (und vielleicht befriedigender) wie die äußere.

Sidney *The quiet one* (1948) von Sidney Meyers ist der sowohl
Meyers künstlerisch als auch inhaltlich überzeugendste Film zum Problem der Schwarzen, der in den USA gedreht worden ist. Der Film stammt von einer Gruppe unabhängiger, junger Dokumentarfilmer. Der Text zum Film, oder vielmehr das Prosagedicht, das hie und da den Fluß der Bilder begleitet oder sich rhythmisch in die sparsamen Dialoge einfügt, sowie die suggestiven Klänge stammen vom Lyriker James Agee.

Die fürchterliche Absurdität der Rassenvorurteile zeigt sich hier auf eine ganz neue Art und Weise: es wird überhaupt keine Rassenfrage aufgegriffen. Es ist ein reiner Zufall, daß der Junge schwarz ist. Er könnte ebensogut weiß oder gelb sein, oder, wie in *Dreams that money can buy,* blau. Es ist ganz einfach ein junger Mensch, der im armseligsten Quartier von New York aufwächst. Lediglich die Wunde des Lebens wird gezeigt. Die Umwelt ist von unendlicher Lieblosigkeit und Einsamkeit. Der Negerjunge Donald erscheint als das verwahrloste Rohmaterial zu einem Menschen, der zur Asozialität verurteilt ist.* Richard Wright hat in seinem Buch *The outsider* dasselbe Thema aufgegriffen. Auch darin könnte der Desperado, der mit der ganzen Welt in Zwist gerät und in einem Rausch der Zerstörung untergeht, ein Weißer sein. Daß es ein Schwarzer ist, verleiht dem Thema nur eine zusätzliche Schärfe.

McLaren Andere wesentliche Experimente sind Norman McLarens gezeichnete Filme sowie sein pazifistischer Film *Neighbours* (1952). *Neighbours* zeigt, zu den Takten einer synthetischen Musik, in furchterregender Geschwindigkeit die Entwicklung vom Idyll zur Zerstörung. In einem grotesken, abgehackten Tempo (der Film überspringt gewisse Einzelbilder, so daß jede kontinuierliche Bewegung gesprengt wird) erheben sich die beiden Männer, die eben noch Zeitung lesend in ihren Liegestühlen gesessen haben, und beginnen sich um die Blume zu schlagen, die zwischen ihnen hervorgesprossen ist; in dem grausamen Kampf werden sie immer mehr zu Wilden, sie plündern gegenseitig ihre Häuser, trampeln jeweils Frau und Kinder des andern nieder und liegen schließlich unter einem gemeinsamen Totenhügel begraben.

Als ein Film über Jazz nimmt Gjon Milis *Jammin' the blues* *Gjon* (1944) eine Sonderstellung ein. In vollendeten Bildkomposi- *Mili* tionen werden die harten Schwarz-weiß-Effekte gegeneinander ausgespielt, bald in Großaufnahmen von metallisch glänzenden Gesichtern und Instrumententeilen vor dem Dunkel des Hintergrundes, wo der Zigarettenrauch tanzende Arabesken schafft, bald in silhouettenartigen Figuren vor dem Weiß des Fonds.

Wie ein Wirbel aus ungestalteter Materie sieden Meereswo- *Ian* gen, Unterwasservisionen, Farben und undefinierbare For- *Hugo* men in Ian Hugos *The bells of Atlantis* (1952) hoch, einem Film nach einem Gedicht von Anaïs Nin. Die elektronische Musik trägt bei zu der eigentümlichen Kraft dieses Films.*

Filmmusik

In Marcel Paglieros *Un homme marche dans la ville* (1949) gibt es in einer Hafenkneipe einen Musikautomaten, doch jedesmal, wenn ihn jemand in Gang gesetzt hat, tritt der Wirt hinzu und stellt ihn mit angeekelter Miene wieder aus. Dies war ein vehementer Protest gegen die Filmmusik. Die kurzen, dröhnenden Takte des Grammophons wirkten wie grobe Störungen; daneben kamen nur authentische Geräusche vor. Es war ein Film über eine Hafenstadt, erfüllt von deren Atem und Pulsieren: vom Kreischen der Hebekräne und Güterwagen, von Schiffsmotoren, vom Gemurmel des Wassers und vom Knarren der Taue. Die visuellen und akustischen Dimensionen der Wirklichkeit bildeten hier eine untrennbare Einheit.

Bereits in einem der allerersten Tonexperimente wurde der Nuancenreichtum der wirklichen Geräusche ausgedrückt. Es war dies in Ruttmanns *Wochenende* (1928). Der Film hatte keine Bilder, er bestand einzig und allein aus einer Tonspur, die im dunklen Zuschauerraum abgespielt wurde: man hörte das widerhallende Dröhnen unter der Bahnhofskuppel, die Abfahrt des Zuges, das Schreien und Lachen der Badenden am Strand, Gesprächsfetzen und Geflüster, die Fahrt zurück in die Stadt, das Gewimmel auf den Straßen. In diesem Lautgedicht fanden sich Signale für neue Möglichkeiten des Films, doch bis heute schleppt der Tonfilm das Erbe des Stummfilms mit sich: das illustrierende Klaviergeklimper. Freilich ist es in seinem Umfang gewachsen, es gibt jetzt große Symphonieorchester, die Funktion jedoch ist dieselbe geblieben: die Musik entsteht außerhalb des Films – es existiert ein imaginärer Orchesterraum, in dem geschäftige Musiker ein Schattenspiel begleiten, sich davor fürchtend, daß Stille eintreten könnte. Natürlich gibt es Ausnahmen, doch gerade diese Ausnahmen bekräftigen die Absurdität, die in den gängigen Musikillustrationen innewohnt. Zuweilen vermag die Musik eine symbolische Wirkung zu erzielen, die zu einer Vertiefung der Filmerzählung beiträgt. So zum Beispiel in *Der dritte Mann,* in dem die Zithermelodie eine enervierende Stimmung schafft – die Zither war hier ein wesentlicher Bestandteil des Films (auch als visueller Effekt im vibrierenden Linienspiel der Saiten), es gab kein anderes Instrument, einzig diese beharrlichen Saitenklänge, die ungewöhnlich waren, gleichzeitig aber die Assoziationen an ein Wiener Milieu banden. Oder Franz Waxmans Komposition zu *Stalag 17*: die permanente Wiederholung eines gewaltigen, verstimmten Klirrens von Trommeln und Zimbeln, die das Bild eines wahnsinnigen, dem Untergang geweihten Militarismus unterstrichen. Oder Karl-Birger Blomdahls dynamische Paukenkanonaden zur Strandszene mit dem Clown und der nackten Frau in Ingmar Bergmans *Gycklarnas afton,* einem eigenständigen Film im Film – und zugleich einem der kühnsten, in Schweden produzierten Ansätze zum *absoluten* Film. Dann gibt es gewisse Filme, in denen sich die Musik derart intim an das Bildgeschehen anschmiegt, daß man sie nicht als ein fremdes Element empfindet: beispielsweise in Marcel Carnés *Quai des brumes,* in dem die romantisch-melancholische Melodie eine stark emotionale Wirkung besitzt, oder in Dreyers *Vredens dag,* in dem das schwere Choralthema einige Male aufgebrochen wird von einer zerbrechlichen und poetischen Melodie. Hier wirkt die Musik nicht illustrierend; sie erzählt anstelle der Dialoge, sie drückt zentrale Empfindungen aus.

Diese scheinbare Einheit entsteht ebenfalls in jenen Werken, die (nebst der Musik oftmals völlig stumm) auf einer Parallelität von Bilderfluß und Komposition gründen: Honeggers Musik zu *Pacific 231*, Brubecks eigentümliche Mischung aus Jazz und Zwölftonmusik in Broughtons *Mother's day,* Siegels radikal modernistische Instrumentierung zu Watson – Webbers *Lot in Sodom* oder Prokofievs barbarische Klangorgien in Eisensteins *Ivan der Schreckliche*. Indes passiert es häufig, daß die Musik sich selbständig macht, die Ohren überlastet werden und demzufolge der Bildeindruck abgeschwächt wird; deutlich ist dies zu spüren in Bäcks Musik zu Gösta Werners *Tåget*, oder in Carl Gyllenbergs *Som i drömmar* – hier dröhnt und wogt die Musik wie eine eigenständige Macht, und es hilft nichts, wenn der Bildrhythmus noch so gut in die musikalischen Akzente einmontiert ist: die Musik entströmt nicht dem Bild, das Bild wird platt und stumm, während ringsum alles von Lärm erfüllt ist. Bei Gyllenberg ist überdies die Wahl von klassisch-pathetischen Werken verhängnisvoll; unaufhörlich wird man an den Konzertsaal erinnert; in blutigem Ernst ertönt hier eine Musik, die bereits in Buñuels *L'age d'or* sich selbst parodiert hat.

Wenn im Film Musik verwendet wird, muß im Bild selbst eine gewisse akustische Tiefe angelegt sein, die Musikalität muß im Bild entstehen, man muß den Eindruck erhalten, daß es die Dinge selbst sind, die klingen, oder daß irgendeine Person im Bild die Musik hört, sei es in sich selbst, sei es aus der Umgebung. (Die Stereo-Technik kann vielleicht allmählich jene Klangidee vervollkommnen, die magisch in der Bildtiefe selbst lebt – aber vorläufig blüht hier einzig die Elefantiasis der Orchestrierung.) In Menottis *Das Medium* (sowie in gewissen chinesischen und japanischen Gesangsspielen) kommt eine andere Möglichkeit zum Ausdruck, Musik und visuelles Spiel miteinander zu verschmelzen. Es singen hier alle, die Musik ist die natürliche Sprache (warum soll man nicht singen, anstatt zu reden), doch im Falle von *Das Medium* wird der ganze Ballast der Oper mitgeschleppt. Der Auftakt selbst ist organisch richtig, da hört man nur ein paar schneidende, gehetzte Laute, die man nicht mit Instrumenten assoziiert – so kann es in einem unruhigen, verwirrten Hirn klingen, so klingen Geräuschhalluzinationen in einem angespannten Geisteszustand: man hört spukhafte Rufe, atmosphärische Stürme, elektrische Signale. Aus einer solchen Atmosphäre heraus sollten in *Das Medium* die singenden Stimmen treten. Doch statt dessen setzt nun der gesamte Orchesterapparat ein und man beginnt Arien zu schmettern.

Wagt man sich auf das ganz und gar unnaturalistische Feld des Gesangsspiels und will man gleichzeitig einen Film daraus machen, dann muß der Gesang, den Worten gleich, in einem lebendigen Innern entstehen – man darf nicht an den Dirigenten und seinen Taktstock im Orchesterraum erinnert werden. (Übrigens kommen auch die Worte überaus selten als innere Impulse daher; welch wohltuender Schock ist es da, wenn man zum Beispiel in Orson Welles' bemerkenswertem *Citizen Kane* eine Stimme unartikuliert stammeln oder nach Worten suchen oder Versprecher begehen oder in andern Stimmen ertrinken hört.) Es ist eine völlig neue Musik erforderlich, eine Art innersekretorischer Musik – jedenfalls für denjenigen, der mit unverfälschten filmischen Klangmitteln arbeiten will. In dieser Richtung sind gewisse Versuche unternommen worden, vornehmlich in den USA. Lewis Jacobs machte sich bereits 1933 in seinem Dokumentarfilm *Footnote to fact* diese Technik des innern Monologes zunutze. Ein Mann treibt durch die Straßen von New York, sein Gedankenstrom liegt in einem Nebel von Geräuschen; Autohupen, Motoren und die Rufe der Händler dringen tief in ihn, Gedichtreminiszenzen tauchen auf und Jazzfetzen flakkern vorüber. In Petersons *The lead shoes* ist die brutal deformierte Bilderwelt von orgiastischen Klangkaskaden erfüllt; es hämmert, siedet und schreit in der widerhallenden Höhle der Seele – die Stimmen sind verzerrt, es sind Beschwörungen – der stampfende Takt gleicht einem primitiven Ritual – das Geräusch scheint zusammenzuhängen mit dem pochenden Herzen und mit dem rauschenden Blut. In abstrakter Form versuchen die Gebrüder John und James Whitney in ihren *Five abstract film exercises* (1943–44) die Einheit von Farbe und Ton herzustellen. In streng geometrischen Kompositionsrhythmen bewegen sich die Elemente des Bildes mit einer starken Tiefenwirkung: die durchsichtigen Vierecke, Dreiecke und Kreise wachsen hervor aus einer Unendlichkeitsperspektive, sie überschneiden sich, bilden neue Farbtöne und werden fortwährend zu neuen, spannungsgeladenen Beziehungen gruppiert. Die sich verändernden Farbklänge erhalten in einem komplizierten elektrotechnischen Verfahren ihre exakte Entsprechung in steigenden und fallenden synthetischen Lautschwingungen, so daß beispielsweise eine auftauchende hellgelbe Farbfläche von einem gesteigerten, hell tutenden Laut begleitet wird, oder eine abtönende dunkelviolette Farbe von einem langsamen, gedämpften, dumpf brummenden Laut. Auf diese Weise wird eine vollständige audiovisuelle Einheit erreicht, eine eigenartige Welt aus hörbaren Farben und sichtbaren Tönen.

Auch die konkrete Musik ist auf ihre Art filmisch, da es die Materie selbst ist, die hier ihren Ausdruck findet; das unerhört suggestive Maschinengeräusch zu Beginn von Fritz Langs *Das Testament des Dr. Mabuse* (das in Cocteaus *Orphée* wiederkehrt), oder die Symphonie der Schiffssirenen in

Ruttmanns *Melodie der Welt* (1929) vermitteln lediglich eine Andeutung der musikalischen Substanz der wirklichen Laute. So wie der Film ein visuelles Detail betonen und dessen überraschende Stoffwirkung aufzeigen kann, so vermag er auch Details aus dem akustischen Chaos des Lebens herauszufiltern – Details, für die unsere Ohren ansonsten allzu abgestumpft sind, um sie wahrnehmen zu können.

Selbst wenn man versucht, den Bilderfluß mit instrumentalen Kompositionen zu bereichern, so ist es gleichwohl immer die Wirklichkeit selbst, die am stärksten spricht – auch wenn sie bloß erwartungsvoll schweigt.

Neue Versuche in Frankreich

Das Filmstudio an der Rue Danton ist gerammelt voll. Eine internationale Zuhörerschaft wartet, zumeist Studenten, die Luft ist vom Zigarettenrauch und dem Stimmengemurmel stickig geworden. Exakt um neun Uhr beginnt man in die Hände zu klatschen und auf den Boden zu stampfen, um die Organisatoren daran zu erinnern, daß die Vorstellung nun beginnen sollte. Oben auf der Estrade vor der Leinwand werden die Lautsprecher noch in Ordnung gebracht, der Filmton wird vom Band abgespielt, dies bereitet immer einigen Wirrwarr, da es nie klappt und der Ton entweder zu früh oder zu spät einsetzt.

Der Beginn auf Band wird zur Probe abgespielt, begleitet von den erwartungsvollen Kommentaren des Publikums. Noch einmal rhythmisches Händeklatschen, Pfeifen und Stampfen, wie zum Auftakt einer Tanzorgie. Augenblicklich geht das Licht aus, im Hintergrund beginnt der Projektor zu surren, der Mann, der das Tonbandgerät bedient, steht wie ein Sprinter bereit, und dann wird das Tonband gestartet, schnarrend und heulend. Nach einigen Sekunden zeigt es sich, daß der Film rückwärts läuft, unter Gelächter und Applaus bleibt er stehen, die Rolle wird umgespult, dann geht es noch einmal los, dieses Mal in richtiger Ordnung.

Wir sehen einen Maler mit einem todtraurigen und mit Farbe bekleckten Gesicht, er ist dabei, ein abstraktes Bild zu malen, Fläche um Fläche übertüncht er mit Schwarz. Der Film heißt *Eine moderne Version nach Goethes Faust*. Der Maler fährt fort, sich zu beschmieren und schwarz zu malen, und das Publikum spornt ihn mit Zurufen an. Auf den schwarzen Matsch klebt der Maler nun weißes Papier, und dann füllt er dieses Papier weiter mit abstrakten schwarzen Puzzleformen, bis wiederum alles schwarz ist. Es geschieht nichts anderes als dieses fortwährende Schwarzmalen, langweilig und komisch, eine Studie über die Ausweglosigkeit. Nachdem er mehrere Male sein Bild eingeschwärzt hat, wirft er endlich Pinsel und Palette beiseite. Das ist alles. Das Publikum dankt mit einem rasenden ironischen Applaus. Offensichtlich wird der Film als Ausdruck des Leerlaufs der abstrakten Kunst selbst verstanden.

Dieselbe absurde Atmosphäre finden wir auch im nächsten Opus, das den Titel *Liebe und frisches Wasser – sexuelle Rhapsodie über Saint-Germain-des-Prés* trägt. Wir erhalten Einblick in eine Dachwohnung, in der ein paar halb verhungerte Bohemiens sich mit der Produktion von Gedichten und Kunstwerken abmühen und ihre übrige Zeit mit Liebesbeziehungen parallel und über Kreuz verändeln. Man wird nicht klug aus der Handlung, als einziges versteht man, daß alle dringend Essen und Geld benötigen. Fortwährend wird die Treppen hinauf- und hinuntergerannt, durch die Fenster hinaus- und hineingeklettert, um irgendwas aus den Speisekammern anderer zu klauen. Die Mädchen prostituieren sich in den Cafés. Irgendeine Ex-Prinzessin verfolgt den Poeten, der an einer über ihm hängenden Weinflasche saugt, während er über seinem Roman schwitzt. Es ist schwierig, die Grenze zwischen absichtlichem Unsinn und amateurhafter Albernheit zu ziehen. Das Beste am Film ist ein kleiner drolliger Typ mit einem asiatischen Schnauzer, der inmitten der kindischen Intrigen, der Eifersuchtsszenen und des pubertären Tiefsinns seine Späße abzieht und umhertanzt. Mit einem überlegenen Lachen versucht er sich als Kellner und als marokkanischer Händler; mit dem Kopf nach unten baumelt er an einem Ast und singt und spielt den Affen.

Die Dialoge ab Band setzen immer erst ein, wenn die Personen auf der Leinwand zu Ende gesprochen haben, das Publikum schreit: sprich schneller, was hast du gesagt, sag's nochmal! Es ist ein grausames und anspruchsvolles Publikum, es bezeigt Schadenfreude, aber auch beifällige Aufnahme, es liebt den Film als Ausdrucksmittel. Unaufhörlich werden Kommentare abgegeben, treffende Ausrufe werden mit Beifall begrüßt, manchmal spielen sich hitzige Diskussionen ab, die dann und wann den Anschein erwecken, als ob irgendwo im Dunkeln Prügeleien ausgebrochen seien.

Liebe und frisches Wasser ist ein schlechter Film. Er hinterläßt einen chaotischen Eindruck. Die Szenen sind unzusammenhängend und abgehackt, doch sie dokumentieren die Nachkriegsjugend. Die mangelhafte Gestaltung wird rücksichtslos kritisiert, gleichwohl packt das intensive Aus-

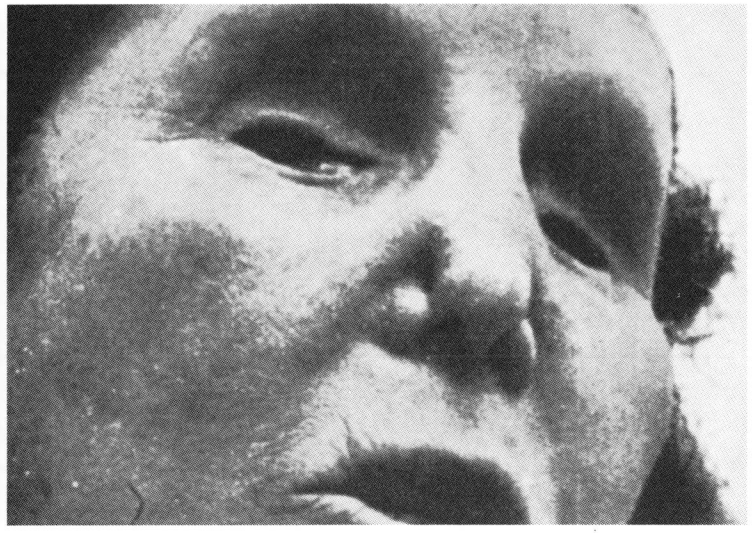

Ein Gesicht von fürchterlicher Schlagkraft,
aus *Aube* von Jean-Claude Sée.

drucksbedürfnis. Man ist in einen Schmelztiegel von unerhörtem, nicht gebändigtem Filmmaterial versetzt. Dieser Versuch hier ist mißglückt – man kann aus den Fehlern lernen. Das Interesse erlöscht nie. In diesen Arbeiten, die ganz ohne finanzielle Unterstützung zustande kommen, nur mit dem Einsatz der eigenen Kräfte, ist die Mangelhaftigkeit unausweichlich. Man könnte sagen: ein gewöhnlicher mittelmäßiger Spielfilm ist besser als diese experimentellen Erzeugnisse.

Doch das stimmt nicht ganz. Dann und wann blitzt es auf, und es geschieht etwas, das in einem gewöhnlichen Spielfilm nicht geschieht. Im nun folgenden Film, *Aube* (Sonnenaufgang) von Jean-Claude Sée, lassen sich plötzlich der Zugriff zum Thema und ein ungewöhnlicher Bildsinn wahrnehmen. Als Ganzes ist der Film keineswegs gelungen, man erkennt, mit welcher Mühe und in welch langwieriger Arbeit seine Sequenzen zusammengefügt worden sind – die kontrapunktische Thematisierung von einem Leben unter freiem Himmel und einem Leben in einer städtischen Steinhölle. Der schlechten Lautsprecherqualität zum Trotz ist die Musik, von Pierre Henry komponiert, bemerkenswert. (Henry arbeitet als Tonmeister beim Pariser Radio und ist mit den ersten Kompositionen von »konkreter Musik« hervorgetreten.) In *Aube* besteht der Ton aus einem ansteigenden und abschwellenden Tosen, wie von Ätherwogen, Luftmassen und kreisenden Atomen. Zu den ersten Bilderfolgen, die um Wasser, Felder und Strände kreisen, lassen sich die Schwingungen des Sonnenlichts hören. Die Kinder, die auf der Wiese spielen, sind gleichsam von Elektrizität umhüllt, Funken schlagen um sie, wie ein Sturm jagen sie durch das hohe, wogende Gras. Mit Sirenen und Motoren bricht die Steinstadt herein, auf einer leeren Brücke geht eine blinde, verstümmelte Frau, sich mit ihrem weißen Stock vorwärtstastend – das fürchterlichste Gesicht, das je auf einer Leinwand gezeigt worden ist, von Brandwunden, Krankheit und Hunger entstellt.

Das Gesicht bildet den Auftakt zu einer Liebesszene, die nichts zu wünschen übrigläßt an Direktheit und Brutalität. Dieser aggressive, dynamische Rhythmus wird wiederum vom zerfressenen Antlitz der blinden Frau unterbrochen – das jetzt lacht. Und wieder öffnet sich das kontrastierende Thema, der freie Himmel, die Wolken, das Sonnenlicht, das glitzernde Wasser. Ein Mann und eine Frau schwimmen im Wasser durch Algen und Schilf, doch auf der Freiheit ringsum scheint eine Gefahr zu lasten. Als sich die Gesichter der Schwimmenden aus dem Wasser erheben, naß und gleißend vor Licht, werden sie von einer Kriegsvision überblendet – die bewirkt, daß man sich in den Stuhlreihen zusammenkauert und den Kopf einzieht. Alles geht in den Bombenexplosionen und dem Trommelwirbel der Flammen unter.

Und zum Schluß ein Meisterwerk: *Le sang des bêtes* (Das Blut der Tiere) von Georges Franju. Der Film ist in den großen Schlachthäusern von Les Halles in Paris aufgenommen. Im Licht des frühen Morgens, in Blutdampf gehüllt, führen die Schlächter mit wissenschaftlicher Präzision ihr Handwerk aus. Die unerhörte Sicherheit und Regelmäßigkeit in ihren Bewegungen schafft ein neues *Ballet mécanique*. Es ist eine riesige, funktionelle Hinrichtungsmaschinerie, in der die Messer beinahe liebevoll die Haut von den noch warmen Tierkörpern schlitzen. Lediglich authentische Geräusche begleiten den Film und tragen bei zur nüchternen, sachlichen Atmosphäre: hallende Arbeitsrufe, Schritte, das Geklapper der voll beladenen Karren, irgendeine gepfiffene Melodie.

Jean-Isidore Isoù, ein lettristischer Poet, bekundet im Film *Traité de bave et d'éternité* (Abhandlung über Schleim und Ewigkeit) seine Verachtung für das *Bild*. Er ist der filmischen Sprache überdrüssig, er widmet sein Werk Griffith, Chaplin, Eisenstein, Stroheim, Clair, Buñuel und anderen, die seiner Ansicht nach bereits alles gesagt haben, was mit Bildern gesagt werden kann. Er verwendet den Film als ein Sprachrohr für seine literarischen Ideen und vermischt lettristische Texte mit langen Programmerklärungen. *Traité de bave et d'éternité* vermittelt bloß eine Idee von dem, was ihm vorschwebt. Er will die vollständige Zersplitterung des Wortes erreichen, das Wort, das nur aus Lautfragmenten besteht. Hier ein Ausschnitt aus einem der Gedichte des Films:

M gngoun, m diahl(m) hna iou
hsn ioun inhlianhl M pna lou
vgain set i ouf! sai iaf
fln plt i clouf! mglai vaf...

(Die ersten zwei Zeilen des Gedichtes beinhalten Bruchstücke seines eigenen Namens »Isoù«.)

Diesen Eindruck des Wortes stellt er sich zusammen mit konkreten und elektronischen Klängen vor. Sein Überdruß am Wort – und daher das Wort, das nichts anderes als Klang sein soll – und sein Überdruß am Bild haben noch keine konsequente Lösung gefunden. Seine Gleichgültigkeit dem Bild gegenüber bezeugt er dadurch, daß er den Text mit einigen lose zusammengeschnittenen Wochenschaubildern unterlegt und mit einer endlosen Sequenz, in der er selbst in der Gegend des Boulevard Saint-Germain umhergeht.

Andere Lettristen sind in seinen Fußstapfen noch weiter in die Richtung absoluter Bedeutungsleere vorgedrungen. Im Filmstudio an der Rue Danton sah ich ein Werk (von ca. einer Stunde Dauer), das lediglich aus dem weißen Filmstreifen bestand, ab und zu auf einem einzigen Bild von Text unterbrochen, der unlesbar vorbeiflimmerte. Der Film hatte stark agitatorische Wirkung; während der Vorführung spielten sich im Publikum hitzige Diskussionen ab für und wider diesen vollständig undramatischen Film.

Eine andere undramatische Arbeit zeigte vier Personen in einem Zimmer. Beinahe unbeweglich sitzen sie da, jede in sich selbst gekehrt. Die Kamera wandert langsam zwischen ihnen hin und her und registriert ein Zucken um den Mundwinkel oder die Augen, eine Finger- oder Halsbewegung. Die vollständige Handlungslosigkeit – nichts anderes ereignet sich als diese ewigen Wanderungen von der einen zur andern Figur – erzeugt eine sonderbar befrachtete Atmosphäre. In diesem Umfeld harren noch viele filmische Möglichkeiten.

Einige Filmexperimente in Schweden

Eine monotone, hypnotisierende Stimmung geht von Gösta *Werner* Werners *Midvinterblot* (1945) aus. Ich kenne keinen andern Film, der derart intensiv eine Empfindung von nordischer Kühle und Unerlöstheit ausstrahlt. In ihre Felle und Decken eingerollt, kauern die Menschen im Schnee, die Atemzüge dampfen aus ihren Mündern. Alle sind sie eingehüllt in ihrem Alleinsein; das Blutopfer kettet sie nicht zu einer gemeinsamen Orgie zusammen. Die Trommel erregt sie nicht, eher betäubt sie; eintönig und zaghaft hallen die Schläge durch einen grenzenlosen, schwarzen Wald. Als die Frauen ihre Brüste entblößen, um sich mit dem geopferten Blut bespritzen zu lassen, erscheint dies wie eine machtlose Sehnsucht nach Leben, nach Wärme.

Es ist eine magische Studie über den isolierten, frierenden Menschen.

Seiner Unvollkommenheit zum Trotz ist Rune Hagbergs *Rune* *Och efter skymningen kommer mörker* (1946) der beste Ex- *Hagberg* perimentalfilm, der in Schweden gedreht worden ist. Hagberg selbst spielt die Hauptrolle und trägt auch seinen eigenen Namen; offenbar will er etwas Autobiographisches vorführen, oder zumindest eine Identifikation mit sich selbst anregen und sich damit von einem Konflikt befreien, der zu einer psychischen Störung zu werden droht. Man spürt, daß er in einer quälenden Wirklichkeit und einer ungeklärten Beziehung zu einer Frau gefangen ist, und man spürt sein verzweifeltes Bemühen um ein künstlerisches Ausdrucksmittel, das ihn zu befreien vermag.

Es ist ungewiß, inwieweit er sich seiner Symbolsprache bewußt ist. Seine Phantasie ist eingeengt durch eine ihn umgebende unendliche *tristesse*. Er lebt in einem kargen, unpersönlichen Zimmer, das einzig geschmückt ist mit ein paar zweifelhaften Gemälden und mit dem lebendigen Götzenbild: der schönen, gefühllosen Frau.

Er befindet sich in einer ständigen Auseinandersetzung mit diesem modernen Mietskasernenzimmer, in das alle Geräusche des Hauses wie durch einen Filter hereindringen und in

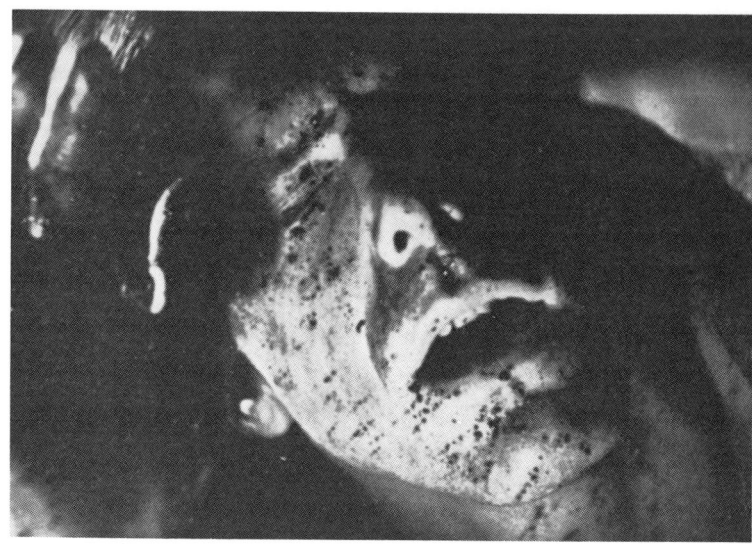

Aus Gösta Werners *Midvinterblot*.

dem das Radio wie ein der Außenwelt geweihter Altar steht. Ständig wird Musik eingeschaltet, um die innern Stimmen zu betäuben, ständig sprechen fremde Stimmen, welche in ihrer Anonymität und Monotonie eine Atmosphäre der Einsamkeit vermitteln. Immer wieder brechen störende Geräusche mit ihrer marternden Aufdringlichkeit herein. Auch der Wasserhahn, der tropft und rinnt, trägt bei zu einer durch und durch aufreibenden Stimmung. Vor diesem Hintergrund unternimmt der einsame Held (als den er sich sehen will) einen Versuch, sich in selbstkasteiende, krampfhafte Studien zu versenken. Aber sein unbewußtes Ich geht andere Wege. Es zwingt ihn, *Glas zu zerschlagen*. Wiederholte Male zerspringt um ihn herum Glas in Scherben, er schneidet sich, blutet, doch er genießt diese Scherben, er liebkost sie beinahe; mit verzweifelter Freude zerschlägt seine Faust die Fensterscheibe. Er will in die Frau eindringen, in die Freiheit. Aber er hat furchtbare Schuldgefühle. Der Beischlaf gerät in seiner Phantasie zum Mord. Freiheit wird zu Wahn-

Der Gang hoch oben über das Dach – aus *Och efter skymningen kommer mörker* von Rune Hagberg.

sinn. Der mystische Brief, der ihn über seine erbliche Anlage zur Geisteskrankheit aufklärt, ist bloß eine Ausrede, um sich endlich der erwarteten Krise hingeben zu können. In einem Weinkrampf bricht er zusammen. Diese Szene gehört zu den stärksten im Film, sie ist schneidend, dissonant und furchtbar entblößend. Ihre unendlich in die Länge gezogene Tortur wird zunehmend unerträglich durch die Radiostimme, die gleichgültig Miltons *Paradise lost* rezitiert.

Eine sich ebenfalls in die Länge ziehende Intensität prägt auch die traumhafte Reise durch das Haus, einem Schlafwandler gleich steigt er das widerhallende Treppenhaus hoch, schleicht sich über den Dachboden und hinauf aufs Dach. Er ist empfänglich für alle Geräusche: Schritte, ferne, unkenntliche Stimmen, Grammophonmusik hinter einem offenen Fenster, Türen, die zugeschlagen und wieder geöffnet werden, das Surren des Fahrstuhls; als er in einem depressiven Zustand auf dem Bett liegt, läßt sich hinter der Wand Kindergeschrei vernehmen. Zu guter Letzt öffnet er den Gashahn, das Gas saust und strömt wie das Blut, es ist wie ein Zurücksinken in den Mutterleib. Doch das Fenster ist ja zertrümmert – die Luft strömt herein – und vielleicht war es seine Absicht – er hoffte, gerettet zu werden – von einer mütterlichen und zärtlichen Frau, die sich um ihn ängstigt, und sie kommt, sie versucht, hingebungsvoll zu sein, aber sie überwindet ihre innere Kälte nicht.

Während sie schläft, ringt er weiterhin mit seiner Psychose. Nichts hat sich verändert. Das Problem bleibt ungelöst. Die Sonne geht über einer ausgestorbenen Welt auf – ein großartiges Bild: man weiß es nicht, geht die Sonne über einer Stadt oder über einer Urzeitlandschaft auf? Sie zu töten, sie, die schlafend, in sich selbst verschlossen daliegt, das ist das einzige, was noch zu tun bleibt. Vielleicht kann ihn dies befreien.

Der Schluß, das plötzliche Erwachen aus seinem Alptraum und die Enthüllung des Briefes als Fälschung, überzeugt nicht. Der Film, der ansonsten langsam und bedrückend fließt, wird hier flüchtig und unkonzentriert. Störend ist auch die Verwendung von schummrigen, zerfließenden Übergängen zwischen den Bildern; Hagberg mangelt es noch an einem Bild- und Gedankenreservoir, um die Sequenzen zu einem einheitlichen Strom zu verschmelzen. Doch abgesehen davon ist es ein ungewöhnlich persönliches Werk, ein Versuch, wegzukommen von den üblichen Forderungen an eine realistische Dramatik und sich statt dessen unter die Oberfläche vorzutasten, wo sich ein seelischer Prozeß abspielt. Im schwedischen Film ist dies eine Seltenheit.

Carl Gyllenberg Carl Gyllenberg hat sich, nach einer Reihe kurzer, tastender Experimente, mit dem Film *Som i drömmar* (1953) übernommen. Es ist ihm nicht geglückt, den lyrischen Monolog, die Musik und das Bild miteinander zu verschmelzen. Der Text erleidet dasselbe Schicksal wie die Musik: anstatt den Bilderfluß zu vertiefen, erscheint er in einer anspruchsvollen, feierlichen Selbständigkeit, er behält seinen *literarischen Charakter* – so wie die Musik im *Konzertsaal* verharrt. Die Bilder führen einen harten Kampf mit diesen zwei feindlichen Elementen, und hie und da gelingt es ihnen, sie zu überwinden: in einigen Szenen am Strand, in denen die Frauen aus Lehm-

Choreographisch aufgebaute Szene, aus *Som i drömmar*
von Carl Gyllenberg.

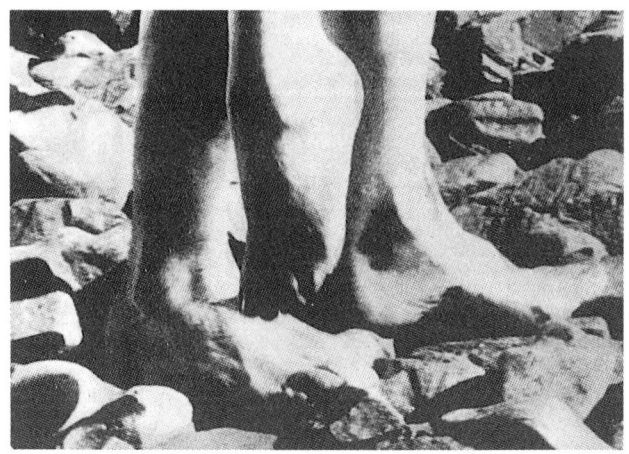

Aus *Gycklarnas afton*.

klumpen erschaffen werden, wo sie zu Leben erwachen und
sich in choreographischer Inszenierung am Wasser entlang bewegen; in der Zeitlupensequenz, in der die Frau versucht, die
Sanddüne hinaufzuklettern, oder in einer Szene, in der irgendwelche Gestalten zwischen den hoch aufragenden Bäumen in der Domhalle des Waldes umherspringen. Hier strahlt
das Bild eine mitreißende Kraft aus, während es ansonsten
vielfach das Arrangierte, ja gar Mondäne tangiert: zum Beispiel in jener Szene, in der Prometheus mit einem aufgespann-
ten Regenschirm neben dem Baumskelett sitzt – dies sieht
einer Photographie aus *Vogue* ähnlich. Auf ein Drittel zusammengeschnitten und mit einem andern Ton versehen, hätte
dieser Film zu einem vollendeten Werk werden können.

Ingmar Bergman Als ein eigenständiges Filmexperiment möchte ich die erste
Episode – die Geschichte des Clowns – aus Ingmar Bergmans
Gycklarnas afton (1953) erwähnen (siehe auch das Kapitel
»Filmmusik«). Hier findet sich nichts von der üblichen Dia-
log-Krankheit des Films; es wird überhaupt nichts gesprochen, die Bilder allein sind es, die in einer bedeutungsgelade-
nen Sequenz den Verlauf des Geschehens ausdrücken. In
blendend weißes Licht gehüllt wird eine Situation mensch-

licher Schutzlosigkeit geschildert, mit der sich nur gewisse Szenen aus *L'age d'or* messen können: der Clown (genial gespielt von Anders Ek) in seinem kurzen Hemd zieht die nackte Frau aus dem Meer und trägt sie über den Strand; barfuß stolpert er über die spitzen Steine, begleitet vom Hohngelächter der Zuschauer und den brutalen Kanonaden der Soldaten.

Studie II (1952) von Peter Weiss folgt in seiner Gestaltung *Peter* unmittelbar einer Serie von zwölf assoziativen Zeichnungen. *Weiss* Selbst die Ordnung unter den verschiedenen Bildern wurde beibehalten, um die innere Kontinuität zu bewahren. Das Geschehen liegt vollständig auf einer emotionalen Ebene. Wie Halluzinationen tauchen eine Reihe stark erotisch gefärbter Gefühle in verschiedenen Stadien auf. Die erste Szenerie drückt eine Ruhelage aus, die glitzernde Glaskugel in der Hand des Liegenden klingt über in ein Spiel mit Seifenblasen, die, zusammen mit den beiden im Hintergrund kämpfenden Figuren, eine innere Unruhe offenbaren. Die Seifenblasen verwandeln sich sodann in ein Glas, das zum durstigen Mund geführt wird, ihn aber nie erreicht. Das vierte Bild ist Ausdruck eines Unlustgefühls, es schlägt im nächsten Bild um in eine groteske und lächerliche Szenerie, wie ein Hampelmann hängt man im Dasein, und die wechselnden Gefühle zupfen an den Fäden. Die heftige Diskussion in Bild 6 deutet ein Auseinanderklaffen, einen innern Gegensatz an. Nach einer kurzen Ruhepause in Bild 7 klappert die kleine Schreibmaschine des Bewußtseins, während unförmige, groteske Figuren sich im Vordergrund hin- und herbewegen. Szene 9 wird von Müdigkeit und innerem Widerstand dominiert, doch dann, in Bild 10, erwacht wiederum eine fiebrige Begierde, die in dem zappelnden Tier im Vordergrund ihren Ausdruck findet und in den beiden Gesichtern, die sich liebkosend in den Haaren der Frau bewegen. Bild 11 ist eine Art Wiegenlied, und das letzte Bild ist wie ein Ertrinken in Einsamkeit und Schlaf.

Durchgehend wurde die Absicht verfolgt, Körperteile von verschiedenen Personen derart in einem Bild zu arrangieren, daß sie zusammen neue, mehr oder weniger deformierte Gestalten bildeten.

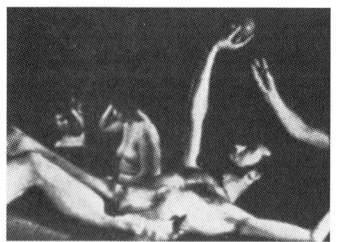

Szene 1

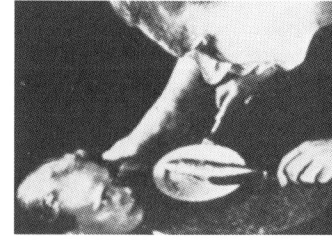

Szene 4

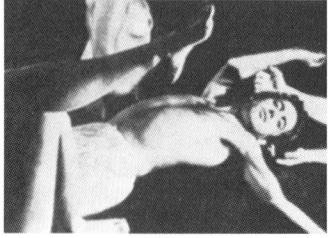

Szene 7

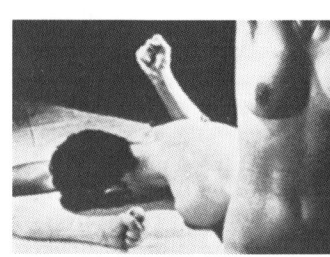

Szene 9

Szene 10

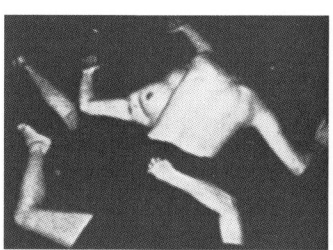

Szene 12

Aus *Studie II* von Peter Weiss.

In *Studie IV* (1954) von Peter Weiss wird ein Befreiungspro-
zeß geschildert. Der Protagonist bewegt sich durch verschiedene, für ihn bedeutungsvolle Räume, etwas mit sich schlep-
pend, das ständig seine Form verändert, sich zum Schluß

Aus *Studie IV* von Peter Weiss.

jedoch als er selbst erweist. Es ist ein altes, verbrauchtes Ich, das von ihm abgefallen ist.

Der Film ist in einer harten Kontrastwirkung zwischen Schwarz und Weiß gehalten. In einem trägen Rhythmus wird die erste Empfindung: etwas mit sich herumtragen, solange gesteigert, bis sie ihren Höhepunkt in der Konfrontation mit dem Vater und der Mutter erreicht. Fieberhaft versucht er, die traumhafte Situation zu verstehen. In einem Kästchen kramt er nach Papieren, als ob diese eine Erklärung beinhalten könnten. In seinen Händen jedoch werden sie bloß zerknüllt, er wirft sie zum Fenster hinaus. Das Geschehen, das bisher in einer abstrakten Geschlossenheit stattgefunden hat, wechselt jetzt für einige Sekunden in eine widerhallende Offenheit: er wird oben im Fenster sichtbar, während die Papiere an der Hauswand hinunterschaukeln. Danach nimmt er die Reise wieder auf; als er aber das Zimmer der Eltern verlassen hat, wandelt sich das alte, bedrückende Gefühl; es ist, als ob er sich aus einem Spinnennetz herausarbeitete; langsam macht sich ein Gefühl der Erleichterung bemerkbar. Da hat nun auch das nächtlich schwarze Zimmer sein Aussehen verändert – befreit steht er in einem lichtdurchfluteten Bildhaueratelier, umgeben von unbearbeiteten Holzblöcken.

Beide, *Studie II* und *Studie IV*, experimentieren auch mit den Möglichkeiten einer neuen akustischen Welt. Die Filme werden begleitet von kreischenden, kratzenden, klirrenden Halluzinationsgeräuschen.

Aus Arne Lindgrens
Triangeldrama.

Aus Peter Weiss' *Studie I*.

Aus Gunnar Hyllienmarks
Höst.

Aus Nils Olséns *Korthus*.

Aus Kjell Nilssons *Storstadens
fötter*.

Aus Lennart Johanssons
Pantomim.

In den letzten Jahren ist in Schweden eine ganze Menge expe-
rimentiert worden. Am aktivsten dabei erwies sich die *Arbetsgruppen för film*, aus deren Kollektiv heraus eine Reihe

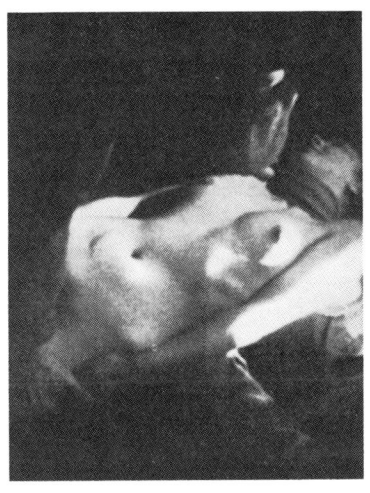

Der Film als ein Mittel zu mythischer, magischer Beschwörung. Freddies eigener Text zu dieser Szene aus *Spiste horisonter* lautet: »Das Fleisch meiner Frau ist göttlich, ihre Brüste und ihr Bauch, die aus Erde sind, wollen die Erde berühren. Meine Freunde, die selbst Erde sind und in denen ich bin, drehen Brüste und Bauch meiner Frau auf die Erde –.«

von Filmen entstanden ist, von denen einige hier erwähnt werden können: *Vision* (1949) von Henry Lunnestam und Nils Jönsson; *Det underbara mötet* (1949) von Rut Hillarp und Mihail Livada; *De vita händerna* (1950) von Hillarp und Livada; *Bakom murar* (1950) von Gunnar Hyllienmark; *Under en mask* (1951) und *Höst* (1951) von Hyllienmark; *Tema* (1951) von Råland Häggbom; *Slussen* (1951) von Lennart Johansson und Lennart Arnér; *Cykalora* (1951) von Eivor Burbeck; *Spindeln och handen* (1951) und *Study in colour* (1951) von Livada; *Den långa promenaden* (1951) von Hanserik Hjertén; *Korthus* (1952) von Nils Olsén; *Triangeldrama* (1952) von Arne Lindgren; *Studie I* (1952) von Peter Weiss; *Glasprinsessan* (1953) von Stig Lasseby und Gerd Lindman-Nilsson; *Pantomim* (1953) von Margareta Ekström, Lennart Johansson und Lennart Arnér; *Storstadens fötter* (1953) von Kjell Nilsson; *Studie III* (1953) von Peter Weiss; *Sommarsabbat* (1954) von Erland Orrgård; *Odjuret* (1954) von Nils Olsén; *Iris* (1954) von Eivor Burbeck und Mihail Livada.

Keine dieser Arbeiten erhebt den Anspruch, als vollendet zu gelten; das Dilettantische schlägt oftmals durch, ebenso wie die mangelhafte technische Ausrüstung. Am gelungensten sind diese Filme, wenn sie sich bescheiden und mit einem einzigen Motiv arbeiten, wie *Tema* oder *Storstadens fötter.* *Tema* baut allein auf ein paar zentrifugierenden Bewegungen von Tivoli-Karussellen auf, *Storstadens fötter* bildet, von Arne Lindgren geschickt geschnitten, in musikalischen Rhythmen ein mitreißendes Muster aus Schritten. Sobald jedoch der Inhalt etwas anspruchsvoller wird, verliert der Film an Stärke oder gerät in die Nähe des Machwerkes. Überraschende neue Züge finden sich kaum in diesen Versuchen: da haben uns die Dänen wohl etwas voraus. Filme wie *Flugten* (1942) von Albert Mertz und Jørgen Roos, oder Henning Bendtsens *Ping Pong* (1950) sowie Sören Melsons *Rumstudier* (1950) und *Parabel* (1950) – nicht zu reden von Wilhelm Freddies und Jørgen Roos' *Spiste horisonter* (1950) und *Det definitive afslag på anmodningen om et kys* (1949) –, dies sind fertige Werke von ausgeprägtem persönlichem Charakter.

Dafür können die Dänen auch mit größerer ökonomischer Unterstützung rechnen, sie haben ihre »Statens Filmcentral«, mit Ebbe Neergaard als Chef, und ihr Filmmuseum, die beide mit einem regen Interesse auf eine junge experimentierende Filmgeneration setzen. Die staatliche Organisation *Dansk Kulturfilm* hat unter anderem die Produktion von Bendtsens *Legato* und *Ping Pong* finanziert und Roos-Mertz' *Flugten* angekauft und ihn mit einer Tonspur (Trommelsolo) versehen. Das *dänische Filmmuseum* hat bei der Produktion von Melsons dynamischen Animationsfilmen mitgeholfen und durch Ankauf, Vorführungen und andere Förderungsmaßnahmen Freddies und Roos' surrealistischen Filmexperimenten Unterstützung zukommen lassen. Überdies hat der dänische Staat 20 000 Kronen an eine Vereinigung von Experimentalfilmern gezahlt; daraus resultierte bislang ein neues Werk von Melson: *Amor et Psyché* (1953), ein farbiger Animationsfilm von stark erotischem Charakter. Auch der Dokumentarfilm, in dessen Bereich Roos sein größtes Betätigungsfeld hat, ist in Dänemark offen für kühne Formexperimente. Erst neulich ist in diesem Rahmen ein Film von Bror Bernild und Børge Høst über den dänischen Architekten und Schriftsteller Poul Henningsen fertiggestellt worden. Der Film gehört zu einer geplanten Serie, »Meinungen zur Zeit«, in der verschiedene persönliche Manifeste in einer radikalen Bildsprache und auf eine völlig neue und mitreißende Art und Weise Ausdruck finden werden.

Soll der schwedische Film nicht völlig stagnieren, so muß eine Institution geschaffen werden, durch die neue Talente ihre Chance erhalten, welche den Film als ihre künstlerische Ausdrucksweise gewählt haben. Es müßte ebenfalls ein öffentliches Kino geben (eine Entsprechung zu den Vorführungen des *dänischen Filmmuseums*), in dem man versuchen könnte, ein neues Publikum für Filme mit avantgardistischem Charakter zu gewinnen. Vorläufig jedoch existiert innerhalb der zu 100% kommerziell ausgerichteten Produktion in Schweden noch eine grundlose Furcht vor allem und jedem, was nach Experiment riecht.

Anhang

SEITE 7

★ Keine Kunstart kann so überzeugend die unendliche Zusammengesetztheit eines Erlebnisses wiedergeben wie der Film. Die Vision des Malers ist immer statisch. Selbst wenn die Teile des Bildes in starken, atmenden Spannungen zueinander stehen, so bleibt die Komposition doch unveränderlich. Selbst wenn eine Vielheit von verschiedenen Blickwinkeln zusammengelegt wird, so befinden sich diese Verschiedenheiten doch nur in einer einzigen Situation. Hier in dieser Geschlossenheit und Einmaligkeit liegt die Stärke des Malers.

Der Schriftsteller kann Kontinuitäten aufbauen mit seinen Worten. Er kann den Leser nach allen Richtungen hinführen und ihm sagen, was er sieht, hört, denkt, empfindet. Der Schriftsteller versucht, seinen Worten die größte Wirklichkeit zu geben, eine Wirklichkeit, die jedoch immer nur Suggestion bleibt. Diese Suggestion nimmt im Film Gestalt an.

Der Filmdichter kann sein Bild der Welt, seine Halluzination, seine heimlichsten Gefühle, seine Unruhe konkret vor uns hinstellen und in all ihren Stadien entwickeln. Seine Sprache kann ruhig und episch fließen, oder lyrisch, perlend, er kann in einem hetzigen, exaltierten Tempo berichten, oder in Rückblicken, Ausschweifungen, Fantasien, Utopien. Er kann in allen Bildstilen arbeiten, detailscharf, wirklichkeitsnah, gesteigert überwirklich, versponnen, verzerrt und verschoben, verhängt und dunkel, hart und abstrakt, weich poetisch, aggressiv agitatorisch, untergründig, vielschichtig, rebusartig. Die mikroskopische Welt kann er überwältigend vors Auge führen. Mit den teleskopischen Linsen kann er das Ferne näherücken. Neben den grafischen Tönen kann er die Farbe anwenden in allen natürlichen oder abstrakten Skalen. Und zu all dem hat er die Welt des Akustischen zur Verfügung. In allen Nuancen vernehmen wir das Sprechen, Lachen, Singen, Stöhnen, Schreien, Murmeln, Flüstern des menschlichen Mundes. Wir vernehmen die Geräusche der Materie, all das Klirren, Bersten, Krachen, Knallen, Schaben, Kratzen, Quietschen, Klingeln, Klimpern, Rauschen, Surren, Sausen, Pochen, Rasseln, Knarren, Rieseln, Tröpfeln, Schwirren, Winseln und Weben, das uns umgibt. Was sonst im großen brodelnden Kessel des Lärms verborgen liegt, kann herausgehoben und deutlich gemacht werden. Das Leiseste kann zum Monumentalen gesteigert werden: paukend schlägt das Herz, rasend hämmert die Uhr, wie eine Brandung dröhnt das Blut. Das Unhörbare kann hörbar gemacht werden: die Sprache der Ameise, des Grases, des Steins. Ganz neue Geräusche können geschaffen werden, Schwingungen, Friktionen, Rotationen in einer noch wenig bekannten Welt.

Das Bildmäßige, das Inhaltliche, das Akustische schließen sich zusammen zu einer neuen Einheit, zu einer neuen selbständigen Kunst. Der Film ist eine Bildkunst, eine Kunst des gedanklichen, ideenmäßigen und emotionalen Inhalts, und eine Tonkunst. Doch dies genügt noch nicht. Das Wesentliche des Films ist der Rhythmus, die Art, in der die Bestandteile in Bewegung gesetzt werden. Die meisten Produkte, die wir zu sehen bekommen, haben mit dem Wesen des Films wenig zu tun. Das Starspiel, die Krankheit des Dialogs und der Intrige hält uns im Theatralischen fest, das Erzählerische hält uns im Literarischen fest, der Konzertsaal spukt in der Musikbegleitung.

Nur in den Randgebieten der riesenhaften kommerziellen Apparatur, in kurzen, besonders günstigen Epochen, und in den Kreisen der Außenseiter, der Experimentatoren, sind *filmische* Werke zustande gekommen. Zeiten des Zusammenbruchs, der Umwälzung, der Krise, des bloßgelegten Lebensnervs haben oft zu solchen Werken geführt. Zeiten, in denen das Ausdrucksbedürfnis den Profithunger überwiegt.

** Für den Film, diese Kunstart, die kaum ein Menschenleben alt ist, sind diese Einsätze immer noch Pionierarbeiten. Der Filmdichter hat nicht nur die großen technischen Schwierigkeiten zu überwinden, die auf dem Weg zwischen Idee und Verwirklichung liegen, sondern auch die Übermacht der ökonomischen Forderungen, des konventionellen, auf Unterhaltung eingestellten Geschmacks.

SEITE 8
* Wenn es einmal möglich sein wird, vollkommen frei mit dem Medium des Films umzugehen, können Werke geschaffen werden von einer noch unvorstellbaren Universalität.

SEITE 9
* Um die Jahrhundertwende beginnt die große visuelle Revolution. Die Bildkunst deckt neue Wege des Sehens auf. Der Naturalismus kulminiert in der Entdeckung der Fotografie, in der Möglichkeit, den Augenblick in absoluter Genauigkeit festhalten zu können. Der Impressionismus zerlegt die äußere Wirklichkeit zu kleinen schimmernden Bestandteilen. 1881 fotografiert Thomas Eakins verschiedene Phasen eines Geschehnisses auf ein und dieselbe lichtempfindliche Platte und breitet so einen Stabhochsprung, den Galopp eines Pferdes in der Entwicklung der Bewegung vor uns aus. Die Zeitdimension ist aufgelöst, das stillstehende Bild hat sein eigenes dynamisches Leben. Dieses Eigenleben ist das Ziel der modernen Bildkunst. Man bindet sich nicht mehr an die Gewohnheiten des Auges, man baut nach neuen Gesetzen, nach den Gesetzen der Spannungen zwischen Farben und Formen. Der Expressionismus steigert die Farbe zu dekorativ leuchtenden Skalen.

Der Kubismus legt die Fragmente der aufgebrochenen Natur zu neuen überraschenden Kombinationen zusammen. Der Futurismus folgt Eakins' Vision und vermengt auf der geschlossenen Bildebene eine Vielfalt von Bewegungsstadien zu wirbelnder Dramatik. Das Streben nach Bewegung, nach Vielseitigkeit, führt zur Entdeckung des Films. Augenblicke werden zu einer Kontinuität aneinander gekettet und rollen vor uns ab. Fantastische Perspektiven: wir fangen die Realität in ihrem ganzen durchpulsten Leben. Schon am Anfang dieser neuen Ausdrucksform entsteht ein künstlerisches Bewußtsein. Man will nicht nur das Außen abfotografieren, man will es gestalten, man will eine neue optische Welt schaffen. [...]

Der Realismus wird immer als eine der ersten gegebenen Funktionen des Films bestehen bleiben, der Realismus als Dokument unseres Lebens. Doch neben den Schilderungen der äußersten Lebensbedingungen gibt es das weite Feld des Irrationalen, der Vision, der abstrakten Formenspiele, des Traums. Auch die inneren Geschehnisse sind Wirklichkeit, lebensbestimmend, und kein anderes Medium kann sie besser als Wirklichkeit schildern als der Film. Der Film ist dem Traum verwandt. Seine Spiegelungen tauchen vor uns im Dunkeln auf, assoziativ ineinandergleitend, gefüllt von Fragmenten äußerer Eindrücke, von Symbolen, Impulsen, Gefühlen, Wünschen.

Der Film ist ein Beschwörungsmittel, der Filmschöpfer ein Magier. Es ist ein Zauberkünstler, der 1897 zu Lumière geht und ihn um seine Filmkamera bittet. Lumière lacht ihn aus. Lumière ist der Konstrukteur, er sieht in dem Apparat nichts anderes als ein Mittel, Reportagebilder herzustellen. Der andere aber versteht, welche Möglichkeiten in dem kleinen Kurbelkasten verborgen liegen. Dieser andere ist Georges Méliès.

** Für sein neues dramatisches Werkzeug schafft Méliès eine neue Sprache, eine Sprache ohne Dialoge, eine Art Taubstummensprache, eine drastische Pantomime.

SEITE 10

* Andere entwickeln die Kamera zu einem beweglichen Auge, beginnen mit der Montage, dem Nahbild. Wie aus Trotz verbohrt Méliès sich in eine immer verwickeltere Theatermaschinerie und überlebt sich schließlich selbst. Seine Rolle ist ausgespielt [...].

** Méliès ist der erste, der dramatisch mit dem Film arbeitet. Er ist der Erfinder der Kameratricks, die später immer wieder neu erfunden werden. Die Tricks sind bei ihm das Mittel, seine auf den Kopf gestellte Welt zu schildern, eine Welt, in der nichts unmöglich ist. Seine Schauspieler sind Marionetten, die in einem geschlossenen Raum ihre tollen Sketche aufführen.

Jetzt wird die dramatische Handlung in die Außenwelt verlegt. 1901 in Brighton begründen George Albert Smith und James Williamson einen neuen Bildrhythmus, das Geschehen läuft nicht mehr vor einer festen Kamera ab, sondern wechselt in schnellen Schnitten vom Interieur zum Exterieur, von der großen Scene zum näheren Bild. Der Blickwinkel ändert ständig seine Lage, von allen Seiten werden die Spielenden umfaßt. Parallelhandlungen laufen im gesteigerten Tempo von Wechselbildern ab. Ereignisse wenden sich direkt der Kamera zu, scheinen in die Kamera hineinzulaufen und üben eine neuartige Faszination aus.

** Keiner von ihnen reicht als Künstler an Méliès heran.

*

SEITE 11

* Die realistische Abenteuerschilderung findet 1903 ihren ersten Höhepunkt in Edwin S. Porters *The great train robbery*, einem Film, in dem die neue Technik des dynamischen Schnitts, des ungeschminkten Spiels, der mitreißenden Direktheit stilbildend wird.

In dieser Epoche vor dem Ersten Weltkrieg, in der es noch keine bewußte Filmkritik gibt, noch keine Filmästhetik, entwickeln sich die filmischen Werte nur bruchstückweise. Das gefilmte Theater findet in Le Bargys *L'assassinat du Duc de Guise* (1908) eine neue Linie. Zum erstenmal entsteht hier ein Werk mit klaren künstlerischen Ansprüchen. Die Schauspieler, alle von der Comédie Française, geben den Rollen eine bisher im Film unbekannte psychologische Vertiefung. Das Manuskript hat literarische Qualitäten. Die Dekoration ist sorgfältig und stilvoll ausgeführt. Aber es bleibt bei der Dekoration. Es bleibt bei der Literatur. Es bleibt beim Theater. Richtunggebend ist dieser Film nur für die Einführung des Starspiels, der prachtvollen Inszenierungen.

Eine filmisch stärkere Realität kommt in dem italienischen *Il conte Ugolino* (1909), von Giovanni Pastrone, zum Ausdruck. In einer Infernoepisode zeigt Pastrone, welch furchtbarer Intensität die Kamera fähig ist. Zwischen den nackten in Schmerzen zuckenden Körpern der Verdammten wälzt sich Ugolino, in den Nacken seines Gegners verbissen.

Pastrones großer Film *Cabiria* (1914) inspiriert nicht nur Griffith, sondern das meiste, was später an Massenscenen und Monumentalbauten im Film zur Sprache kommt. Griffith' *Intolerance* knüpft direkt an dieses Werk an, selbst Eisenstein bekennt seine Achtung vor dem grandiosen, barbarisch kraftstrotzenden Gemälde. Immer wieder spukt *Cabiria*, von *Ben-Hur* bis zu *Metropolis* und DeMilles historischen Riesenshows. Alles was der Film bisher an technischen Eroberungen gemacht hat, kommt hier, in Chomons Foto, zum Ausdruck. Da ist die Vielfalt der Parallelhandlungen, die Souveränität der Kamera: an den verschiedensten Plätzen fast gleichzeitig zu sein, da sind die episch

breiten Panoramen, die gesteigerten Rhythmen der Bildschnitte, da ist
die bewegliche Kamera, nicht nur die Kamera, die sich ständig neue
Blickfelder heraussucht, sondern die Kamera, die filmt, während sie
sich in Bewegung befindet. Dies ist etwas Neues: die fahrbare Kamera,
die mitten in den Ereignissen umhergleitet. Diese Möglichkeit ver-
stärkt die Tiefenwirkung des Bildes ungemein, erst durch die Bewegung des Blicks, durch die Verschiebungen der hintereinander gestaf-
felten Dinge im Raum entsteht das Gefühl des dreidimensionalen
Erlebens. Der Zuschauer wird mit in das Gewühl der Handlung hin-
eingerissen, mit dem Auge der Kamera tritt er ein in die Architekturen
Karthagos, er geht über die spiegelglatten Marmorböden, er drängt
sich zwischen den Volkshaufen und steht überwältigt unter dem turm-
hohen Götzenbild des Baaltempels. Die Kamera als ruheloser Blick des
subjektiven Erlebnisses, sie gleitet über die Gesichter der Menschen-
menge, sucht ein einzelnes Gesicht heraus, erfaßt es im extremen
Nahbild, oder bewegt sich vom individuellen Gesicht rückwärts und
läßt es in die Masse einschmelzen. Die Gesichter sind nach dem realistischen Prinzip gewählt: den anonymen, vom Schauspiel unverdorbenen
Mann von der Straße vor die Kamera zu führen.

Was Pastrone mit der fahrbaren Kamera erreicht, stellt in Amerika
gleichzeitig Griffith in *The birth of a nation* (1914) und *Orphans of the
storm* her. Bei ihm wechseln die extremen Nahbilder in raschen Folgen:
in einer Parallelhandlung, in der das verurteilte Mädchen vor der Guil-
lotine kniet und die Reiter zur Rettung auf dem Weg sind, sieht man die
tränengefüllten Augen der Verurteilten, die Hufe der galoppierenden
Pferde, die glänzende Schneide des Fallbeils, den niedergebeugten ent-
blößten Nacken, die erregte Spannung in den Gesichtern der zuschau-
enden Menge. *The birth of a nation* ist von einem reaktionären,
negerfeindlichen Geist gefüllt, gleichzeitig aber formell epochema-
chend in seiner Schilderung von Menschen und aufwühlenden historischen Ereignissen. Pastrones Film bleibt mit seinen Prachtbauten und
klassischen Gewändern im Opernhaften und Melodramatischen stek-
ken, bei Griffith kommt das Lebensnahe, die individuelle Geste, die
Atmosphäre der Landschaft zum Ausdruck. In *Intolerance* (1916), der
amerikanischen Antwort auf *Cabiria*, versucht Griffith, eine gigantische Weltgeschichte zu schildern. Das Thema der Unduldsamkeit wird
in vier Episoden behandelt: Babyloniens Fall, Christi Verurteilung, die
Bartholomäusnacht und der Konflikt eines Arbeiters unserer Zeit mit
einer ausbeutenden Großindustrie. Der Stoff ist zu groß, als daß Griffith ihn bewältigen könnte, nur im Schlußabschnitt, in dem die verschiedenen Ereignisse ihren Höhepunkt erreichen, entwickelt die
Kamera ihre Macht: der Angriff der Perser auf Babylon, die Kreuzi-
gung Christi und die Abschlachtung der Hugenotten wird zur flam-
menden Halluzination.

Cabiria, The birth of a nation und *Intolerance* sind die ersten großen Schilderungen der Masse, der Naturgewalt des menschlichen Kollektivs. In ihnen ist angedeutet, was später in Eisensteins Werken *Potemkin* und *Zehn Tage, die die Welt erschütterten* zur Meisterschaft gehoben wird.

Neben diesen großangelegten Filmen, in denen schon der ganze Apparat der riesigen ökonomischen Investierungen mitspricht, und neben den Abenteuergeschichten und Kammerspielen entwickelt sich die von Méliès begonnene Linie des Fantastischen und Irrationalen weiter. Es sind die Arbeiten dieser Richtung, die einige Jahre später die erste Film-Avantgarde inspirieren. Hier findet man die Konturen einer neugeschaffenen Welt.

★★ Die Schlange als Liebhaber der Frau, sehnsüchtig erwartet, zu einem Stelldichein kommend. Dieser surrealistische Gedankengang gibt nicht nur Spannung und visuelles Erlebnis, sondern versetzt dem Zuschauer einen Schlag ins zentrale Nervensystem. Hier beginnt das Experiment mit neuen inhaltlichen Werten.

SEITE 12

★ In Abel Gance' *La folie du Docteur Tube* (1915) beginnt das kühne formelle Experiment. Nicht wie bei Méliès, um mit unerwarteten Tricks zu überraschen, sondern um eine Vision zu schildern. Doktor Tube ist keine Marionettenfigur in den Händen eines Zauberkünstlers, sondern selber ein Seher, ein Wahnsinniger, ein neuer Doktor Faust.

SEITE 13

★ Im Stummfilm war man gezwungen, das unhörbare Gerede auf ein Minimum herabzusetzen und zwischen den Dialogtexten die Bilder allein sprechen zu lassen – heute wird fast nur geredet, die Schauspieler reden und reden, um dem Zuschauer – oder besser: Zuhörer – verständlich zu machen, wovon der Film handelt. Das Bewußtsein, daß der Film eine visuelle Kunst ist, kann dabei kaum aufkommen. [...]

Das Bild ist stärker als das Wort. Keine Beschreibung kann an die unmittelbare Wirkung eines Bildes heranreichen. Das Wort ist abstrakt. Das Bild konkret. Das Bild allein muß Wege finden, Gedanken- und Gefühlsinhalt klar auszudrücken. Nicht das Anekdotische soll den Film prägen, sondern eine neue, rein visuelle Gewalt. Dies ist der grundlegende Gedanke einer Filmästhetik, die jetzt, während des Ersten Weltkriegs, ausgedrückt wird. [...] Fast alle technischen Möglichkeiten der Kamera sind entdeckt. Die Kamera kann die Person, das Objekt, die Scenerie umkreisen und aus allen Richtungen betrachten, sie kann in fahrenden und gleitenden Bewegungen das subjektive Gefühl des Dabeiseins verstärken, sie kann das dominierende Nahbild herausheben, sie kann in vielfachen Belichtungen verschiedene Situationen übereinanderlegen, sie kann in einer Folge von Einbildaufnahmen lebose Dinge in selbständige Bewegung versetzen, sie kann natürliche Bewegungen beschleunigen oder verlangsamen, sie kann das Bild durch Masken teilen und alle gewünschten Zusammenstellungen erreichen, sie kann durch Deformierungen, Schleier, Beleuchtungen unwirkliche Effekte erhalten. Der Filmstreifen ist kein in sich geschlossenes Ganzes, sondern Rohmaterial, das durch den Schnitt zu dynamischen Wechselwirkungen gebracht wird.

** In den Kreisen der Futuristen, Kubisten und Dadaisten wird der Film zu einem künstlerischen Ausdrucksmittel ersten Ranges erhoben. In Italien plädiert Marinetti für den *absoluten* Film, den Film, der die äußere Wirklichkeit durchdringt, der die Wirklichkeit als ein elektrisches Kraftfeld schildert, als eine Welt von sausenden Atomen, von starken Spannungen und expressiven Formverschiebungen. In Frankreich bahnen Apollinaire und Desnos den Weg für den *poetischen* Film, den Film, der die von Rimbaud geschaffene magische Bildsprache weiterführen kann. 1916 kommt der erste halb abstrakte, halb expressionistische Film im italienischen Lager zustande: Giulio Bragaglias *Perfido incanto*. Hier wird der Versuch unternommen, den Menschen nicht als freistehenden Schauspieler in einem Drama zu zeigen, sondern als organisches, dekoratives Element in einer geschlossenen Komposition. Körper, Münder, Augen, mimische Bewegungen, Kostüme leben in starken schwarz-weißen Kontrastwirkungen zwischen den Objekten, Vorhängen und gemalten Details.

SEITE 14
* Eine eindringliche psychologische Studie eines Ehekonflikts. Beweglich-unruhige Kamera. Sprechende Nahbilder.
ʌ ʌ Impressionen aus dem Hafen von Marseille. Die Geradlinigkeit der Kameraarbeit ist vorbildlich für den späteren poetischen Dokumentarfilm.
** Auch hier eine Vereinigung von Gedicht und dokumentarischer Schil-
* derung.
** Spanische Landschaften und Bauwerke durch unebene, geriffelte Glas-
** scheiben gefilmt.

SEITE 21
* Sie haben die Wirklichkeit zersprengt, alle Werte auf den Kopf gestellt und ein Chaos herbeigerufen. Bewußt versetzen sie sich in die Lage des schöpferischen Kindes, sie wollen mit der alten Welt nichts mehr zu tun haben, sie wollen sich ein neues Dasein bauen. Noch gibt es keine festen Formen, alles ist in Entwicklung begriffen. So wie die Worte ihrer Gedichte zu vorüberhuschenden Fragmenten auseinandergerissen sind, so wie ihre Bilder aus durcheinandergewürfelten Bruchstük-

ken bestehen und ihre Musik schrille, atonale Schreie von sich gibt, so wird der Film bei ihnen zu einer Folge von wirbelnden visuellen Eindrücken. Keine Handlung, keine Logik, kein Starspiel; nur dieses ständig rotierende Kaleidoskop.

** Gefahr! Umstürzler sind am Werk. Die bestehende Ordnung wird angegriffen. Die Ordnung, dieses Uhrwerk, diese aufgedrehte tickende Präzision.

** So wie in der Poesie, der Malerei, der Musik die gewohnten Formen
 * und Kontinuitäten aufgelöst waren, so war auch dieser Film ein neuartiges, kaleidoskopisches Gebilde, ein Angriff auf die Ordnung, auf das Uhrwerk des Alltäglichen – das auftauchende Schild ›Gefahr!‹ war ein Kampfsignal, das sich auch gegen die Filmindustrie richtete, die jetzt schon ihre Machtstellung erreicht hatte. (*Avantgarde Film*, in: *Rapporte*, S. 12)

SEITE 23

 * Der Film in der Experimentwerkstatt. Man laboriert mit den Möglichkeiten der Kamera, man sucht nach überraschenden Bildzusammenstellungen. Man befindet sich auf der Entdeckungsfahrt in eine neue visuelle Welt. Man lernt eine neue Art des Sehens kennen. Man stellt den Menschen in eine neue Beziehung zu den Dingen, die Dinge zeigen ein neues Wesen, die Wirklichkeit und der Traum, die Bewegungen und Rhythmen des Daseins treten in einer bisher ungekannten Weise vor uns hin.

SEITE 26

 * So wie in seinen Malereien arbeitet Léger mit Metallteilen, Maschinenfragmenten, Werkzeugen, Küchengeräten – was er in seinen Bildern zu einer dekorativen Fläche komponiert, läßt er hier in Bewegung erscheinen.
** Der Film gibt ein Bild des mechanisierten Lebens, des Robotmenschen.
 Légers Kunst ist robust, kubisch, real. Die Dinge, die er vor uns hinstellt, sind kraftvoll gezeichnet, mit vereinfachten Linien. In den großen Nahbildern wirken sie körperlich, lebendig. In wirkungsvollen Kontrasten sind die Strukturen und Texturen ihrer Außenflächen der Beleuchtung ausgesetzt. Was Léger erreichen will, ist das *heimliche Leben der Dinge*. Die Gegenstände, die er heraushebt, beginnen ein selbständiges Dasein zu führen, sie erhalten ihre eigene, eindringliche Physiognomie.
** Schilderung eines utopischen Menschen im Maschinenzeitalter.
 *
** Vorbildlich sind die Szenen des Karussells. Bilder von der kreisenden
** Plattform aufgenommen. Gefühl des Schwindels, Gefühl der Nähe, der Greifbarkeit.

156

* Wuchtig hebt sich das Werkzeug, eine Waffe der Verteidigung. Auf der groben, masrigen Tischplatte liegt das umgeworfene Glas in der Lache und spricht von Verzweiflung und plötzlichem Aufbruch. Die Vernichtung der letzten Werte der Ordnung kommt zum Ausdruck im Bild der Küchenuhr, die zertrümmert am Boden liegt.

* Diese Filme wollen die Phantasie des Zuschauers anregen, sie wollen ihn beunruhigen. Sie wollen ihn aus seiner Zufriedenheit wecken. Damals, zu Anfang und Mitte der Zwanzigerjahre, war die Kunst angriffslustig. Der Maler, die Filmpoeten waren Revolteure. Sie glaubten an eine Veränderung der Gesellschaftsordnung. Und sie haben doch die politischen Schiebereien und den Krieg nicht abwehren können.

  Sie bestehen aber noch, alle diese Werke, und viele von ihnen haben bis heute ihre Frische bewahrt. Diese avantgardistischen Arbeiten aus dem Film, der Malerei, der Literatur, haben die Katastrophe überlebt. Sie bilden keinen Abschluß, sondern stehen immer noch an einem Anfang. Sie lassen sich weiterentwickeln, fortsetzen. Je konformistischer die äußere Ordnung wird, desto lebendiger wird diese respektlose, aufwieglerische Kunst. Wir brauchen wieder gewaltsame künstlerische Handlungen – in unserem satten, zufriedenen Schlafzustand! (*Avantgarde Film*, in: *Rapporte*, S. 16 f.)

** Man kann sie oft nicht beim ersten Anblick verstehen. Und man kann sie nie verstehen, wenn man nicht die Möglichkeit hat, die Quellen der ungebundenen Fantasie in sich selbst zu öffnen, wenn man nicht lauschen und mitschwingen kann.

** – die Lampen und Lichtreklamen explodieren wie ein Feuerwerk, die
 * Fahrt mit dem Seinedampfer und mit der Untergrundbahn geht in übernatürlichem Tempo vor sich – im Bruchteil einer Sekunde klappt der Schornstein des Dampfers unter der Brücke zurück, die Kathedrale von Notre Dame, der Eiffelturm, die ganze Stadt huscht in einem einzigen Augenblick an uns vorüber, schwindelnd durchsausen wir die Schienenkurven in den Bahnstationen. Die Wirklichkeit ist hier wie zu einem Bild von Kandinsky verwandelt, eine Wirklichkeit mit den leuchtenden Spuren dramatischer Bewegungen. Dazwischen hier und da ein stillstehendes Bild, wie eine Röntgenaufnahme: das Negativ von kahlen Bäumen – weiße Geisterskelette vor dem schwarzen Himmel.

** Eine Mischung aus Slap-Stick und Bänkellied. Bilder durch ein dünnes
** Gewebe aufgenommen: die Textur des Fotos gleicht so einem Gemälde auf Leinwand.

** Abel Gance: *Napoléon* (ca. 1926, doch viele Jahre später noch erweitert
** und schließlich mit Ton versehen). Das Experimentelle in diesem er-
 * müdend langen, von pathetischen und heroischen Gebärden überfüll-

ten Film liegt in der Anwendung einer Tripel-Leinwand. Er ist hier der Pionier des Cinémascope-Films, benützt diese erweiterte Bildform jedoch in einer fantasievolleren Art als die heutigen Produzenten. Nur in Scenen, die wirklich der großen Panoramaschau bedürfen, erscheint plötzlich auf den beiden Nebenflächen die komplettierende Projektion. Oft laufen auf allen drei Flächen verschiedene Parallelhandlungen ab und geben dem Film einen mitreißenden Triptychon-Charakter. (Hier in der Verwandlungsfähigkeit der Projektionsfläche liegt eine Zukunft des Films. Das gleichbleibende Cinémascope-Format ist völlig unfilmisch und wirft den Film zurück in ein primitives Bühnendasein. Der Film bedarf des Nahbilds, der Montage.) Bemerkenswert in *Napoléon* ist auch Antonin Artauds Spiel in der Rolle Marats. Wir sehen ihn anfangs in jungen Jahren, in blendender dämonischer Schönheit, später in den hinzugefügten Scenen mit zergerbtem Gesicht, zahnlosem Mund, schon von der Geisteskrankheit angegriffen, die ihn bald zum Selbstmord treibt.

SEITE 36

* Die Räder, Kolben, Treibriemen, Walzen zeigen ungeahnte Schönheitswerte. Es geht ihm nicht um die Funktion der Maschinerien, sondern um ihr inneres vibrierendes Dasein. Er baut aus ihren Details eine Komposition von Linien, Flächen, Rhythmen.

SEITE 37

* Melancholisch-romantisch sind Kirsanovs Filme *Ménilmontant* (1925) und *Brumes d'automne* (1928). Diese beiden Werke mit ihrer herbstlichen Stimmung, ihren niederschwebenden welken Blättern, ihren Parklandschaften, ihren Regentropfen, ihren Seen mit Wasserringen und Schilf, ihren traurigen Vorortsstraßen und Zimmern der Einsamkeit, ihren beschatteten Gesichtern und Tränen haben Schule gebildet, und eine Unzahl ähnlicher Produkte sind im Laufe der Jahre entstanden. Jeder Amateurfilmarbeiter hat sich wohl einmal von einem solchen Thema locken lassen.

** Die nebelverhangene Landschaft, die düsteren Schloßsäle, Treppen, Korridore und Kellergewölbe, die flackernden Kerzen und wehenden Schleier, die unruhig umherschwebende Kamera, die fantastische Lichtgestaltung, das stilisierte Spiel der Figuren, dies alles drückt Roderick Ushers gepreßte Angst, seine Unruhe und Verzweiflung aus. (Stilistisch schließt sich dieser Film den expressionistisch-romantischen *Warnenden Schatten* und *Nosferatu* an.)

** Diese Filme des deutschen Avantgardisten, der 1920 mit dem Schwe-
* den Viking Eggeling die ersten abstrakten gezeichneten Filme herstellte, sind von einer starken sozialen Stellungnahme geprägt. Seine Bildsprache ist radikal, hart und schlagkräftig.

** Ein Film, der oft mißverstanden worden ist und an dem man die Schön-
** heit der Bilder und das verträumte Spiel der Sängerin am Konzertflügel
pries. Er wollte jedoch nur die Leere und Nichtigkeit dieser wehmütig-
ästhetischen Stimmung zeigen.
** Er ersann sich ein Theater der Grausamkeit, und damit meinte er ein
** Theater, in dem das Publikum psychischen Schockwirkungen ausge-
* setzt werden sollte. (*Avantgarde Film*, in: *Rapporte*, S. 17)
In seiner visionären Schrift über das Theater schreibt Artaud von
Spielformen, wie er sie erträumt (und wie heute ein Ionesco, ein Adamov, ein Beckett sich ihnen annähern), Spielformen auf einer Bühne,
die offen ist für die Halluzination, für die traumhafte Improvisation,
die seltsamsten Verwandlungen, Gebärden, Laute, Geräusche.

SEITE 39
* (Was trinkt er: Selbsterkenntnis – Selbstvernichtung?)

Solch ein komplexes Thema kann nur vieldeutig geschildert werden. Es
gibt hier doch keine Lösung. Es kommen nur Impulse zur Sprache. Wir
blicken in einen Traum ein. In mir selbst hinterlassen diese ungeklärten, mit starken Erlebnissen geladenen Bilder einen viel stärkeren
Eindruck als all die logischen Handlungsmomente im gewöhnlichen
Spielfilm. Dort habe ich sofort vergessen, um was sich das ganze dreht,
ich kann die auftretenden Personen kaum voneinander unterscheiden,
finde mich in den Milieus nicht zurecht, es interessiert mich nicht, was
sie reden, und die sogenannte Lösung ist mir völlig gleichgültig. Hier
aber lebe ich mit – die Tätigkeit meiner eigenen Impulse und Fantasien
ist angeregt, ich beschäftige mich immer wieder mit dem Stoff, setze
mich mit seinen Rätseln auseinander. (*Avantgarde Film*, in: *Rapporte*,
S. 20)
Es heißt, daß Artaud mit der Ausführung des Films nicht zufrieden
war. Ihm war Germaine Dulacs Kameraarbeit zu weich, zu lyrisch. Er
wollte die Bildsprache härter, grausamer haben. Es kam ihm darauf an,
den Zuschauer in einen Zustand panischer Erregung zu versetzen. Er
fand, daß die untergründigen Geschehnisse nicht genug Suggestions-
kraft besäßen. Die gewaltsamen Chocks, an die er dachte, müssen noch
ein paar Jahre auf sich warten lassen. Es ist Luis Buñuel, der mit ihnen
zum Angriff übergehen wird.

Vieles am Avantgardefilm ist Spiel. Doch vieles ist neuschöpferische
Arbeit. Die kurzen Werke, oft in äußerster Vereinfachung zustandegekommen, oft laborierend mit allen technischen Möglichkeiten, haben
immer wieder die Filmkunst inspiriert. Die meisten der großen französischen Regisseure sind aus dem Avantgardefilm hervorgegangen. Der
Avantgardefilm ist für den Regisseur die beste Schulung zur Selbstän-

digkeit. Hier hat er noch seine Freiheit, eine Freiheit, deren Flügel ihm allzubald in den kommerziellen Ateliers abgeschnitten werden.

Die Filmproduktion eines Landes ist arm, wenn sie nicht ein Marginal für Experimente aufweisen kann.

SEITE 40

* (Es ist das Auge eines toten Kalbes, doch in der unmittelbaren Montage meint man, es sei das Auge der Frau.)

SEITE 42

* Was bedeutet nun dieser erste Komplex des Films?

Der Mann ist auf dem Weg zu seiner Geliebten. Dieses Traumgefühl: in einer unsicheren Lage gleitet er dahin, er läßt sich tragen von einer sonderbaren Macht. Er ist auf dem Weg zu einer Frau. Dies ist kein natürlicher, selbstbewußter Weg für ihn, er ist unsicher, er hält gleichsam den Atem an, um nicht die Balance zu verlieren. Die Kleider seiner Infantilität umflattern ihn. Er rollt grade noch bis zur Tür der Geliebten, doch hier kommt er nicht weiter. Ante Portas fällt er um, liegt hilflos da. Das Lauschen der Frau oben im Zimmer: dieses irrationale triebhafte Spüren des Mannes – so wie Schmetterlinge einander über Kilometer hin wittern. Der harte Stoß der Annäherung, eine starke Gefühlsentladung (immer wieder bei Buñuel: diese heftigen, aufwühlenden Emotionen, dieses Zerreißen der alltäglichen Beherrschtheit, Gleichgültigkeit und Erstarrung). Während sie erregt dem Mann entgegeneilt, bleibt ein anderes Abbild von ihr im Zimmer zurück: das Abbild der bürgerlich angepaßten Frau, der Seßhaften, der Geborgenen. Wie sie nun neben dem Mann niederkniet, zeigt sich seine ganze Kindlichkeit, sie hält ihn und küßt ihn, als wäre er ein Säugling. [...] Ihre Gefühle für ihn sind ambivalent; sie will einen anderen Mann, einen reifen Mann, gleichzeitig ist aber auch sie sexuell gehemmt und an den infantilen Mann gebunden. Sehnsucht und Abscheu reißen sie hin und her.

SEITE 43

* Wieder ein Chock, der einem den Magen umdreht. Was bedeutet diese Hand, und wer ist dieses Mädchen mit knabenhaften, lesbischen Zügen?

SEITE 44

* Er bekommt sie wieder zu fassen, seine Hände wühlen sich in ihre nackten Brüste, um ihren Steiß. Sie reißt sich los, steht in der Zimmerecke mit einem zur Verteidigung hochgehobenen Tennisschläger.

★ Er [Buñuel] verhöhnt die Priester mit ihrem scheinheiligen Gebets-
murmeln; so wie auch Artaud den Priesterrock wählte als Symbol für
den Unterworfenen, den Selbstbetrüger. (*Avantgarde Film*, in: *Rapporte*, S. 22)

(Buñuel und Dalí sind Spanier, im Schatten des Katholizismus aufge-
wachsen. Auch die Religion ist für sie voller Lebenslügen, voller
Lebensfeindlichkeit.)

★ Es ist mit diesem Film so wie mit dem Lesen gewisser moderner Lyrik.
Die Bilder stehen wie sonderbare, unverständliche Zeichen da, solange
wir sie logisch erklären wollen. Erst wenn wir das Denken aufgeben,
wenn wir uns in ein schlafwandlerisches Ich zurücksinken lassen, sind
wir offen für ein Verstehen. Was wir zuerst intuitiv fassen, ist die Stimmung, die über dem ganzen poetischen Gefüge liegt: die Stimmung der
Bedrängtheit, das Gefühl der verzehrenden Kräfte, die über diese Liebesbeziehung einbrechen; ständig wird die Begierde von einer Wahn-
macht erstickt. Die abgeschnittene Hand auf der Straße spricht von
Machtlosigkeit, Impotenz, Kastration. Die seltsame, fast geschlechts-
lose Frau, die an der Hand stochert, trägt zur Empfindung der Unsicherheit bei. Sie wird geopfert, hingemäht.

★★ Wie Marquis de Sade greift Buñuel zu bösartigen Mitteln, um das Un-
heil zu zeigen, das sich im Menschen aufgespeichert hat. Es ist das Paar
oben am Fenster, das diesen Unfall erlebt. Die Sexualität in ihnen ist zu
Aggressivität, zu Zerstörungslust geworden. Ihre Gier wird durch die
Pervertierung gesteigert. Doch hinter der Grausamkeit liegt sterile
Machtlosigkeit. (Der Film ist 1929 geschaffen worden. Bald wird es
andere Symbole geben, in denen die schrecklichen Abgründe des
menschlichen Gefühlslebens zutage treten.)

★ Ein Vogelfreier.

★ Die Sexualität tief unten in der Lehmpfütze, die Urgewalt, und hoch
oben die Überlagerungen der Moral, der Konventionen. Die Detek-
tive, die Handlanger des Über-Ichs, zensurieren eingreifend und niederdrückend.

★★ Die Kraft seines gehemmten Sexualtriebs hat sich in Haß verwandelt,
dieser Haß richtet sich gegen alles Lebende. Das Natürliche ist defor-
miert worden.

★★ Er, der aller äußeren Würden entkleidet war und nur noch das primitiv
★ Geschlechtliche symbolisierte, wird plötzlich dank einer Urkunde zu
einem hochangesehenen Beamten.

SEITE 51
★ (»La vache« ist im französischen Volksmund die Bezeichnung für den Polizisten und weckt so eine Assoziation an die Verhaftung des Mannes.)

SEITE 52
★ (Wieder diese aufgedämmte Liebeskraft, deren explosive Gewalt sich gegen die höchsten Instanzen auflehnt.)

SEITE 53
★ Er zerfleischt sich selbst, er kasteit sich, er gibt sich auf.

SEITE 55
★ *Terre sans pain* ist einer der ersten Dokumentarfilme mit einem brennenden Appell.

SEITE 57
★ Buñuel spürt es. Dies ist die Kraft, die ihn am Leben erhält. Die heimliche Kraft, aus der seine Werke hervorwachsen. Doch seine Gestalten stehen außerhalb dieser Hoffnung, dieses Verstehens.
★★ Ein paar dressierte Hunde, auf den Hinterpfoten tanzend, die Zunge aus dem Maul hängend, vermitteln einen lasziv sexuellen Eindruck.

SEITE 58
★ Wie bei Dostojewski und Gorki verliert das Erbärmlichste und Gemeinste nie die menschliche Dimension.

SEITE 66
★ Alles spielt sich ab in einer Sphäre von persönlichen Einfällen und Improvisationen. Wie Buñuel ist er ein Anarchist, ein Anarchist mit hohen menschlichen und moralischen Absichten, er greift die versteinerte Gesellschaftsordnung an und sucht nach neuen, freieren Lebensmöglichkeiten.
★★ Ein Werk, dessen Spiellänge zusammen kaum drei Stunden dauert. Und doch ein Werk, das zu dem besten gehört, was die Filmkunst hervorgebracht hat.
  Vom ersten bis zum letzten Bild seiner Arbeiten tritt uns dies entgegen: die Direktkonzeption für die Kamera, die filmische Inspiration. Für Vigo ist der Film die einzige Ausdrucksform, alles ist visuell erlebt, kann literarisch oder theaterdramatisch gar nicht geschildert werden. Es wird wenig in seinen Filmen gesprochen, und wenn gesprochen wird, sind es keine auferlegten Dialoge; die Worte kommen ungeschliffen und suchend aus dem Innern der Personen.
★★ Sein Fotograf ist Boris Kaufmann, in Vertovs Schule ausgebildet. Ver-
★ tovs revolutionäre Art des Sehens sowie Cavalcantis und Ruttmanns

Städteschilderungen, auf die wir noch zu sprechen kommen, sind vorbildlich für Vigo. Was Vigos Film jedoch auszeichnet, ist das ungeheuer starke persönliche Engagement. Er zeigt sein eigenes Erlebnis, seine Stellungnahme. Er sucht nicht nach der poetischen Schönheit, nach dem verflochtenen Muster der Stadt, nach der Vielfalt von Formen und Schicksalen, sondern er vermittelt uns: dies hier sehe ich, so reagiere ich. Er sieht die fantastischen Verschrobenheiten in dieser Stadt.

SEITE 67
* Alles dient der Unterhaltung der leblosen, interesselosen Besucher, aber gleichzeitig nehmen die Unterhaltenden eine Art Rache an den Geldsäcken.

SEITE 68
* In den Statuen der Grabmäler erkennt man die Bourgeoisie der Strandpromenade wieder: erstarrt in heroisch himmelnden Posen.
** Das Drohende wird dem Kindlichen gegenübergestellt. Neben dem sozialen Protest findet Vigo jedoch ständig zu Bildern von bizarrer Poesie.
** Nach *Jean Taris* (1932), einer kurzen Studie über die Technik eines
* französischen Schwimmeisters, gelingt es Vigo, für seinen neuen Plan die ökonomische Hilfe eines nichtsahnenden Produzenten zu finden.
** *Zéro de conduite* (1933) ist ein vielschichtiges Werk: ein Bericht über
** das Leben in einer französischen Internatsschule, eine Studie kindlicher Psychologie, ein scharfer Angriff auf gesellschaftliche Institutionen und eine selbstbiografische Dichtung, aus dem Material seiner eigenen Schulzeit.

SEITE 69
* Die Kamera fotografiert sie von unten: sie spielen Erwachsene, schmauchend zurückgelehnt, gleichsam mit dicken Bäuchen und goldenen Uhrketten; es ist, als fliegen sie durch den Raum ihrer Imagination, umhüllt vom Rauch der Zigarren und vom Qualm der Lokomotive hinterm offenen Fenster.
** Die Konfrontationen mit den Autoritätsfiguren sehen wir ganz mit den Augen des Kindes.

SEITE 72
* Der arme Produzent dieses Filmes hat kein Glück. Nach einer einzigen Vorführung, in der die bürgerlichen Gefühle der Zuschauer aufs äußerste verletzt werden, wird der Film von der Polizei und dem Unterrichtsministerium verboten. Erst während der letzten Jahre ist er

wieder zur Vorführung zugelassen, jetzt als klassisches Meisterwerk der Filmkunst.

1934, schon schwer krank, erhält Vigo noch einmal die Möglichkeit, einen Film herzustellen: *L'Atalante*. Vielleicht scheint das Thema dem neuen Produzenten gangbarer: die Fahrt eines Schleppkahns die Seine entlang, die Heirat des Schiffers und das Leben des jungen Paares an Bord. Doch er wird enttäuscht: von Unterhaltendem findet er nichts, er findet nur Vigos impressionistisches Spiel mit Einfällen und Fantasmagorien. Allerlei, was ihm allzu nackt erscheint, schneidet er heraus, und mit eingelegten banalen Musiknummern glaubt er das Ganze schmackhafter machen zu können. Vigo selbst erlebt die Aufführung des Films nicht mehr. (Ein paar Jahre später wird der Film noch einmal in populärer Form gedreht: *Die Hochzeit auf der Seine*; und auch in Käutners *Unter den Brücken* kehrt das Thema wieder.)

★★ Vigos Absicht in *L'Atalante* ist nicht nur, das Leben an Bord zu schildern, sondern das Leben dieser alten schwarzen Barke selbst; das Schiff ist wie ein Organismus, ein schwerer, trächtiger Leib.

SEITE 73

★ Visionär wird die Abfahrt des Schiffes geschildert: ein Musikant taucht plötzlich auf einem Fahrrad am Ufer auf, er kommt aus dem Nichts, mit Instrumenten behängt; paukend, klingend, pfeifend, trompetend gleitet die sonderbare Erscheinung neben dem Boot her. In ihr verkörpert sich das Wunder des Lebens.

Vigos Filme sind eine Quelle ständiger Inspiration. Immer wieder lernen die Regisseure von ihm. Sein Einfluß ist in De Sicas Filmen zu spüren, in Tatis Monsieur Hulot, in Cléments *Jeux interdits*, in Fellinis Filmen und vielen andern Werken, und den Arbeiten der jungen französischen und amerikanischen Generation.

★★ Hier ist nichts vorhanden, was an ein Spiel vor der Kamera erinnert, die Kamera ist hier ein unsichtbarer Spiegel, der die verborgensten Regungen des Lebens auffängt und vertieft.

SEITE 87

★ Überall steht der Mensch in Beziehung zu den Dingen, die ihn umgeben. Die Kamera umfaßt die Räume, in denen er sich bewegt. Die Möbel, die Gegenstände ringsum tragen Spuren von seiner Hand, sie gehören zu ihm, sie wirken auf ihn ein. Um den lebenden Menschen ist auch der Raum lebendig. Die dokumentarisch arbeitende Kamera vertieft das Schicksal eines Menschen mit dem Bild des Stuhls, auf dem er sitzt, der Tasse, aus der er trinkt, dem Tapetenmuster, das sich hinter ihm rankt. In Machatys *Extase* (im übrigen ein recht ungenießbares Pekoral) pulsiert der ganze Raum um die sexualhungrige Frau. Rücklings zurückgeworfen liegt sie auf dem Bett, und ihre Sinnlichkeit pflanzt sich fort auf die weichen, niedergedrückten Decken und Kissen, die Gardine, die sich vorm offenen Fenster bauscht, die Statuette des aufgebäumten Pferdes.

In Carnés *Le jour se lève* (1939) sind Menschen und Raum zur poetischen Einheit verdichtet: Der Mann (gespielt von Gabin) in der Wandecke auf dem Bett zusammengekauert, die Lippen um den erloschenen Zigarettenstummel gebissen, nur die Augen beweglich, der Blick hin und herschweifend zu den Einschlagsstellen der Schüsse, die durch die verrammelte Tür dringen und den Spiegel zertrümmern. [...]

Gegenstände, Zimmer, Gänge, Treppen, Häuserblöcke, Straßen, Türen, durch die man hinaustritt, eintritt, Fenster, die man schließt und die sich zum Außen öffnen, Stimmen draußen, Rufe, Werkzeuglärm, Motorengeräusche, Schritte, vorbeirasselnde Fahrzeuge, Geschrei, Lachen, Zetern hinter den Wänden, Klappern von Geschirr, zerrissene Radiomusik, das unruhige Spiel des Lichts auf den Straßen, die metallischen Reflexe auf den Automobilen und Fensterscheiben, die ausgelegten Waren, die schwirrenden Drähte der Straßenbahnen, und Menschen, Menschen, Menschen, Gesichter, Gesprächsfetzen, ein riesiges Kreiseln, ein Ameisenhaufen von Schicksalen. Die Stadt, unser erweiterter Wohnraum, ein Wohnraum des tausendfältigen Nebeneinanders, der Friktionen, der zufälligen Begegnungen.

★★ Vertov ist ein Besessener der Kamera. Man hat das Gefühl: er schläft mit der Kamera, er trägt sie bei sich, wo er steht und geht. Mit der Kamera wühlt er sich hinein in die neue Welt, die allen Menschen gehört, er vereinigt in sich ein kollektives Bewußtsein, aus unzähligen Blickwinkeln greift er heraus, was ringsum geschieht.

★★ So wie das menschliche Auge ständig in Bewegung ist, so soll es die
★ Kamera sein. Die Kamera als gesteigertes menschliches Auge, ein Auge mit Röntgenblick, mit Mikroskop- und Fernrohroptik. Er ist ein Mensch der Technik, ein Verherrlicher der Maschine. Er klettert mit der Kamera auf Fabrikschornsteine, läßt sein Hinaufklettern von unten fotografieren und von oben, filmt selbst beim Klettern nach unten und nach oben. Die Kamera schwankt unter seinen vorwärtseilenden Schritten, sie liegt mit ihm auf der Erde und blickt empor zu Menschen, Fahrzeugen, Gebäuden. [...] In Doppelbelichtungen erscheint er, der Mensch, als schöpferisches Herz im Gewirr des Eisengestänges. Er ist allmächtig, er identifiziert sich mit Maschinenkolben, Motorrädern, Lokomotiven.

SEITE 88

★ Sein Auge zieht die Entfaltung einer Blüte auf wenige Sekunden zusammen und beschleunigt den Zug der Wolken zu einem siedenden Dahinsausen. Sein Auge fängt den Bruchteil einer Sekunde auf und läßt das Bild mitten in der Bewegung instruktiv stillstehen. Vieles in seiner

Technik erinnert an die Collagen der Kubisten, an diese Kombinationen von Flaschenetiketten, Zeitungsrubriken, Metallstücken und Farbstrukturen.

SEITE 89

* Er hat nie Zeit, seine Eindrücke zu vertiefen. Überwältigt von den optischen Möglichkeiten seines Kameraauges flackert er über die äußersten Schichten des Lebens hin, registriert bis zum Ermüden die Brandung des Straßenbetriebs, manisch durchkreuzen sich bei ihm die übereinander fotografierten Automobile und Straßenbahnen.

** Alles dies, um dem Publikum das Medium des Films bewußt zu machen: hier – sieh dich selbst – du sitzt im Kino und siehst einen Film – dies ist keine Institution, in der dir Träume vorgegaukelt werden – zur aktiven Stellungnahme wirst du aufgefordert.

** In Paris weckt der Film großes Aufsehen, er wird in einem Dadaist[en-]
* programm gezeigt, zwischen der Musik von Erik Satie und den Gedichten Apollinaires, er gibt den Avantgardisten Impulse zu neuen Werken.

SEITE 90

* Ein Schicksal in der Stadt gestaltet Jacques Feyder 1922 in *Crainquebille*, nach dem Roman Zolas. Sieht man den *Fahrraddieb* von De Sica, das große neo-realistische Werk 30 Jahre später, so findet man Parallelen, das Verwandte. Der Weg des Händlers mit seinem Karren in den Straßen von Paris gleicht den Scenen in den Straßen Roms, festgehalten mit der selben kunstlosen, eindringlichen Schärfe des Journalfilms. Die Straße ist der Lebensgrund des alten Händlers Crainquebille, der Gemüsekarren sein einziger Besitz. Jeden Morgen zieht er durch bestimmte Gassen, wird von seinen Kunden erwartet. Alles von alltäglichem Leben erfüllt, alles brodelnd vom Getriebe der Menschen und des Verkehrs, und er mitten darin, der einfältig-kleine Mann, auf den sich plötzlich, nach einem belanglosen, lächerlichen Zwischenfall, die Rechtsmaschinerie wälzt und ihn hilflos macht. Die Scenen im Gericht und sein Traum im Gefängnis sind aus einem andern Realismus gebaut, dem subjektiven, seelischen. So wie früher in seinem Händlerdasein alles wirklichkeitsnah war und er mit seinen Kohlköpfen und Rüben eingegliedert war in den lebendigen Organismus der Stadt, so ist er jetzt isoliert, funktionslos. Vor den Gerichtsschranken ist ihm alles unverständlich, zusammengeschrumpft hockt er vor den überlebensgroßen Richtern, wie unheilvolle Wesen machen sich die Richter über ihn her, greifen ihn an mit zerfließenden Gesichtern, springen mit schwarzen, flatternden Gewändern unendlich langsam auf ihn herab. In der Gefängniszelle gilt seine einzige Sorge dem Karren – was mag aus dem Karren geworden sein? Am Anfang in der Zelle erlebt er fast etwas

von einer neuen Geborgenheit, er freut sich der Mahlzeiten, die ihm durch die Luke zugeschoben werden, er ist wie ein Tier, das sich wohnlich in seinem Käfig einrichtet. Doch bald kommt das schleichende Gefühl der Unfreiheit, er gehört zur Straße, zur offenen Welt. Das spähende Auge des Wärters belauscht ihn – ein kleines Auge, dessen eisernes Lid mitten in der großen Panzerfläche der Tür aufklappt. (Diese suggestive Bildwirkung kehrt später unzählige Male in Gefängnisfilmen wieder.) Nach abgesessener Strafe erhält er seinen Karren zurück, doch neue Händler haben in der Zwischenzeit seinen Platz übernommen, niemand will von einem Polizeikunden kaufen. Als Ausgestoßener treibt er jetzt durch die bewohnte Welt, zu den Schanktischen der kleinen Bars um die Markthallen. Zerlumpt liegt er schließlich auf seinem Karren in einem verfallenen Schuppen, und die Ratten umtanzen ihn. Was dem Film die Frische erhält, ist das Unverfälschte des Milieus, die Atmosphäre der Straßen, des Markts, der Hinterhöfe. Die Gestalt des Händlers scheint direkt von der Straße aufgegriffen, so wie die Menschen in den neo-realistischen Filmen. Hier ist nichts von den überdimensionierten Gesten des Stummspiels, die Texte sind aufs äußerste beschränkt, die Bilder sprechen mit ihrer überzeugenden Realität.

In *Paris qui dort* (1923) unternimmt René Clair eine Überblendung ins Fantastische. Er zeigt das Leben in der Großstadt auf umgekehrte Weise: indem er alles erstarren läßt und alles mit gähnender Leere füllt – das Sonderbare und Unheimliche der Situation zeigt, wie sehr die Stadt der Menschen, des Gedränges, des Betriebs bedarf und wie alle Gebäude hohl und kulissenhaft werden, wenn sie nicht mehr zu menschlichen Wohnstätten dienen. Gleichzeitig ist Clair Spaßmacher, seine wenigen Überlebenden läßt er eine dadaistische Freiheitsorgie kosten, sie turnen im Eiffelturm herum, baden in den öffentlichen Springbrunnen, nehmen sich an Reichtümern, was sie wollen. Doch auch hier wieder: was nützen die Reichtümer, wenn man allein mit ihnen ist. Geld und Juwelen werden sinnlos, man läßt die Geldscheine wie Schneegestöber auf den Straßen verwehen.

Das Groteske, die Zerrspiegel, die sich Momenten des Großstadterlebens zuwenden, sind schon früh gefunden worden. In einem Slap-Stick von Durant (1908) werden die Abenteuer eines Paares geschildert, das nach der Zeremonie der Eheschließung in ein Abflußrohr fällt und sich im unterirdischen Kanalisationssystem verirrt. Nach der ersten Verzweiflung macht man sich unten in den dicken Rohren seßhaft, das Wasser spült allerlei Nahrungsreste herbei, auch aufgeblähte tote Ratten, groß wie Hunde, die Zeit vergeht, das Brautkleid, der Frack gehen in Fetzen, doch man kann auch hier leben, Kinder werden geboren und diese Abkömmlinge werden schließlich durch ein enges Eisengatter zur Außenwelt emporgeschoben. Splitternackt tauchen sie in der belebten

Straße auf. In diesem kurzen Film ist viel vom Surrealismus und von der Stimmung der Dreigroschen-Oper enthalten.

Später werden diese Kanalisationen wiederholt verwendet, zu Verbrecherjagden in amerikanischen Filmen und zu Orson Welles' letztem Aufenthaltsort in Carol Reeds *Der dritte Mann* (1953). Die endlosen, labyrinthisch verstrickten Gänge, das rieselnde Wasser, die hallenden Geräusche üben eine stark filmische Wirkung aus, der Mensch bewegt sich hier unten wie in den Gedärmen der Stadt. Doch trotz bildtechnischer Raffiniertheit kommt kaum eine andere Schilderung an die primitive Moritat von 1908 heran.

SEITE 91
* Die stummen Bilder sind so mit Bewegung geladen, daß man in ihnen die Vibrationen, das Brausen der Stadt vernimmt.

SEITE 92
* Drei junge Filmdichter.
** Die Helligkeit des freien Tages übt keine Lockung auf sie aus, sie will verkrochen im dunklen Leib des Bettes liegen. Sie ist eine Verwundete der Stadt, eine Angeschossene; er ist ein Jäger. Er denkt an die Offenheit, die draußen wartet, er hat keine Geduld mit der Frau im Bett.
** Sie sprechen davon, wie sie sie abends müde abgestreift und von sich
* geschlenkert hat. Für sie bedeutet dieser Tag nur Schlaf, eine dumpfe Narkose von Schlaf.

SEITE 93
* Die Welt des Körperlichen – hier kommt man ihr nahe; das Wasser perlt über die nackte Haut, die Poren atmen, die Hand des Mannes streift den Sand vom Arm der Frau. Der Körper ist so greifbar unter den Badetrikots, daß das Liebesspiel alles Laszive verliert, alles ist natürlich, voller Wärme, voller Puls. [...] Sehr weit entfernt die andere Frau, die der Mann in der Stadt zurückgelassen hat, sehr weit entfernt ein Schmerz.
** *Menschen in der Stadt* [d. i. *Menschen am Sonntag*] ist ein Film von einer neuen Frische, von einer jungen Kraft. Doch es bleibt bei diesem Ansatz. Die Schilderung des freien, modernen Menschentyps kann sich nicht entwickeln. Das Krisenhafte überschattet alles.

SEITE 94
* Der Mensch in der Krise, in der Depression, der abgehärmte, geplagte Alltagsmensch.
** Ein mageres Hundegesicht, mit ängstlich hervortretenden Augen. Der Körper zusammengesackt, die Kleider zerschlissen, alles spricht von Armut, Ausweglosigkeit.

* Das nackte Gesicht des Menschen. Die Landschaft des Gesichts, die Unterbauung durch Knochen und Muskeln, die Unebenheiten der Haut; Furchen und Hügel, die Waldungen der Augenbrauen, des Haares, die aufschimmernden Stoppelfelder des Bartes. Die langgestreckten Seen der Augen mit den schwimmenden Inseln der Pupillen, die Bewegungen des Mundes, die aufbrechenden Lippen, die tiefe Höhle des Rachens mit den glänzenden Zähnen, den gewellten Flächen des Gaumens, dem schwappenden Zäpfchen, dem Zungentier, dem triefenden Speichel. Allein dies gibt der Kamera Spielraum für unendliche Forschungen und Wanderungen. Ein gigantisches Auge beherrscht uns mit seinem Blick. Ein aufgerissener Mund packt uns mit seinem Schrei. Eine Ohrmuschel füllt uns mit dem Meeressausen des Gehörs.

Unterhalb des Gesichts der Körper. So wie das Filmgesicht im allgemeinen unter einer kosmetischen Maske verborgen liegt, um nicht mit seinen Heimlichkeiten zu erschrecken, so liegt der Körper unter der Hülle der Kleidung. Die Aufgabe der Kamera ist es, die Echtheit der Kleidung zu schildern. Die Kleidung als Bestandteil des Menschen. Das Körperliche lebendig unter den Geweben der Stoffe. Zur Sprache kommt hier der Glanz, die Abgewetztheit, das Zerschlissene, ein ausgefranstes Knopfloch, ein steifer Kragen, Bügelfalten, ausgebuchtete Knie, Stolz und Niederlage. Knöpfe sprechen; eine Uhrkette, ein Schmuck, der Inhalt einer Tasche zeugen von der Persönlichkeit des Menschen. In Chaplins Kleidung ist sein Wesen enthalten, die Jacke zu eng, eine Zwangsjacke, die Hosen zu weit, schlotternd um seine Männlichkeit, um den Bauch offen fürs feindliche Eindringen von Wasser, Säbel, Schirmen. Wie ein Gefangener, dem man den Riemen abgenommen hat, hält er die Hosen hoch. Die Schuhe riesige Kähne, mit denen er würdevoll und grotesk wie ein Pinguin durch die Welt watschelt. Schuhe mit der Individualität von Lebewesen, verwandt den gemalten Schuhen von van Gogh. Die Nacktheit des Körpers ist noch zu entdecken. Behindert und gleichzeitig aufgegeilt von dem Tabus, werden nur Scheinmanöver vorgenommen, halbe Entkleidungen, laszive Badeszenen, ein Kult von emporgedrückten, ausgestopften, versteckten Brüsten. Zuweilen geschieht es, daß der Oberkörper einer Frau entblößt wird, man sieht ihren Rücken, wendet sie sich um, so ist die Brust unmotiviert mit einem Handtuch oder Kleidungsstück geschützt. Was man in der Malerei und der Literatur noch wagt, ist noch zu brennbar für das Massenmedium des Films. Wo es einmal vorgenommen wird, zum Beispiel in Machatys *Extase* (1933), liegt die Zensurschere gleich bei der Hand. Pabst hat es gewagt in *Kameradschaft* (1931), in einer Szene im Waschraum des Bergwerks. Unter den Duschen glänzen und dampfen die Körper der Männer, Scherze und Rufe hallen durch den Wasserdunst, eine Szene strahlend von Vitalität. Buñuel hat es gewagt im *Chien andalou*, wo die wollüstige Hand sich in die Brust und den Steiß der Frau gräbt.

Das Geheimleben des Menschen, die Welt des Obszönen, so wie sie in Henry Millers Büchern geschildert wird, ist nur den Pornografen vorbehalten, dieser dritten Kolonne des Films. In diesen Werken, die nichts anderes wollen als das Vorspiel und die Ausführung des Koitus schildern, tauchen nur selten Werte auf, die über das robothaft Maschinelle, über eine berechnende Kälte hinausgehen. Doch in den Augenblicken, in denen etwas Sensuelles zu verspüren ist, in den Augenblikken, in denen die Agierenden zu Menschen werden, öffnen sich neue Perspektiven. Hier liegen Liebkosungen, Körperzonen, Gebärden, Laute wie weiße Flecken auf alten Landkarten. Hier ist alles voll furchtbarer Brennbarkeit und muß mit abgenutzten Symbolen umschrieben werden: mit Flammen, aufschäumenden Wellen, Wirbeln, sich öffnenden Blüten.

In einem französischen Produkt aus der pornografischen Klasse gibt es Berührungspunkte mit *Docteur Tube*. Nicht nur ähnelt die männliche Figur dem wahnsinnigen Forscher in Abel Gance' Film, auch seine Gesten sind die gleichen, sein irres, besessenes Lachen. Er ist der Sexualathlet, in seinem Spiel verzaubert sich die Atmosphäre zu den wilden Geweben eines Haschischtraumes. Es gibt die Bilder von Matta, die eine gleiche, halb angstvolle, halb orgiastisch aggressive Stimmung ausstrahlen wie diese Szenen im Massageinstitut, dem verkappten Bordell, wo der männliche Kunde auf den Tisch gelegt wird und von anfangs schwestergleich verkleideten, allmählich ganz entkleideten Mädchen im Vorspiel mit kleinen rotierenden Apparaten behandelt wird.

★★ Ein Bericht aus den engen, übervölkerten Mietskasernen Nordberlins.

Gerhard Lamprechts *Unter der Laterne* (1928), ein sachlich abgefaßter Sozialrapport über den Untergang und Selbstmord eines jungen Mädchens.

SEITE 96

★ Ein Mann einsam in seinem Zimmer, im Schmerz zusammengesunken auf dem Sofa, und draußen im Flur, hinter der halboffenen Tür, unbeteiligt lachende und redende Menschen; die Betrunkene, die bei der Begräbnisfeier zu tanzen anfängt, zur Musik eines mechanischen Klaviers.

★★ Im Realismus liegt eine der ständigen Erneuerungsmöglichkeiten des Films. Wir sehen es immer wieder: dort, wo der Film ein unverstelltes Bild der Wirklichkeit gibt, dort packt er. Der erkünstelte Spielfilm, so wie wir ihn tagtäglich zu sehen bekommen, und so wie er überall weiterproduziert wird, hat sich längst selbst überlebt – das große Publikum wandert Abend für Abend zu einer Leichenfeier und strengt sich an, des faden Geschmacks nicht bewußt zu werden.

Der Film als Dokument unserer Wirklichkeit: dies gibt den ersten Journalfilmen von der Zeit um die Jahrhundertwende ihren bleibenden Wert, und dies ist es, was vielen der frühen Filme die Unmittelbarkeit erhält. Wir sehen es in Sjöströms und Stillers Werken, in Henry Kings *Tol'able David*, in Stroheims *Greed*, in den russischen Filmen, im italienischen Neo-Realismus, im japanischen Nachkriegswerk *Die Kinder von Hiroshima*, in den deutschen Versuchen *In jenen Tagen* und *Die Mörder sind unter uns*. Auch im amerikanischen Film ist dieses Streben nach Wirklichkeitsnähe zu verspüren. Wilder und Zinnemann, seit vielen Jahren in Hollywood tätig, gehören zu den besten Regisseuren dieser realistischen Schule. Die luftige, frische Sprache ihres Erstlingswerkes ist hier jedoch verschwunden; ihre Filme sind geprägt vom dumpfen Ton der amerikanischen Inferno-Atmosphäre. Dies alles sind schwarze Filme, harte Zeugnisse einer menschlichen Versklavtheit, einer korrumpierten Gesellschaftsordnung: Wilders *The lost weekend* (1946), Zinnemanns *Theresa* (1950), Dmytryks *Crossfire* (1947) und *Give us this day* (1949), Dassins *Night and the city* (1950), Hustons *The asphalt jungle* (1950), Wises *The set-up* (1949), Kazans *Panic in the streets* (1950) und *On the waterfront* (1954).

Gegen Ende der zwanziger Jahre tritt dieser Zug immer stärker hervor: der Filmkünstler entfernt sich von den rein ästhetischen Experimenten und sucht authentische Lebensbezirke. Marc Allégret schildert seine *Voyage du Congo* (1927), André Sauvage seine *Images de Paris* (1928), Henri Storck seine *Images d'Ostende* (1928) und sein *Idyll à la plage* (1930), Jean Grémillon dreht die *Leuchtturmwärter* (1929) und Epstein das Leben einer Gruppe von Fischern, sein *Finis terrae* (1929) begründet zusammen mit Griersons *Drifters* (1929) den englischen Dokumentarfilm, der sich bald zu einer der stärksten und umfassendsten Organisationen dieser Art entwickelt.

Buñuel gibt der Avantgarde der zwanziger Jahre den Todesstoß. Die blendende Tageshelle des *L'age d'or* wäscht die Möglichkeiten zu erneuerten formellen Versuchen fort. Der Film ist ein schonungsloses Kampfsignal, brutal entlarvt er alles Spiel mit kunstvollen Beleuchtungen und Kamerawinkeln. Im völligen Verzicht auf fotografische Effekte und technische Finessen geht er nur daran, die menschlichen Lebensbedingungen aufzudecken, diese Lebensbedingungen, die nun immer beengender werden. *Terre sans pain* ist ein Alptraum menschlicher Daseinsformen.

Hier ist eine Stimme, die herausschreit, doch wen erreicht die Stimme? In diesem Film sind Bilder eingeätzt, eingebrannt, die alle wachrütteln müßten, Bilder, die dazu beitragen müßten, Menschen und Länder zu vereinen. Hier hat der Film seine höchste Aufgabe erreicht: das Problem, das er aufdeckt, ist allgemeingültig, es kann verstanden werden überall auf der Welt, wo es Augen gibt. Doch was geschieht? Der Film wird versteckt. Selten einmal wird er kleinen Gruppen in Filmstudios vorgeführt. Über ihm liegt der zähe Schleim der Furcht vor Veränderungen, der Schrecken vor dem Nackten, Allzudirekten. Über ihm thronen die faulen Lügen, die blauen Dünste der Idealisierungen. Die Machthabenden schieben ihre Kulissen, ihre bemalten Puppen und kernig marschierenden Soldaten vor die unerträgliche Wahrheit. Der Schrei des *Terre sans pain* wird zu einem erstickten Stöhnen.

Aus den Avantgardisten mußte eine unterirdische Bewegung werden. Sie wurden Saboteure, heimliche Attentäter. (*Avantgarde Film*, in: *Rapporte*, S. 35.)

Und wie geht es weiter? Der Dokumentarfilm hat die Rolle der Avantgarde übernommen. Ein Vortrupp in einem Niemandsland, versteckt sich vorwühlend und Meldungen abgebend, die niemand hören will. 1937 kulminiert die Reihe dieser Vorkriegsdokumente in Joris Ivens' *The spanish earth*. Ivens ist Holländer, begann experimentierend 1929 mit dem Film *Regen*, einer atmosphärischen, poetischen Studie, aus der die glitzernden, fließenden Bilder des niederströmenden Regens im Gedächtnis haften bleiben. 1930, in *Zuiderzee*, ist er ganz zur dokumentarischen Schilderung übergegangen, hier verewigt er die dynamischen Augenblicke vom Zusammenschließen des Dammes, vom Sieg des Menschen über die Natur, Szenen von triumphierender Gewalt. 1933 lebt er zwischen streikenden belgischen Grubenarbeitern. Ständig im Kampf gegen die Behörden und auf der Flucht vor der Polizei, schildert er die furchtbare Rechtlosigkeit und den herrschenden Terror. Jeder Gedanke, auch nur im geringsten auf Bildkomposition, auf künstlerische Gesichtspunkte zu achten, ist verworfen. Es wäre ein Betrug an dem menschlichen Thema. Die Fakten allein sollen zur Sprache kommen, karg und unschön. Unnötig zu sagen, daß der Film verboten wird.

Und nun 1937. Spanien. Bürgerkrieg. Ivens befindet sich zwischen Madrids Verteidigern, in der internationalen Brigade. Was seine Kamera hier registriert, hätte genügen müssen, um den Zweiten Weltkrieg zu verhindern. Stärker kann die Sinnlosigkeit des Krieges nicht geschildert werden: diese Vertreibung des Bauern von seinem Pflug, des Arbeiters von seinen Werkzeugen, und ihre Verurteilung zum Schleppen von Waffen, Tornistern, Helmen, diese Hilflosigkeit und Verzweiflung in den Gesichtern der Frauen, diese Verödung der Stadt und der Landschaft, diese gespenstische Zerstörung, dieser schreckliche Anblick der Verwundeten und Toten, der umherirrenden Kinder. Und was geschieht? Der Film, der in allen Kinos der Welt hätte gezeigt werden müssen, wird versteckt, geheimgehalten und von einigen Auserwählten als großes Werk der Filmkunst gerühmt. Ein solcher Film müßte Eigentum aller sein, ein solcher Film müßte eingehen in den Schulunterricht aller Länder. Heute, 20 Jahre später, hat er die gleiche Aktualität. Nach wie vor sitzen die Machthabenden da und stopfen uns ihre Verfälschungen der Wirklichkeit in den Hals. Was vom Krieg gezeigt wird, ist längst wieder heroisch geworden, die passive Masse der Zuschauer wird überschwemmt von den schneidigen Bravourtaten der Soldaten aller Länder.

Wo stecken heute die wirklichen Filme, *The spanish earth*, die Journalbilder von der Flucht der französischen Zivilbevölkerung vor dem deutschen Einmarsch, die herausgeschnittenen Stücke aus den Kriegsreportagen, die Aufnahmen von den Bombardierungen der Städte, wo sind die Filmzeugnisse vom Prozeß des 20. Juli, von Hiroshima und Buchenwald? Die Machthabenden sagen, man soll die Gräber nicht öffnen, man soll vergessen und Gras über allem wachsen lassen. Doch es wächst kein Gras. Diese Filme sollten ständig da sein, um uns zu erinnern!

Der kommerzielle Film behauptet von sich: Experimente werden heute bei *uns* gemacht. Die gesteigerten Kosten des Tonfilms erschweren die privaten Einsätze. Nur die großen Konzerne haben Zugang zu dem riesigen Stall von Herstellungsapparaten. Der Film von heute ist von einer Elefantiasis ergriffen. Man kann hier eine rasende technische Geschicklichkeit finden, jedoch nur selten eine künstlerische Konsequenz. Allzu viele Instanzen müssen in diesen Produkten befriedigt werden, als daß man eine ungeschminkte Wahrheit zeigen könnte. Die Themen können technisch vollendet geschildert werden, doch das wirklich Brennbare muß letzten Endes zurechtgelegt und geglättet werden, höheren Interessen angepaßt. (Selbst die filmisch besten Werke sind hiervon kaum ausgeschlossen. Ein Beispiel ist *On the water front* – mit Boris Kaufmanns Foto. Der Aufruhr des Arbeiters wird hier erstickt durch eine religiöse Tünche, die ihn schließlich zu einer Christusfigur verwandelt. Eine radikale, revolutionäre Einstellung darf nicht gezeigt werden; am Ende trotten alle fügsam an ihren gewöhnlichen Dienst zurück.) Trotz technischer Vervollkommnung und Virtuosität muß die Erneuerung doch wieder von den Außenseitern kommen, von den Werken der Vereinfachung, der primitiven Ausrüstung. Nur hier ist es möglich, vom Starkult Abstand zu nehmen, von der Fahrt der äußeren Spannung. Nur hier kann man sich daranmachen, lebenswichtige Probleme aufzusuchen, unverfälschte Situationen wiederzugeben oder in subjektive Träume einzudringen.

* Nach seinem Amoklauf und seiner Einfangung nimmt sich der Psychiater des Jugendgefängnisses seiner an und löst in langwieriger Therapie
etwas von Donalds furchtbarer innerer Verkrampfung. Er kann die
erste vorsichtige Ahnung eines menschlichen Vertrauens in ihm wekken, das ist schon viel. Doch wird es Donald helfen, jetzt, wo er wieder
hinausgeschickt wird in seine alten Verhältnisse, in eine unveränderte
Welt? Diese Frage kann der Film nicht beantworten. Antworten können erst gegeben werden in einer Zukunft, in dem in amerikanischen
Filmen Neger mit einer Selbstverständlichkeit neben den Weißen zu
finden sind, in allen Berufsklassen und nicht nur als devot grinsende
Türöffner auf den Bahnsteigen und als Bediener der Fahrstühle.

* Ray Ashleys *Little fugitive* (1953) ist ein Werk, das mit äußerst begrenzten Mitteln, ohne die Hilfe großer Filmgesellschaften, zustandegekommen ist. Der Film gehört zum besten, was in den Vereinigten
Staaten während der letzten Jahre geschaffen wurde. *Little fugitive*
handelt von einem siebenjährigen Jungen, der sich einen Tag lang in
New Yorks Vergnügungspark Coney Island herumtreibt. Die Rahmenhandlung ist kurz und schlagkräftig: sein älterer Bruder, der von
der auf einen Tag verreisten Mutter den Auftrag erhalten hat, gut auf
ihn aufzupassen, will ihn loswerden und erschreckt ihn im Gangster-
Spiel, indem er sich mit roter Farbe besudelt und tot stellt. Der Siebenjährige glaubt, er habe ihn erschossen, was die verschworenen Kameraden des Bruders auch eifrig bestätigen. Dieser Schrecken liegt als
Grundton unter der Flucht und bricht zuweilen hervor angesichts der
sonderbaren und verwirrenden Eindrücke zwischen den Schaubuden,
Karussellen und Riesenschaukeln. Vor allem ist jedoch der Tag von der
Unmittelbarkeit kindlichen Erlebens gefüllt. Das Vergangene ist vergessen, verdrängt, er lebt nur im Augenblick, folgt spielerischen Einfällen, sieht der Welt der Erwachsenen mit Erstaunen zu. Er ist der
Kamera unbewußt, die Kamera ist mit einer Tarnkappe verdeckt und
belauscht ihn bei seinem Vorhaben. Hier ist die eigentümliche Zusammengesetztheit des kindlichen Zustands: der Blickwinkel aus niedriger
Perspektive, die Beine der Vorübergehenden, das Riesenhafte, Aufgetürmte, Unverständliche, und die Bemühung, mitzutun, dazuzugehören – er läßt sich fotografieren, er versucht, mit Bällen ins Loch zu
treffen, er versucht sich in einer umgitterten Bude mit dem Baseball-
Knüppel. Eine Studie der kindlichen Psyche und Motorik, und gleichzeitig eine Studie des Menschlichen ringsum, monumental in ihrer
Entschleierung des grotesk Häßlichen, des stumpfen und dumpfen
Umherwanderns bis zum äußersten gesteigert in den Szenen am Badestrand, im Gedränge der schwitzenden Körper. Der kleine Flücht-

ling entdeckt, daß man mit leeren fortgeworfenen Flaschen Geld verdienen kann, so findet er plötzlich eine neue Tätigkeit, arbeitet bis spät in die Nacht, kauft sich für den Gewinn Schleckereien, gesponnenen Zucker, Kürbisscheiben – das kleine Kindergesicht hinter der riesenhaften saftigen Frucht, der Mund Kerne ausspuckend. Schließlich verkriecht er sich unter der Badebrücke, verbringt die Nacht hier. Am nächsten Tag findet ihn der ältere Bruder, der inzwischen von schlechtem Gewissen geplagt wurde. Die Kinder kommen grade noch zurecht nach Hause, ehe die Mutter zurückkehrt. Bei ihrem Eintreten ist es, als sei nichts geschehen, der Kleine sitzt vorm Televisionsapparat, in dem gerade eine Wild-Westszene abläuft, mit seinem Spielrevolver feuert er zusammengeduckt und fast spasmisch zuckend in die herangaloppierenden Reiter hinein. Hier im Schlußbild dieser orgiastischen Schießerei (in dieser Erziehung zum Gangster) kommt die Ausgesetztheit des Kindes noch einmal in einem starken Appell zur Sprache.

Dialoge werden in diesem Fall kaum angewendet, dagegen die ausdrucksvolle Vielfalt der Geräusche: die ganze kreiselnde Welt mit ihrem Gedudele und ihren Beschwörungsrufen um den kleinen schweigenden Zuschauer. Die atmosphärischen Geräusche: der Schwall des Wassers am Strand und das undefinierbare Brodeln all der lachenden, kreischenden Stimmen, das Klirren in der Bude des Flaschenverkäufers, das Prasseln eines Regenfalls und die eilig klappernden und klatschenden Schritte.

Verwandt mit *Little fugitive* ist der englische unabhängige Versuch *Oh Dreamland!* (1955) von Lindsay Anderson. Doch während Ashleys Arbeit in all ihrer Schärfe voller Mitgefühl ist, nie karikiert, nur die authentische Hilflosigkeit, Leere und Langeweile des Erwachsenen der spielerischen Fantasie des Kindes entgegenhält, ist Anderson Pessimist. Er zeigt nur die völlig gefrorenen Gesichter der Menschen zwischen den Jahrmarktsbuden. Kein einziges Lachen. Nicht einmal ein Lächeln zuckt um einen Mund. Auch diese Bilder sind authentisch, doch nach einem bestimmten Prinzip gewählt und zusammengestellt. Die Ausrufer, die dudelnden Karusselle, die Gegenstände in den Buden, nichts von all dem kann eine Lockung auf die Gesichter der Vorübertreibenden ausüben. Der Kontrast zwischen all den Anpreisungen, Lustigkeiten, Zaubereien und den völlig vereisten Mienen hat eine gespenstische Wirkung.

[...]

Die Kamera öffnet unseren Blick für das, was sich unbeachtet mitten zwischen uns befindet, und die Kamera setzt das Allerentfernteste, Unzugänglichste greifbar vor uns hin.

Ein Lebensgebiet taucht vor uns auf, das auf einem fremden Planeten zu liegen scheint. Der Planet jedoch ist unsere Erde und das Gebiet liegt im Inneren Australiens. *Back of beyond* nennt John Heyer seine karge, von der Sonne gebleichte, vom Sand rein geblasene Schilderung. Das Lastauto mit Post und Waren dringt einmal in der Woche hinter die letzten Horizonte vor. Langsam kriecht es durch die Wüste, in der die einzigen Spuren des Lebens in vertrockneten Tierkadavern, blankgeschliffenen Schädeln und isolierten Ruinen zu finden sind. Ruinen früherer Siedlungen, die Ruine einer Kirche mit den zergerbten Resten der Bänke und des Kruzifixes. Was waren das für Menschen, die es in solche Einöden getrieben hat, und wie haben sie hier leben können? Wohin führt uns dieses schwer beladene Lastauto – ist es denkbar, daß hier noch Lebewesen ausharren, hier in dieser Höllenlandschaft eines Hieronymus Bosch und Salvador Dalí? Und da hört man plötzlich ihre Stimmen zirpen, Stimmen wie von Grillen, Insekten, der Radioempfänger des Fahrers fängt sie auf, mit seinem Begleiter rastet er im Sand, den Kopfhörer aufgesetzt, die Hände an den Schrauben und Stöpseln des Apparates – ein verzerrtes Surren, Quietschen und Picken und dann werden Menschenstimmen daraus, treten ganz nahe, der Fahrer spricht mit ihnen über die riesigen Wüstenflächen hin, ein Gespräch über alltägliche Dinge, über einen Krankheitsfall, über die erwartete Post und die Waren. So spricht man hier miteinander, drahtlos peilt man einander an, steht miteinander in Verbindung über die Wüste der Vergänglichkeit hin. Dies Wüstenlager hier könnte aus einem surrealistischen Film stammen, es erinnert an die Prophezeiungen von *L'age d'or*: wir sehen den Lastwagenfahrer, den kräftig gebauten, gutmütigen, ganz und gar realistischen Mann, wie er da mitten in der Wüste im vom Wagen herabgehobenen Lehnstuhl sitzt und eine Reklamebroschüre liest, die er in seiner Tasche gefunden hat. Eine Broschüre, die ihm irgend etwas zur Verbesserung seines Wagens oder seiner Fahrertätigkeit vorschlägt. Plötzlich wird diese traumhafte Wirklichkeit überwältigend, man faßt: hier leben Menschen und finden sich zurecht. Mitten in der unendlichen weißen Landschaft steht ein Wohnhaus, ein Laden, in dem eine Frau ihre Waren entgegennimmt, wo ein Laden ist, muß es auch Kunden geben, selbst wenn diese Kunden nur ein paar Mal im Monat auftauchen. Die Menschen hier leben in einer Mischung aus zäher Beharrlichkeit und Apathie. Menschenschicksale werden kurz und sachlich auf der Fahrt angedeutet. Der Vordergrund und der Hintergrund sind ständig die Wüste, mit den gewellten, grausam freundlichen Sandhügeln. Zwei Kinder verirren sich hier. Ihre Mutter hat sie allein gelassen, sie machen sich auf, sie zu suchen. Die Mutter, aufgehalten in einer entfernten Siedlung, ruft nach ihnen im Radiosender. Ihre Stimme im Empfänger zu Hause schallt durch das leere Zimmer, in dem das Frühstück noch auf dem Tisch steht. Die beiden Kinder hören die Stimme nicht. Etwas Wasser, ein wenig Proviant ziehen sie in einer kleinen Kiste hinter sich her. Zwei Mädchen, sonntäglich gekleidet, gekämmt, gebürstet, durch den Sand stapfend wie andere Kinder auf einem spielerischen Spaziergang. Doch ihr Weg führt in immer tiefere Kreise der Unendlichkeit. Nie wieder werden sie gefunden. Der Sand hat sich weich über sie gelegt.

Und schließlich die Siedlung, zehn, fünfzehn Häuser, Hotel, Krankenbaracke, Postschuppen. Das Ereignis des Tages: die Ankunft des Lastautos, von allen Bewohnern erwartet. Der dürftige Postsack wird entgegengenommen, die Waren werden ausgeladen, der Fahrer und sein Begleiter begeben sich ins Hotel, um nach der tagelangen Reise auszuruhen. Im sandigen Wind steht eine Handvoll Menschen, ein Alter an einem Stock, eine Krankenschwester, ein paar Kinder, Frauen in flatternden Konfektionskleidern – Menschen am Rande der Welt.

Anmerkungen

Die Vorläufer

9 *Georges Méliès* (1861–1938), frz. Filmpionier, Produzent, Regisseur, Schauspieler und Theaterbesitzer, drehte ab 1896 insgesamt über tausend Filme.

Ein Omnibus…: aus *Les quatres cents farces du diable* (1906).

Odaliske: weiße türkische Haremssklavin.

Henri Rousseau (1844–1910), »Le douanier«, naiver frz. Maler, dessen Prager *Selbstbildnis* (1890) Weiss wiederholt in eigenen Bildern zitiert.

10 *Ferdinand Zecca* (1864–1947), frz. Regisseur und Schauspieler, ab 1905 Leiter der einflußreichen Filmgesellschaft Pathé.

Jean Durand (1882–1946), frz. Regisseur und Karikaturist, ein Meister des turbulenten Groteskfilms.

Louis Feuillade (1874–1925), frz. Regisseur und Journalist, drehte die beliebten Serien *Fantômas*(1913/14) und *Les vampires* (1915).

René Clair: siehe Anmerkung zu S. 21

11 *Abel Gance* (1889–1981), frz. Regisseur und Drehbuchautor, bedeutender Vertreter der frz. Filmimpressionisten, trat durch seine bewegte Kamera und die schnellen Montagen hervor.

12 *Guillaume Apollinaire* (1880–1918), eig. Wilhelm Apollinaris de Kostrowitski, frz. Dichter und Kritiker, Vorkämpfer des Surrealismus und der »écriture automatique«.

Robert Desnos (1900–1945), frz. Dichter aus dem Kreis der Surrealisten, Résistance-Kämpfer während des Zweiten Weltkrieges.

13 *Etienne-Jules Marey* (1830–1904), frz. Physiologe, experimentierte bereits zu Ende des 19. Jhs. mit einer »fotografischen Flinte«, die bis zu 100 Bilder pro Sekunde aufnehmen konnte; *La marche de l'homme* ist mit einem Fotochronografen aufgenommen.

Germaine Dulac (1882–1942), frz. Regisseuse und Filmkritikerin, entwickelte eine eigene Theorie des »Visualismus«, der Weiss' Filmtheorie in einigen Punkten bemerkenswert ähnlich sieht.

Louis Delluc (1890–1924), frz. Schriftsteller, Drehbuchautor, Kritiker und Filmregisseur, theoretischer Kopf des frz. Filmimpressionismus (Dulac, Gance, L'Herbier, Epstein).

La fête espagnole: Regie: G. Dulac, Buch: L. Delluc.

David Wark Griffith (1875–1948), amerikan. Regisseur und Produzent, einer der bedeutendsten Filmpioniere bezüglich stilistischer und technischer Ausdrucksmittel.

Mauritz Stiller (1883–1928), eig. Moses S., schwed. Regisseur, zusammen mit Victor Sjöström (1879–1960) der eigentliche Begründer des schwed. Films.

14 *La roue* (Scheugl/Schmidt 1922, Toeplitz 1923); das Drehbuch zu diesem Film war in Zusammenarbeit mit dem frz. Dichter Blaise Cendrars (1887–1961) entstanden. Fernand Léger, ebenfalls an dieser Produktion mitbeteiligt, wurde dadurch zum Film bekehrt: »Es begann mit den Großaufnahmen in *La roue* von Abel Gance. Die Großaufnahme hat mir den Kopf verdreht. Ich wollte um jeden Preis einen Film machen, und so entstand *Le ballet mécanique*.« (Zit. nach Scheugl/Schmidt, S. 293).
Crainquebille: siehe S. 171 f.
Robert Wiene (1881–1938), dt. »Routineregisseur« (Scheugl/Schmidt), verhalf dem expressionistisch phantastischen Film mit seinem *Caligari* zum Durchbruch.

17 *Paul Wegener* (1874–1948), dt. Regisseur, Drehbuchautor und Schauspieler, Spezialist für ästhetisch-romantische Filme.
Der Student von Prag: Regie führte der dänische Regisseur und Theaterautor Stellan Rye (1880–1914); Wegener arbeitete am Drehbuch mit und spielte die Hauptrolle.
Henrik Galeen (1882–1949), dt. Regisseur, Schauspieler und Autor zahlreicher Drehbücher, etwa zu Murnaus *Nosferatu*.
Paul Leni (1865–1929), dt. Regisseur und Filmarchitekt.

18 *Karl Heinz Martin* (1888–1929), expressionist. dt. Theater- und Filmregisseur. *Von morgens bis mitternachts* (1920) ist eine Verfilmung des gleichnamigen Stücks von Georg Kaiser (1878–1945).

19 *Andrej Andreev* (1899–1966), russ.-sowjet. Film- und Bühnenarchitekt am Moskvatheater, später auch bei Max Reinhardt.
Konstantin Sergeevič Stanislavskij (1863–1938), eig. K. S. Alexeev, russ.-sowjet. Regisseur, Schauspieler und Theaterwissenschafter, Mitbegründer des Moskauer Künstlertheaters (Moskvatheater).
Friedrich Wilhelm Murnau (1888–1931), eig. F. W. Plumpe, einer der bedeutendsten dt. Filmregisseure der Frühzeit, arbeitete ab 1926 in Hollywood.
Nosferatu: der vollständige Titel lautet *Nosferatu – eine Symphonie des Grauens* (1922); Galeens Drehbuch folgt dem Roman *Dracula* von Bram Stoker.
Franz Kafka (1883–1924), dessen Werk Weiss seit Mitte der dreißiger Jahre sehr schätzte und dessen *Prozeß*-Roman er 1974 (*Der Prozeß*) und 1981 (*Der neue Prozeß*) dramatisierte; das Romanfragment *Das Schloß* ist 1926 veröffentlicht worden.

20 *Arthur Robison* (1888–1935), amerikan. Regisseur, der vorwiegend in Deutschland drehte.
Schatten – eine nächtliche Halluzination (Brennicke 1923).

21 *Pablo Picasso* (1881–1973), span. Maler, Grafiker und Bildhauer, siedelte 1904 nach Paris über, wo er sich in den zwanziger Jahren den Surrealisten anschloß.
Max Jacob (1876–1944), frz. Dichter, Maler, Kunsttheoretiker und Pädagoge.
Louis Aragon (1897–1982), eig. L. Andrieux, frz. Schriftsteller und Kommunist, Mitbegründer der surrealistischen Bewegung.
Paul Éluard (1895–1952), eig. Eugène Grindel, frz. Dichter des Surrealismus, wie Aragon Mitglied der KPF.
André Breton (1896–1966), frz. Schriftsteller und führender Stratege des Surrealismus; er propagierte diesen als neue, vom Zufall geleitete aufrührerische Ästhetik, die Poesie als Lebensform verstand.
Man Ray (1890–1976), amerikan. Maler, Fotograf und Objektkünstler, zusammen mit Marcel Duchamp begründete er 1917 eine New Yorker Dadaistengruppe, lebte geraume Zeit in Paris.
René Clair (1898–1981), eig. R. Chomette, frz. Filmregisseur, Schauspieler und Schriftsteller, der im Umkreis der Dadaisten debütierte, sich filmisch aber nach *Entr'acte* von diesen löste.
Francis Picabia (1879–1953), frz. Dichter und Maler – im Film *Entr'acte* in der Rolle des Schützen zu sehen; das Szenario findet sich abgedruckt in: F. Picabia, *Platonische Gebisse*, S. 85 ff.
Rolf de Maré (1888–1964), schwed. Industrieller, Mäzen und Leiter des avantgardistischen Ballettensembles *Ballets suédois*.
Marcel Duchamp (1887–1968), frz. Maler, Objekt- und Konzeptkünstler, einer der wichtigsten Anreger des modernen Kunstschaffens überhaupt.

23 *Comte de Lautréamont* (1846–1870), eig. Isidore Lucien Ducasse, frz. Dichter, dessen kühne abgründige Poetik die Surrealisten als vorbildhaft wiederentdeckten.
Die unvermutete Begegnung: hier zitiert nach Comte de Lautréamont, *Die Gesänge des Maldoror*. München 1976, S. 206; im frz. Original lautet die Stelle aus dem 6. Gesang: *La rencontre fortuite sur une table de dissection d'une machine à coudre et d'un parapluie!*

24 *Fernand Léger* (1881–1955), frz. Maler, Grafiker und Filmemacher; sein Schaffen ist geprägt durch mechanische und architektonische Elemente und der ihnen zugrundeliegenden Geometrie.

26 *Hans Richter* (1888–1976), dt. Maler und Filmemacher mit Verbindungen zum Dadaismus, drehte zusammen mit dem schwed. Künstler und Experimentalfilmer Viking Eggeling (1880–1925) die ersten abstrakten Filmexperimente.

27 *Erich von Stroheim* (1885–1957), eig. E. S., amerikan. Filmregisseur und -schauspieler österr. Herkunft; seine unbarmherzig realisti-

schen Filme scheiterten immer wieder an Stroheims Unvermögen, sich auf das Machbare zu beschränken.

Vsevolod Illarionovič Pudovkin (1893–1953), sowjet. Filmregisseur, -schauspieler und -theoretiker, einer der Klassiker des sowjet. Stummfilms.

28 *Georg Wilhelm Pabst* (1885–1967), österr. Filmregisseur, Drehbuchautor und Schauspieler, drehte eine Reihe gesellschaftlich engagierter Stummfilme.

29 *Sigmund Freud* (1856–1939), österr. Arzt und Psychologe, Begründer der Psychoanalyse, die auch auf Peter Weiss' filmisches und frühes literarisches Schaffen nicht unwesentlichen Einfluß gehabt hat.

... die Großaufnahme des Antlitzes des Schlafenden: reproduziert in Toeplitz, Band 1, Abb. 234, und Scheugl/Schmidt, S. 950.

30 *Emak Bakia:* Dieser Film entstand in enger Zusammenarbeit mit dem surreal. Dichter Robert Desnos (1900–1945), der in der Résistance kämpfte, dichtete und im KZ Theresienstadt umkam.

31 *L'étoile de mer:* Das diesem Film zugrundeliegende Gedicht gilt als verschollen, einzig die Filmzwischentitel sind erhalten geblieben (vgl. R. Desnos, *Nouvelles Hébrides,* S. 425 u. S. 553 f.).

32 *Jean-Baptiste Siméon Chardin* (1699–1779), frz. Stillebenmaler.
Paul Cézanne (1839–1906), frz. Spätimpressionist, Vorbild der kubistischen und der abstrakten Malerei.

33 *Pour construire un feu* (Scheugl/Schmidt 1923–1926) von Claude Autant-Lara (*1901) war ein erster 45-mm-Versuchsfilm mit einer Hypergonarlinse, wie sie später im Cinemascope-Verfahren zur Anwendung gelangte.
Henri Chomette (1896–1941), frz. Experimentalfilmer, Bruder von René Clair, Vertreter des *Cinéma pur.*
Anémic cinéma: Bei diesem Film arbeitete Marcel Duchamp mit Man Ray und mit dem frz. Regisseur Marc Allégret (1900–1973) zusammen.

34 *Bäume im Negativbild:* Das Bild hier entstammt dem Film *Jeux des reflets et de la vitesse,* und nicht *Cinq minutes de Cinema pur.*
Orphée (1950).
Vicomte Charles de Noailles: reicher Mäzen aus einem alten frz. Adelsgeschlecht, finanzierte Cocteaus *Le sang d'un poète* und Buñuels *L'age d'or.*

36 *Eugène Deslaw* (*1900), eig. Evgenij Stavčenko, sowjet. Filmregisseur, drehte hauptsächlich Dokumentarfilme.
Towards the robots: eig. *Vers les robots* (1932).

37 *Dimitri Kirsanov* (1899–1957), russ. Filmregisseur und Musiker, lebte seit 1923 in Paris, wandte sich nach *Brumes d'automne* dem kommerziellen Film zu.

Jean Epstein (1897–1953), frz. Filmregisseur und -theoretiker, Vertreter des frz. Filmimpressionismus.

Edgar Allan Poe (1809–1849), amerikan. Schriftsteller; seine phantast. Schauererzählung *Der Untergang des Hauses Usher* erschien 1839.

Romance sentimentale: Der Film wurde von Eisensteins Mitarbeitern Tissé und Aleksandrov gedreht; Eisenstein beschränkte sich darauf, seinen klingenden Namen zur Verfügung zu stellen; ebenso war dies auch beim Film *Frauennot – Frauenglück* der Fall.

Antonin Artaud (1896–1948), frz. Schriftsteller, Theatertheoretiker, Schauspieler und Regisseur; sein programmatisches Manifest *Le théâtre de la cruauté* (1935) beeinflußte maßgeblich die europäische Avantgardebewegung, insbesondere auch Weiss. Das Szenario zu *La Coquille* findet sich in: A. Artaud, *Oeuvres*, tome 3, S. 22–31.

38 *Francis Brugière* (* um 1890), belg. Maler, Fotograf und Kameramann; sein experimenteller Film *The way* entstand um 1929.

Luis Buñuel

40 *Luis Buñuel* (1900–1983), span. Filmregisseur, Drehbuchautor und Produzent. Nicht zuletzt wegen seiner Gegnerschaft zum faschistischen Franco-Regime entstand sein reiches Filmschaffen großenteils außerhalb seiner Heimat, in Mexico und Frankreich.

Un chien andalou (Toeplitz, Scheugl/Schmidt 1928); Buñuel drehte diesen Film in Zusammenarbeit mit dem span. Surrealisten Salvador Dalí (1904–1989). Anläßlich seiner Premiere wurde er heftig beklatscht.

Potemkin: eig. *Bronenosec Potemkin (Panzerkreuzer Potemkin,* 1925) von Sergej M. Eisenstein.

Psychischer Automatismus: Im ersten *surrealistischen Manifest* setzte André Breton diesen Begriff ein zur Definition des Surrealismus: *Surrealismus, Subst., m. – Reiner psychischer Automatismus, durch den man mündlich oder schriftlich oder auf jede andere Weise den wirklichen Ablauf des Denkens auszudrücken sucht. Denk-Diktat ohne jede Kontrolle durch die Vernunft, jenseits jeder ästhetischen oder ethischen Überlegung.* (Zit. nach A. B.: *Die Manifeste des Surrelismus,* S. 26.)

42 *Jan Vermeer* (1632–1675), genannt V. van Delft, niederl. Maler; *Die Spitzenklöpplerin* ist eines seiner bekanntesten Bilder.

Qualle: Bei genauerem Hinsehen entpuppt sich das Tier als ein Seeigel.

45 *... und tragen ihn fort:* Diese Szene ist hier nicht korrekt wiedergegeben: in Wirklichkeit sind es vier bürgerlich gekleidete Männer in

Hut und Mantel, die den Toten wegtragen; die beiden *Repräsentanten der Allgemeinheit* dagegen verweigern jede Hilfe. Sie gehen bloß nebenher.

47 *Die Krawatte wird zu einem Geschlechtssymbol:* Sie erigiert nicht eigentlich, sondern knüpft sich wie von Geisterhand!

48 *L'age d'or:* Die Filmpremiere im Avantgardekino *Cinéma 28* gipfelte in einer handfesten Saalschlacht, woraufhin der Film offiziell verboten wurde (vgl. L. Buñuel, *Mein letzter Seufzer*, S. 108).

55 *Terre sans pain:* im Originaltitel *Las Hurdes (Terre sans pain).*
Las Hurdes ist der Name einer unwirtlichen Bergregion 60 km südwestlich von Salamanca, im Südwesten Spaniens also gelegen, und nicht im Norden, wie Peter Weiss angibt.
Capriccios (1793–1799): eine Radierfolge des spanischen Malers Francisco José de Goya y Lucientes (1746–1828), eine bittere soziale Anklage.
Kretin: aufgrund einer Unterfunktion der Schilddrüse geistig und körperlich Zurückgebliebener.
Los olvidados (Die Vergessenen).

Cocteau: Le sang d'un poète

59 *Jean Cocteau* (1889–1963), frz. Dichter, Filmemacher, Bildhauer und Grafiker mit dandyhaften Zügen.
Le sang d'un poète (Scheugl/Schmidt 1930–1932).
Hermann Hesse: Steppenwolf. Erzählung, 1927. Peter Weiss, der Hesse persönlich gekannt und überaus geschätzt hat, schreibt zu diesem Buch in *Abschied von den Eltern* (Frankfurt/M.: Suhrkamp 1961 (= es 85), S. 119): *Das Lesen von Hallers* [d. h. Hesses] *Werken war wie ein Wühlen in meinem eigenen Schmerz. Hier war meine Situation gezeichnet, die Situation des Bürgers, der zum Revolutionär werden möchte und den die Gewichte der alten Normen lähmen;* vgl. P. Weiss, *Briefe*, S. 10–18.

60 *»Wozu eine Statue…«:* Korrekt wiedergegeben lautet der Text, den Cocteau spricht: *Ist es nicht Wahnsinn, Statuen aus dem Schlaf der Jahrhunderte zu erwecken?*

63 *»Das Morgengrauen…«:* Im genauen Wortlaut: *Im Morgengrauen sind Mexico, der Boulevard Arago, die Gräber in Vincennes und ein Hotelzimmer ohne Unterschied.*

64 *»Wenn du das Herz-As…«:* Im genauen Wortlaut: *Wenn Sie das Herz-As nicht haben, mein Lieber, sind Sie ein verlorener Mann.*
Ein von Öl glänzender Schwarzer: entgegen Weiss' Schilderung trägt der Schwarze den Toten nicht weg, sondern legt sich auf den Jungen und *verschlingt ihn wie eine Beute*, verleibt ihn sich ein.

66   *Jean Vigo* (1905–1934), früh verstorbener frz. Filmregisseur, Sohn
      des Anarchisten Miguel de Vigo, genannt Almereyda; seine surreali-
      stischen und sozialkritischen Filme wirkten mit ihrem *poetischen
      Realismus* nachhaltig auf die nachfolgenden Generationen von Fil-
      memachern.
      Monsieur Hulot: sonderliche sympathische Filmfigur des frz. Film-
      regisseurs Jacques Tati (eig. J. Tatischeff, 1908–1982).

68   *Die Zensur: diese Über-Ich-Einrichtung:* Immer wieder taucht bei
      Peter Weiss' Überlegungen zum Film wie hier das Problem der »Ver-
      nichtungsinstitution« Zensur auf. Wiederholt hat er dagegen polemi-
      siert, sei es in Zeitungsartikeln, sei es öffentlich auf der Straße wie am
      1. Mai 1958, wo er in Stockholm zusammen mit ein paar Freunden
      gegen die Zensur demonstrierte.
      Boris Kaufman (1906–1980), sowjet. Kameramann, Bruder von
      Dziga Vertov, arbeitete längere Zeit in Frankreich und den USA.

70   *Charles Spencer Chaplin* (1883–1977), brit. Filmschauspieler, -regis-
      seur, Drehbuchautor und Produzent, legendär geworden durch die
      hier angesprochene Figur des *Charlot.*

72   *L'Atalante:* Die Dialoge schrieb Vigo in Zusammenarbeit mit dem
      Dichter Blaise Cendrars; der Film kam unter dem Titel *Le Chaland
      qui passe* in die Kinos, benannt nach einem später eingefügten, ein-
      gängigen Lied.
      Michel Simon (1895–1975), eig. François S., kauziger frz. Schauspie-
      ler, einer der begehrtesten Charakterdarsteller.

73   *Schattenboxen:* Genaugenommen handelt es sich hier um einen per-
      fekt simulierten Ringkampf mit einen imaginärem Gegner.
      Mantel: Eig. ein Rock.
      Vittorio de Sica (1902–1974), ital. Filmregisseur und Schauspieler,
      einer der Bannerträger des ital. Neorealismus.
      Umberto D. (1952).

Peixoto: Limite

74   *Mario Peixoto* (*1910), beinahe schon legendärer brasil. Filmregis-
      seur, der als noch nicht ganz Zwanzigjähriger seinen ersten und
      einzigen Film – einen *Geniestreich* – drehte; 1940 zog Peixoto alle
      Kopien und Vorführerlaubnisse für *Limite* zurück; Peixoto und sein
      einziger Film genießen noch heute in Brasilien größte Wertschät-
      zung, wie der Regisseur Glauber Rocha bezeugt: *Il existe chez les
      hommes de la génération de 1930 un fanatisme pour »Limite« [...] y
      compris Mario Peixoto lui-même.* (Zit. nach R. Boussivot, *Encyclo-*

pédie du film, Paris: Bordas 1980, S. 996.) In Europa ist Peixoto nahezu unbekannt geblieben, weil sein Film kaum gezeigt werden konnte.

Eisenstein: Que viva Mexico!

76 *Sergej Mihailovič Eisenstein* (1898–1948), sowjet. Film- und Theaterregisseur und Filmtheoretiker; in seinen Filmen stehen sich häufig historische Figuren und das Kollektiv der Arbeiter gegenüber, deren Widerspiel Eisenstein engagiert und raffiniert mit seiner dynamischen Schnitt- und Montagetechnik inszeniert.
Que viva Mexico!: Der Film war ursprünglich in einen Prolog, vier *Novellen (Sandunga, Fiesta, Maguey, Soldadera)* und einen Epilog gegliedert, wobei die Reihenfolge der vier Novellen noch nicht definitiv festgelegt war.
Porfirio Diaz (1830–1915), mexikan. Präsident (1884–1911), der mit diktatorischer Macht regierte; die zweite Episode des Films spielt um 1905/06.
Mantille: großes, dreieckiges Umschlagtuch.

77 *Upton Sinclair* (1878–1968), amerikan. Schriftsteller und Sozialist, Verfasser von aufwühlenden, sozial engagierten Romanen.
Der zum Tod Verurteilte: ein Bild aus der dritten Episode, für dessen Legende Weiss den Titel einer Erzählung des schwed. Dichters Stig Dagerman verwendete *(Den dödsdömde)*, die er 1947 für die *Neue Rundschau* übersetzt hatte.
Sol Lesser (1890–1980), amerikan. Produzent und Regisseur, bekam von der Produktions- und Verleihgesellschaft RKO das Restmaterial von *Que viva Mexico!* zur Montage ausgehändigt. Insgesamt hat Lesser daraus drei Filme zusammengeschnitten: neben *Thunder over Mexico* auch *Death Day* (1934) sowie die Reportage *Eisenstein in Mexico* (1935).

78 *Marie Seton*, engl. Journalistin, Autorin einer Biographie über Eisenstein, montierte mit Paul Burnford zusammen den Film *Time in the sun (Unter Mexikos Sonne)*.
So wurde der letzte Grabstein…: 1978/79 konnte schließlich der sowjet. Filmregisseur und ehemalige Eisenstein-Assistent Grigorij W. Aleksandrow (1903–1983) eine Fassung von *Que viva Mexico!* in Spielfilmlänge herstellen; trotzdem sie fragmentarisch bleiben mußte, orientiert sie sich an Eisensteins Konzeption und vermittelt so einen Eindruck von der Bildkraft seines ambitiösen Mexico-Projekts.

79 *Carl Theodor Dreyer* (1899–1968), dän. Filmregisseur und Journalist; sein schmales Werk zeichnet sich durch starke Abstraktion und
außergewöhnliche Ruhe aus, der eine eigentümliche Spannung innewohnt.
Jeanne d'Arc: eig. *La passion de Jeanne d'Arc.*
Le Corbusier (1887–1965), eig. Charles-Edouard Jeanneret-Gris,
frz.-schweiz. Architekt und Maler.
Hieronymus Bosch (um 1450–1516) und *Pieter Breughel* (1525/
30–1565): ihre welttheatralen Szenerien und ihr barocker Realismus
beeinflußten wesentlich Weiss' eigene Malerei.

80 *Vampyr:* eig. *Vampyr où l'étrange aventure d'Allan Gray.*
Rudolph Maté (1898–1964), amerikan. Kameramann und Regisseur,
arbeitete neben Dreyer auch für Clair und Lubitsch.

81 *Vredens dag:* eig. *Vredens dag/Dies irae (Dies irae/Tag des Zorns)*;
zum bessern Verständnis von Weiss' Text sei hier eine kurze Inhalts-
angabe dieses Filmes eingefügt: Wir schreiben das Jahr 1623. Anne
(Die junge Frau), die zweite Frau des Pastors und Inquisitors Absalon *(er, der Sohn)*, versteckt im Pfarrhaus eine alte, der Zauberei
verdächtigte Frau *(sie)*. Diese Alte wird jedoch entdeckt und auf dem
Scheiterhaufen verbrannt. Martin *(der junge Mann)*, ein Sohn des
Pastors aus erster Ehe, kehrt ins väterliche Pfarrhaus zurück. Zwischen ihm und Anne entsteht eine leidenschaftliche Liebe. Dies
erahnend tritt ihr Absalons Mutter *(die Mutter)* mit Haß entgegen.
Eines Nachts gesteht Anne Absalon ihre Liebe zu dessen eigenem
Sohn. Wie vom Schlag getroffen stirbt Absalon, worauf sich Martin
von Anne abwendet. Auch Anne wird verbrannt.

83 *Madrigal:* hier einstimmiges Instrumentalstück.

Die Stadt

87 *Dziga Vertov* (1896–1954), eig. Deniz Arkadevič Kaufman, sowjet.
Filmregisseur und -theoretiker, vehementer Gegner des Filmdramas,
künstlerischen Wert billigte er nur dem Dokumentarfilm zu, der *das
Leben so, wie es ist,* abbildet.
Kino-Auge: russ. *Kinoglaz.*
Der Mann mit der Kamera (Čevolek s kinoapparatom).

89 *Charles R. Sheeler* (1883–1965), amerikan. Maler, wichtiger Vertreter der *Neuen Sachlichkeit* in den USA.
Paul Strand (1890–1976), amerikan. Dokumentarfilmer und Kameramann.
Manhatta: eig. *Mannahatta*; dieses Gedicht des amerikan. Dichters

Walt Whitman (1819–1892) findet sich in der endgültigen Fassung sei-
ner Gedichtsammlung *Leaves of grass* (*Grashalme*, 1891/92).
Robert Flaherty (1884–1951), amerikan. Filmregisseur, »Vater« der
Dokumentaristen, vieler seiner Filme sind Zeugnisse seiner ausge-
dehnten Forschungsexpeditionen.
Nanook: eig. *Nanook of the north* (1922).
Moana (1926).

90 *Walter Ruttmann* (1887–1941), dt. Maler und Filmemacher, drehte
eine Reihe abstrakter Animationsfilme sowie Realfilme, die der
Neuen Sachlichkeit verpflichtet waren; nach 1933 drehte er zahlreiche NS-Dokumentar- und Propagandafilme.
Alberto Cavalcanti (1897–1982), eig. A. de Almeida C., brasil. Filmregisseur, -architekt und Drehbuchautor; er prägte den Begriff *Neo-
realismus.*
Berlin: der vollständige Titel lautet *Berlin, die Symphonie einer
Großstadt.*

92 *Robert Siodmak* (1900–1973), dt.-amerikan. Filmregisseur, emi-
grierte 1941 in die USA.
Billy Wilder (*1906), österr.-amerikan. Filmregisseur, bekannt geworden durch seine Hollywood-Komödien und seine schwarzen
sozialkritischen Filme.
Fred Zinnemann (*1907), österr.-amerikan. Filmregisseur, Autor
des Western-Klassikers *High noon* (1952), drehte später ebenfalls
zeit- und gesellschaftskritische Filme.

93 *Nikolai Vladimirovič Ekk* (1902–1976), sowjet. Filmregisseur und
Schauspieler; mit dem Film *Putevka v žizn* (*Der Weg ins Leben*,
1931) einer der Pioniere des sowjet. Tonfilms.

94 *Ernö Metzner* (*1892), ungar. Filmregisseur und -ausstatter; sein
Film *Überfall* hatte großen Einfluß auf die dt. Filmavantgarde.

Amerikanische Experimente in den dreißiger Jahren

97 *Robert Florey* (1900–1979), frz. Filmregisseur, der in Hollywood
arbeitete, u. a. mit den Marx-Brothers und mit Bela Lugosi.
A Hollywood Extra, mit dem vollen Titel: *The life and death of 9413 –
A Hollywood Extra.*
Slavko Vorkapich (1895–1976), jugoslaw.-amerikan. Experimental-
filmer, Ausstatter, Maler und Cutter in Hollywood; im angesproche-
nen Film zeichnete er zusammen mit dem Kameramann Gregg
Toland für die Fotografie.
Charles Klein, amerikan. Filmregisseur, orientierte sich wie Florey
und Watson-Webber am expressionistischen Dekor des *Caligari*-
Films.

James Sibley Watson (Kamera, Regie) und *Melville Webber* (Drehbuch), amerikan. Filmemacher und Professoren an der Universität Rochester/N.Y.; mit ihren Filmen gehörten sie zu den wichtigsten Anregern der amerikan. Filmavantgarde.

98 *Lot in Sodom:* siehe dazu S. 102.

Paul Fejos (1897–1963), ungar. Regisseur, Pionier auf dem Gebiet des wissenschaftlichen Dokumentarfilms.

99 *Leon Shamroy* (1901–1974), amerikan. Kameramann.

Ralph Steiner (*1899), amerikan. Fotograf und Experimentalfilmer in der Tradition Fernand Légers.

100 *Lewis Jacobs* (*1906), amerikan. Maler und Autor avantgardistischer und dokumentarischer Filme, Verfasser einer Reihe von wichtigen Aufsätzen und Büchern über den amerikan. Avantgardefilm sowie Filmlehrer in New York und Philadelphia; Weiss folgt in seinen Erörterungen über die amerikanische Filmavantgarde in auffälliger Weise Jacobs' Aufsatz *Avant-Garde production in America*.

Jo Gercon, amerikan. Experimentalfilmer.

Gustav Machaty (1901–1963), tschech. Filmregisseur und Schauspieler; sein Film *Extase* (*Ekstase. Symphonie der Liebe*) erschien 1933.

Charles Vidor (1900–1957), amerikan. Filmregisseur ungar. Herkunft, drehte später hauptsächlich Western und Musikkomödien.

101 *N. Abram Room* (1894–1976), auch Alexander R., sowjet. Filmregisseur; als sein Hauptwerk gilt der Stummfilm *Prividenije, kotoroje nje vozvraščajetsja* (*Das Gespenst, das nicht zurückkehrt*, 1929).

Der Deserteur (*Desertir*, 1933).

John Flory, amerikan. Experimentalfilmer, erhielt mit T. Huff für *Mr. Motorboats last stand* 1933 mehrere Auszeichnungen.

Theodore Huff, amerikan. Experimentalfilmer und Autor eines Buches über Chaplin (London: Cassel & Co. Ltd. 1952).

Elia Kazan (*1909), eig. E. Kasanioglus, amerikan. Filmregisseur griech. Abstammung, Autor des Filmes *East of Eden* (1955).

Molly Day Thatcher, amerikan. Experimentalfilmer.

Irving Lerner (1909–1976), amerikan. Filmregisseur und -kritiker, zus. mit Paul Strand und Leo Hurwitz (1909–1991) Mitglied der 1937 gegründeten, der kommunistischen Partei nahestehenden, sozial engagierten Gruppe der *Frontier Films*.

Sozialhilfebüro: »Welfare Dept.«

Bezüglich Form und Inhalt…: im engl. Original lautet das Zitat: *Structurally and thematically it was shaky; yet its impact was fresh and at moments extraordinary. Its real value lay in the fact that it opened a novel method of film-making with wide possibilities which unfortunately has not been explored since.* (L. Jacobs: *Avant-Garde production in America*, S. 128.)

103 *Len Lye* (1901–1980), neuseeländ. Maler, Experimental- und Animationsfilmer, *a rolling stone in art, journalism, poetry and philosophy* (Jacobs); er gilt als der einflußreichste Vertreter des direkt aufs Zelluloid gezeichneten *Handmade films.*
Lambeth walk: eig. *Swinging the Lambeth walk* (1939).
Triumph des Willens (1935), NS-Propagandafilm.
Hindrich Heisler (1914–1953), tschech. Dichter.
Georges Goldfayn, frz. Künstler, collagierte Texte von Heisler.

Die amerikanische Avantgarde nach dem Krieg

104 *Maya Deren:* siehe Anmerkung zu S. 109.
California Institute of Fine Arts: eig. California School of Fine Arts (in San Francisco), die 1947 einen Kursus über Avantgardefilm anbot, den *Workshop 20,* dessen Leitung Sidney Peterson (siehe unten) übertragen wurde.
Cinema 16 Library: 1950 von Amos Vogel in New York begründete Filmkooperative, die amerikan. Avantgardefilme verlieh und sich engagiert für das *New American Cinema* einsetzte.
Anaïs Nin (1903–1977), amerikan. Schriftstellerin.
Sidney Peterson (*1912), amerikan. Avantgardefilmer, Journalist, Zeichner, Bildhauer und Leiter des *Workshop 20,* wichtiger Vertreter der zweiten amerikan. Avantgarde.
Horror dreams: mit einer Musik von John Cage (1912–1992).
105 *Mastodonten:* ausgestorbene Elefanten aus dem Tertiär.
Giacometti-Skulpturen: Die Skulpturen des frz.-schweiz. Malers und Bildhauers Alberto Giacometti (1901–1966) zeichnen sich durch extrem dünne, überlange Proportionen aus.
106 *Edward:* Diese alte schott. Ballade ist überliefert in Thomas Percys *Reliques of Ancient English Poetry* (1794); ihre erste Strophe aus der Weiss zitiert, lautet:
Quhy dois zour brand sae drop wi' bluid, Edward, Edward?
Quhy dois zour brand sae drop wi' bluid? And quhy see sad gang zee,
    O?

O, I hae killed my hauke see guid, Mither, mither:
O I hae killed my hauke see guid: And I had nae mair bot hee. O.;
brand bedeutet allerdings *Schwert,* und nicht *Schuhe.*
107 *Kenneth Anger* (*1932), amerikan. Filmemacher, der sich selbst als *Magier* bezeichnet, Repräsentant eines (sexuell) provokanten Avantgardismus.
Gian Carlo Menotti (*1911), ital. Opernkomponist; seine Oper *The Medium* (1946) ist 1951 verfilmt worden; vgl. S. 125.
108 *Curtis Harrington* (*1928), amerikan. Filmregisseur, Drehbuch-

autor und Produktionsleiter, verlegte sich später aufs kommerzielle Kino, hauptsächlich Horrorfilme.

Frank Stauffacher (gest. 1955), amerikan. Filmemacher und Kameramann, der 1947 zus. mit Richard Foster in San Francisco die *Art in Film* begründete, eine Auswahlschau von Avantgardefilmen. *Sausalito* (1948).

Sara Arledge, amerikan. Filmemacherin.

109 *Maya Deren* (1917–1961), amerikan. Filmemacherin und Filmtheoretikerin russ. Abstammung, Tochter eines Psychoanalytikers; in ihren sehr poetischen Filmen wirkte sie als Regisseurin, Darstellerin und Produzentin.

114 *Orson Welles* (1915–1985), amerikan. Filmregisseur und Schauspieler; sein aufsehenerregender Filmerstling *Citizen Kane* beeinflußte viele Vertreter des europ. Autorenfilms.

Gregg Toland (1904–1948), amerikan. Kameramann, Mitverantwortlicher für die bildliche Dramatik von *Citizen Kane*.

115 *rosebud:* Die Suche nach diesem mysteriösen Wort – eine Reminiszenz an die glückliche Kindheit, wie erst ganz am Schluß offenbar wird – bestimmt Welles' Film über den Pressemagnaten W. R. Hearst alias Kane; angeblich soll *rosebud* der Kosename für die Klitoris seiner Mätresse Marion Davis gewesen sein (vgl. J. C. Paulin du Besset: *Cinéma*. Tome II, Mythes et références, Paris 1985).

James Broughton (*1913), amerikan. Filmemacher, Lyriker und Dramatiker, der der Schule um den *Workshop 20* zugerechnet wird.

Mack Sennett (1880–1960), amerikan. Filmregisseur und -produzent, Erfinder der rasanten Groteskkomödie *(slapstick-comedy)*. *Adventures of Jimmy* (1950).
Loony Tom, the happy lover (1951).

120 *Hans Richter:* siehe Anmerkung zu S. 26; bei besagtem Institut handelt es sich um das *Institute of Film Techniques* am New York City College.

Dreams that money can buy (Scheugl/Schmidt 1944–1947): die einzelnen Episoden dieses Films sind:
1. *Desire* von Max Ernst,
2. *The girl with the prefabricates heart* von Fernand Léger,
3. *Ruth, roses and revolvers* von Man Ray,
4. *Color records and nudes descending a staircase* von Marcel Duchamp,
5. *A ballet in the universe* von Alexander Calder,
6. *Circus* von A. Calder,
7. *Narcissus* von Hans Richter;
in die Komposition der Musik zu diesem Film teilten sich so bekannte Komponisten wie John Cage, Darius Milhaud (1892–1974),

Edgar Varèse (siehe unten), Duke Ellington (1899–1974) und Paul Hindemith (1895–1963).

Max Ernst (1891–1976), frz. Maler und Bildhauer dt. Abstammung, Dadaist und Surrealist. Weiss' eigene Collagen (1957–1965) sind jenen von Ernst stark nachempfunden.

Fernand Léger: siehe Anmerkung zu S. 24.

Man Ray/Marcel Duchamp: siehe Anmerkung zu S. 21.

Akt, die Treppe herabsteigend: angesprochen ist das Bild *Nu descendant un escalier No. 2* (1912), Öl auf Leinwand.

Alexander Calder (1898–1976), amerikan. Plastiker, bekannt geworden sind seine beweglichen *Mobiles* aus Draht und farbigen Plättchen.

Edgar Varèse (1883–1965), amerikan Komponist frz.-ital. Abstammung, wichtiger Anreger der neuesten Musik.

122 *Sidney Meyers* (Pseud. Robert Stebbins, 1906–1969), amerikan. Filmemacher, Cutter und Filmkritiker, ist dem Kreis der *Frontier Films* zuzurechnen (siehe Anmerkung zu S. 101).

James Agee (1909–1955), amerikan. Lyriker, Drehbuchautor und Filmkritiker.

Richard Wright (1908–1960), amerikan. Schriftsteller schwarzer Hautfarbe, Vorkämpfer der Rassenintegration.

The outsider (1953).

Norman McLaren (1914–1987), brit.-kanad. Animations- und Dokumentarfilmer, von Len Lyes Handmadetechnik beeinflußt.

Neighbours: In diesem *symbolischen Antikriegsfilm* (Schleugl/Schmidt, S. 594) verwendete McLaren zum erstenmal die von ihm entwickelte Technik der *Pixilation* (Animation von lebenden Darstellern).

123 *Gjon Mili*, amerikan. Filmemacher.

Jammin' the blues: Porträt des Jazzmusikers Lester Young (1909–1959).

Arabeske: rankenförmiges Ornament.

Ian Hugo (1898–1985), eig. Hugh P. Guiler, amerikan. Bankier und Experimentalfilmer, Ehemann von Anaïs Nin.

The bells of Atlantis: nach dem Prosagedicht *House of incest* von A. Nin; als technischer Assistent fungierte Len Lye.

Filmmusik

124 Dieses Kapitel ist weitgehend identisch mit einem bereits 1954 erschienenen Artikel unter dem gleichlautenden Titel *Filmmusik* (*Expressen*, 15. 12. 1954).

Marcel Pagliero (1907–1981), ital.-franz. Schauspieler, Drehbuchautor und Regisseur.

Wochenende (Scheugl/Schmidt, Toeplitz 1930); seine erste reine Ton-montage hat Ruttmann bereits 1923 mit dem Film *Die tönende Welle* produziert.

Der dritte Mann (*The third man*, 1949), Film des brit. Regisseurs Carol Reed (1906–1976), mit Orson Welles in der Hauptrolle.

125 *Franz Waxmann* (1906–1968), eig. F. Wachsmann, amerikan. Komponist schlesischer Abstammung.

Stalag 17 (1953), Filmkomödie von Billy Wilder.

Karl-Birger Blomdahl (1916–1968), schwed. Komponist.

Ingmar Bergman/Gycklarnas afton: siehe Anmerkung zu S. 140.

Marcel Carné (*1909), frz. Filmregisseur, Mitbegründer des poetischen Realismus.

Quai des brumes: Auch bei diesem Film Carnés zeichnete der frz. Lyriker Jacques Prévert (1900–1977) für das Drehbuch verantwortlich; Weiss zeigte sich von diesem Film stark beeindruckt (vgl. P. Weiss, *Briefe*, S. 43 u. S. 209).

Arthur Honegger (1892–1955), frz.-schweiz. Komponist, schrieb eine Reihe von Filmmusiken unter anderem für Abel Gance, Marcel L'Herbier und Jean Epstein.

Pacific 231 (1949), Film des frz. Regisseurs und Filmwissenschaftlers Jean Mitry (1907–1988).

Dave Brubeck (*1920), amerikan. Jazzpianist.

Louis Siegel, amerikan. Komponist.

Sergej Sergeevič Prokofiev (1891–1953), russ.-sowjet. Komponist und Pianist.

Ivan der Schreckliche (*Ivan groznyi*, 1944–1946).

Sven-Erik Bäck (*1919), schwed. Komponist und Violonist.

Gösta Werner: siehe Anmerkung zu S. 135.

Tåget (*Der Zug*, 1946).

Carl Gyllenberg: siehe Anmerkung zu S. 138.

127 *John* (*1917) und *James Whitney* (*1922), amerikan. Experimentalfilmer, drehten zusammen eine Reihe abstrakter Filme.

Fritz Lang (1890–1976), österr.-amerikan. Filmregisseur und -produzent; seine frühen Filme wie *Dr. Mabuse* (1922), *Metropolis* (1926) oder *M* (1931) gehören zu den Höhepunkten des expressionistischen Films.

Neue Versuche in Frankreich

129 Der erste Teil dieses Kapitels ist weitgehend identisch mit dem Artikel *Experimentfilm på nya vägar*, den Peter Weiss für die Zeitung *Expressen* (20. 7. 1953) schrieb. Daraus erklärt sich auch sein journalistischer Charakter.

131 *Jean-Claude Sée*, frz. Experimentalfilmer.
  Aube (1951).

132 *Pierre Henry* (*1927), frz. Komponist, früher Vertreter der *musique concrète*.
  Georges Franju (1912–1987), frz. Filmregisseur, einer der Pioniere der *Nouvelle Vague*, 1936 Mitbegründer der Cinémathèque Française. 1957 sollte in Stockholm die Aufführung seines Filmes *Le sang des bêtes* (1949) wegen dessen schockierendem Realismus verboten werden, wogegen Peter Weiss in einem vehementen Artikel (*Censorn ryggade inför ärlig vardagsrealism, Expressen 26. 3. 1957*) protestierte.

133 *Jean-Isidore Isoù* (*1925), eig. Isidore Goldstein, frz. Begründer des *Lettrismus*, jener literarischen Bewegung, welche die dadaistische Reduktion der Sprache konsequent weiterführte zur sinnfreien, beliebig zusammensetzbaren Lautfolge.
  Andere Lettristen: Angesprochen ist damit der rührige Propagandist des Lettrismus, Maurice Lemaître, um dessen Film *Le film est déjà commencé?* (1951, 75 Min.) es sich bei dem nachfolgend geschilderten Film »von ca. einer Stunde Dauer« handeln könnte.

Einige Filmexperimente in Schweden

135 *Gösta Werner* (*1908), schwed. Filmregisseur und -publizist, Vertreter eines magischen Dokumentarismus.
  Midvinterblot (*Mittwinteropfer*, 1945).
  Rune Hagberg (*1918), schwed. Experimentalfilmer.
  Och efter skymningen kommer mörker (*Und nach der Dämmerung kommt das Dunkel*, 1946); Hagberg hat diesen Film, seine einzige längere Produktion, in eigener Person geschrieben, gespielt, gedreht und auch produziert.

137 *Paradise lost* (*Verlorenes Paradies*, 1667), das Weltepos des englischen Dichters John Milton (1608–1674).

138 *Carl Gyllenberg* (*1924), schwed. Experimentalfilmer und SEFS-Mitglied, der wie Hagberg seinen einzigen Langfilm, *Som i drömmar* (*Wie in Träumen*, 1953) selbst schrieb, fotografierte und produzierte. Dieser Film ist eine moderne Paraphrase auf das Odysseus-Motiv.

140 *Vogue:* Modezeitschrift.
  Ingmar Bergman (*1918), schwed. Film- und Theaterregisseur und Drehbuchautor; als Theaterregisseur inszenierte Bergman in den sechziger und siebziger Jahren auf europäischen Bühnen mehrere Dramen von Peter Weiss.
  Gycklarnas afton (*Abend der Gaukler*).

141 *Anders Ek* (*1916), bekannter schwed. Theater- und Filmschauspieler.

Peter Weiss (1916–1982): sein filmisches Schaffen umfaßt folgende Titel:

Studie I (Uppvaknandet), (Das Aufwachen), 6 Min. 1952;

Studie II (Hallucinationer), 6 Min. 1952;

Studie III, 6 Min. 1953;

Studie IV (Frigörelse), (Befreiung), 10 Min. 1954;

Studie V (Växelspel), (Wechselspiel), 10 Min. 1955;

Ateljeinteriör (The studio of Dr. Faust), 10 Min. 1956;

Ansikten i skugga (Gesichter im Schatten), 14 Min. 1956;

Ingenting ovanligt (Nichts Ungewöhnliches), 10 Min. 1957;

Enligt lag (Im Namen des Gesetzes), 19 Min. 1957 – dieser wohl überzeugendste Film von Peter Weiss war seinerzeit von der schwedischen Zensur wegen einer Onanie-Sequenz beanstandet worden. In der Zeitung *Expressen* reagierte er am 7. 3. 1958 darauf mit einem Artikel unter dem Titel *Fängelsens nakna verklighet förbjuds. Men rockarkungen vare alltid tillåtet*, worin er die zensurierte Onanier-szene mit dem lasziven Bühnengehabe von Elvis Presley vergleicht.

Ungt rådslag (Rat der Jungen), 7 Min., 1958;

Vad ska vi göra nu då? (Was machen wir denn jetzt?), 20 Min. 1958;

Hägringen, auch: *Fata Morgana/Le Mirage (Der Vogelfreie)*, 81 Min., 1959 – nach dem Buch *Dokument I* (auf Dt. unter dem Pseud. Sinclair: *Der Fremde*, 1981);

Anna Casparsson, (Fragment), 10 Min., 1960;

Öyvind Fahlström, (Fragment), 10 Min., 1961;

Två kvinnor (Zwei Frauen/Fragment), 3 Min., 1960/61;

Narkoman (Ein Drogensüchtiger/Fragment), 6 Min., 1960/61;

Bag de ens facader, (Hinter den Fassaden), 27 Min. 1961;

Svenska flickor i Paris (dt. Verleihtitel: *Verlockung*), 77 Min. 1961 – von diesem Film, an dem Peter Weiss als Co-Regisseur und Co-Drehbuchautor beteiligt war, hat er sich später wieder distanziert (siehe dazu: P. W.: *Notizbücher 1960–1971*, S. 9, 32).

144 *Arbetsgruppen för film* (AFF): Am 23. Februar 1950 wurde in Stockholm von Mihail Livada, Henry Lunnestam und anderen das *Svensk Experimentfilm Studio* (SEFS) gegründet, mit dem Ziel, ein eigenständiges experimentelles Filmschaffen in Schweden zu fördern. Nachdem das SEFS am 17. 1. 1952 in SEF umbenannt und zwischen Januar 1952 und Januar 1953 zehn Nummern der Zeitschrift *SEF* herausgegehen hatte, wurde es am 9. 2. 1954 auf einer Jahresversammlung nochmals umbenannt in *Arbetsgruppen för film* (AFF), welche bis 1960 wirkte. Peter Weiss wurde 1952 Mitglied der SEF/AFF. Für einen Großteil der auf S. 145 f. erwähnten FilmerInnen – allesamt Mitglieder der SEFS und/oder AFF – bedeutete die experi-

mentelle filmische Arbeit lediglich Studienobjekt und Nebenbe-schäftigung, während sie daneben einem andern (oft nichtkünstleri-schen) Hauptberuf nachgingen. (Vgl. dazu Jan Christer Bengtssons umfangreiche Studie *arbetsgruppen för film. Experimentell filmverk-samhet 1950–1960.*

145 *Råland Häggbom* (*1923), schwed. Experimentalfilmer und Film-journalist, im Hauptberuf Gymnasiallehrer und Zensor, ab 1952 Präsident der SEF.

146 *Arne Lindgren* (*1924), schwed. Experimentalfilmer, Cutter, Kame-ramann (u. a. für Peter Weiss), im Hauptberuf Zahnarzt, langjähriger Sekretär der SEF/AFF und bis heute ihrer Nachfolgerorganisation *Filmfront.*
Kjell Nilsson, schwed. Experimentalfilmer aus der AFF.
Flugten (Die Flucht).
Henning Bendtsen, dän. Kameramann (bei Dreyer), schuf eine Reihe von kurzen Animationsfilmen.
Sören Melson (*1912), dän. Experimentalfilmer.
Wilhelm Freddie (*1909), dän. Surrealist, Maler, Bildhauer und Pro-fessor für Kunst.
Jörgen Roos (*1922), dän. Kameramann, Experimental- und Doku-mentarfilmer, drehte hauptsächlich Kurzfilme, zuerst in Zusammen-arbeit mit dem dän. Maler Albert Mertz (*1920), 1949–1950 dann drehte er zusammen mit Wilhelm Freddie die zwei surrealistischen Kurzfilme *Spiste horisonter (Der eßbare Horizont)* sowie *Det defini-tive afslag på anmodningen om et kys (Die definitive Abweisung eines Ersuchens um einen Kuß)*, dessen schwed. Premiere Peter Weiss 1949 im Stockholmer Kleinkino Maxim beiwohnte.
Legato (1949).

147 *Poul Henningsen* (1894–1967), dän. Architekt, Schriftsteller und Kunstkritiker.
Es müßte ebenfalls ein öffentliches Kino geben…: »Pontus Hultén, […] ab 1960 Direktor des Museums für moderne Kunst in Stock-holm, brachte als Organisator verschiedener Veranstaltungen u. a. Werke des *New American Cinema* nach Schweden. Dies scheint die Situation jedoch nicht wesentlich gebessert zu haben, und anders als in Mitteleuropa gab es in den letzten Jahren keine bedeutende Er-neuerung im schwedischen Film. Das 1963 in Kraft getretene schwe-dische Filmgesetz, das die Gründung des Schwedischen Filminstitu-tes und eine starke Förderung eines nationalen ›künstlerischen Films‹ brachte, begünstigte vor allem die kunstgewerblichen Arbeiten von Bo Widerberg, Vilgot Sjöman und anderen.« (Scheugl/Schmidt, S. 834)

149 *Keine Kunstart…:* Dieser Gedanke findet sich ausführlicher noch formuliert in einem Radiovortrag, den Peter Weiss am 3. 8. 1952

gehalten hat: *Om filmens konstnärliga uttrycksmedel (Über die künstlerischen Ausdrucksmittel des Films)*, abgedruckt im Bulletin SEF 1:7 (1952).

150 *Thomas Eakins* (1844–1916), amerikan. Maler (und Fotograf), Vertreter einer realistischen (Freilicht-)Malerei, stand in Verbindung mit dem engl. Filmpionier Edward Muybridge (1830–1904).

151 *Louis* (1864–1948) und *Auguste Lumière* (1862–1954), frz. Fabrikanten, entwickelten die ersten kommerziellen Filmaufnahme- und Wiedergabegeräte; ihre Vorführung eigener dokumentarischer Aufnahmen am 28. Dezember 1895, gilt als Geburtsstunde des Kinos.

152 *George Albert Smith* (1864–1948), engl. Fotograf und Filmregisseur, Erfinder der Doppelbelichtung, bereits 1906 ließ er auch ein Farbfilmsystem patentieren.
James Williamson (1855–1933), engl. Produzent, Filmregisseur, mit Smith zus. Hauptvertreter der *Schule von Brighton*, einer Gruppe von Filminteressierten die mit dem neuen Medium experimentierte.
Edwin S. Porter (1870–1941), amerikan. Mechaniker, Kameramann, Filmreporter und -regisseur.
Charles Le Bargys (1858–1936), frz. Schauspieler an der *Comédie Française*; der Film *L'assassinat...*, ein Kassenschlager dazumal, entstand in Zusammenarbeit mit dem Filmemacher André Calmettes (1861–1938) und dem Komponisten Camille Saint-Saëns (1835–1921).
Giovanni Pastrone (1883–1959), eig. Piero Fosco, ital. Filmregisseur und Produzent, drehte mit Vorliebe monumentale Intrigenfilme.
Cabiria: Das Szenario dazu stammte aus der Feder des Dichters Gabriele D'Annunzio (1863–1938).
Griffith: siehe Anmerkung zu S. 13.
Ben Hur (1925): histor. Monumentalfilm von Fred Niblo.
Metropolis (1926): Film von Fritz Lang (s. Anmerkung zu S. 127).
Cecil B. DeMille (1881–1959), amerikan. Hollywoodregisseur und Produzent; Weiss denkt hier wohl vor allem an Historienfilme wie *The ten commandments* (1924) und *The king of kings* (1927).

153 *Segundo de Chomon* (1871–1929), span. Filmemacher und Kameramann; ihm wird das erste Travelling zugeschrieben.
Baal: Name für versch. syr.-palästin. Gottheiten der Fruchtbarkeit, des Wetters oder des Himmels.
Orphans of the storm (Zwei Mädchen im Sturm, 1922).
Babylonias Fall: 539 v. Chr. durch den Perserkönig Kyros II.
Bartholomäusnacht: Pariser Bluthochzeit 23./24. 8. 1572, Ermordung mehrerer Tausend frz. Hugenotten.

154 *Eisenstein:* siehe Anmerkung zu S. 76.
Potemkin: siehe Anmerkung zu S. 40.

Zehn Tage, die die Welt erschütterten (Oktjabr, 1927).

155 *Filippo Tommaso Marinetti* (1876–1944), ital. Schriftsteller, Begründer des ital. Futurismus (1909).
Arthur Rimbaud (1854–1891), frz. Dichter, Wegbereiter des Symbolismus, von gr. Einfluß auf die Surrealisten.
Giulio Bragaglia (1889–1960), eig. Anton G. B., ital. Filmregisseur, wirkte im Umkreis der ital. Futuristen.
Perfido Incanto (dt. *Perverser Zauber*).

158 *Wassily Kandinsky* (1866–1944), russ. Maler, Grafiker, Lehrer am Bauhaus; geometrisch klare, farblich intensive abstrakte Gemälde zeichnen sein Schaffen aus.
Abel Gance: siehe Anmerkung zu S. 11.

159 *Warnende Schatten:* eig. *Schatten,* siehe Anmerkung zu S. 20.
Richter/Eggeling: siehe Anmerkung zu S. 26.
Eugène Ionesco (1909–1994), frz. Dramatiker rumän. Herkunft.
Arthur Adamov (1908–1970), frz. Dramatiker russ. Herkunft.

160 *Samuel Beckett* (1906–1989), irisch.-frz. Schriftsteller und Meister der abgründig absurden Komik.

162 *Marquis de Sade* (1740–1814), eig. Donatien Alphonse François M. de S., exzentrischer frz. Schriftsteller.
Zensurieren eingreifend und niederdrückend: siehe Anmerkung zu S. 68.

163 *Fjodor M. Dostojevskij* (1821–1881), russischer Schriftsteller, dessen psychologischer Realismus, etwa in *Der Idiot,* Weiss beeindruckte.
Maxim Gorkij (1868–1936), eig. Alexej Maximovič Peškov: revol. russ. Schriftsteller, Kritiker und Kulturpolitiker, Anreger des später offiziellen sozialistischen Realismus.

164 *Cavalcanti/Ruttmann:* siehe Anmerkung zu S. 90.

165 *der arme Produzent:* J. L. Nounez/Gaumont, derselbe Produzent, der entgegen Weiss' Angaben auch bei *L'Atalante* mitwirkte.
Von der Polizei und dem Unterrichtsministerium verboten: Der Film blieb in den Jahren 1933 bis 1945 verboten.
mit eingelegten banalen Musiknummern: vor allem der von Lys Gauty gesungene Schlager *Le Chaland qui passe* wurde mehrmals der Handlung unterlegt.
Helmut Käutner (1908–1980), dt. Schauspieler und Regisseur.
Unter den Brücken (1944).
René Clément (*1913), frz. Regisseur psychol.-realist. Filme.
Jeux interdits (1952).
Federico Fellini (1920–1993), ital. Regisseur, Schauspieler, Drehbuchautor und Karikaturist.

166 *Extase:* eig. *Ekstase*; zu Machaty/Ekstase siehe Anmerkung zu S. 100.
Pekoral: schwed. für ein (literarisches) Machwerk.

Carné: siehe Anmerkung zu S. 125.

Jean Gabin (1902–1976), berühmter frz. Charakterdarsteller.

167 *Erik Satie* (1866–1925), frz. Komponist und Bürgerschreck.

Apollinaire: siehe Anmerkung zu S. 12.

168 *Jacques Feyder* (1888–1948), eig. J. Frédérix, belg. Schauspieler und Filmregisseur der »realist. frz. Schule«.

Emile Zola (1840–1902), engagierter frz. Schriftsteller und Journalist, Hauptvertreter des *Naturalismus.*

Fahrraddieb, eig. *Fahrraddiebe* (*Ladri di biciclette,* 1948).

169 *René Clair:* siehe Anmerkung zu S. 21.

Durand, eig. Durand: siehe Anmerkung zu S. 10; bei der hier geschilderten Moritat könnte es sich um *Zigoto* handeln.

Dreigroschen-Oper: ein Spiel um die Welt der kleinen Gauner von Bertolt Brecht (1898–1956).

Carol Reed/Der dritte Mann: siehe Anmerkung zu S. 124.

171 *Chaplin:* gemeint ist hier seine Charlot-Figur.

Vincent van Gogh (1853–1890), niederl. Maler; angesprochen sind hier die »Stilleben mit Schuhen«, von denen van Gogh zwischen 1886–1888 insgesamt sieben gemalt hat.

Pabst: siehe Anmerkung zu S. 28.

Henry Miller (1891–1980), amerikan. Schriftsteller und Maler; sein Buch *Tropic of cancer* (*Wendekreis des Krebses,* 1934) erlangte für Weiss nach 1940 große Bedeutung, wie seinem Roman *Fluchtpunkt* (1962) zu entnehmen ist.

172 *Docteur Tube/Abel Gance:* siehe S. 11.

Roberto Sebastien Matta (*1911), eig. R. S. M. Echaurren, chilen. Maler und Grafiker.

Gerhard Lamprecht (1897–1974), dt. Regisseur und Filmhistoriker, sein Filmarchiv bildete 1962 den Grundstock für die Deutsche Kinemathek.

173 *Sjöström/Stiller:* siehe Anmerkung zu S. 13.

Henry King (1896–1982), amerikan. Regisseur und Schauspieler.

Tol'able David (1921).

Stroheims Greed: siehe S. 27 f.

Die Kinder von Hiroshima (*Genbaku no Ko,* 1952), Film des japanischen Regisseurs Kaneto Shindo (*1912).

In jenen Tagen (1947), Film von Helmut Käutner (siehe Anmerkung zu S. 165).

Die Mörder sind unter uns (1946), ein Film des dt. Regisseurs Wolfgang Staudte (1906–1984), der sich wie Käutner mit dem Erbe der unmittelbaren Vergangenheit auseinandersetzt; beide Filme hat Weiss schon in dem Aufsatz *Tysk efterkigsfilm* 1947 beschrieben.

Wilder/Zinnemann: siehe Anmerkung zu S. 92.

Edward Dmytryk (*1908), amerikan. Regisseur »schwarzer« und sozialkritischer Filme.

Jules Dassin (*1912), amerikan.-frz. Filmregisseur, der wie Dmytryk der Hetzjagd wider unamerikanische Umtriebe durch McCarthy nach England auswich.

Night and the city (dt. *Die Ratte von Soho*).

John Huston (1906–1987), amerikan. Filmregisseur und Drehbuchautor, sein *The Maltese falcon* (1941) leitete den *schwarzen Film* ein.

Robert Wise (*1914), amerikan. Filmregisseur.

Kazan: siehe Anmerkung zu S. 101.

Panic in the streets (dt. *Unter Geheimbefehl*).

On the waterfront (dt. *Faust im Nacken*).

Marc Allégret (1900–1973), frz. Filmregisseur, Sekretär bei A. Gide, den er auf dessen *Voyage au Congo* 1925/26 begleitete.

André Sauvage (1891–1975), frz. Dokumentarfilmer.

Henri Storck (*1907), belg. Filmregisseur, drehte vor allem (avantgardistische) Dokumentarfilme und TV-Reportagen.

Idyll à la plage, eig. *Idylle sur la plage (Idylle op het strand)*.

Jean Grémillon (1901–1961), frz. Musiker und vielseitiger Filmregisseur.

Leuchtturmwärter (Gardien de phare).

Epstein: siehe Anmerkung zu S. 37.

John Grierson (1898–1972), engl. Produzent und Filmregisseur, der »Vater des engl. Dokumentarfilms«.

Drifters (dt. *Heringsfänger*).

Buñuel/L'age d'or/Terre sans pain: siehe S. 48–55.

174 *Joris Ivens* (1898–1989), niederl. Dokumentarfilmer und engagierter Kommunist. Produktionen wie *Regen, Spanish earth* oder *Indonesia calling* (1946) gelten als Klassiker des dokumentarischen Films.

1933 lebt er...: daraus entsteht in Zusammenarbeit mit Henri Storck die engagierte Reportage *Le Borinage*.

175 *Prozeß des 20. Juli:* Am 20. Juli 1944 scheiterte ein Attentat von Offizieren auf Hitler.

Boris Kaufman: siehe Anmerkung zu S. 68.

176 *Ray Ashley*, amerikan. Filmregisseur.

The little fugitive (Der kleine Flüchtling): Film von Ray Ashley, Morris Engel und Ruth Orkin.

177 *Lindsay Anderson* (1923–1994), engl. Filmemacher und -journalist, vehementer Gegner des kommerziellen Filmbetriebs, wichtiger Anreger des engl. *Free Cinema*.

Oh Dreamland! (1953).

John Heyer (*1916), austral. Dokumentarfilmer und Kameramann.

Back of beyond, eig. *The back of beyond* (1954).

Auswahlbibliographie

Arnheim, Rudolf: Film als Kunst. Berlin: Ernst Rowohlt Verlag 1932.

Artaud, Antonin: Œuvres complètes, tome 3. Paris: Gallimard 1970.

Avantgardistischer Film 1951–1971: Theorie. Hg. v. Gottfried Schlemmer. München: Hanser 1973.

Barnouw, Erik: Documentary. A history of the non-fiction film. New York: Oxford University Press 1974.

Bengtsson, Jan Christer: »Filmzensur ist Diktatur«. Über die Freiheit der Kunst und ihren Freiheitsbedarf – mit einem Beispiel aus dem Filmschaffen von Peter Weiss. In: Die Horen 1/88, S. 75–89.

Bengtsson, Jan Christer: Peter Weiss als Filmemacher.: 1984. In: Ausblicke. Zs. für deutsch-skandinavische Beziehungen, H. 3/4 1984, p. 5–8.

Bengtsson, Jan Christer: Peter Weiss über Film und Filmschaffen. In: Peter Weiss und der Film – Materialien zur Retrospektive der Nordischen Filmtage Lübeck 1986.

Benjamin, Walter: Das Kunstwerk im Zeitalter seiner technischen Reproduzierbarkeit. Frankfurt a. M.: Suhrkamp 1963 (= es 28).

Borgal, Clément: Cocteau. Poète de l'au-delà. Paris: Téqui 1977.

Brennicke, Ilona/Joe Hembus: Klassiker des deutschen Stummfilms 1910–1930. München: Goldmann 1983.

Breton, André: Die Manifeste des Surrealismus. Dt. v. Ruth Henry. Reinbek/Hamburg: Rowohlt 1968. (= dnb 95)

Brown, Frederick: Ein Skandal fürs Leben – Jean Cocteau – seine Kunst, seine Männer, seine Frauen, seine Zeit. Bern/München: Scherz 1980.

Brumagne, Marie-Magaleine: Georges Franju. Impressions et aveux. Lausanne: Ed. L'âge d'homme 1977.

Brunius, Jacques B.: Experimental film in France. In: Manvell, Experiment in the film, a. a. O., S. 60–112.

Buñuel, Luis: Die Flecken der Giraffe. Ein- und Überfälle. Berlin: Wagenbach 1991.

Buñuel, Luis: Mein letzter Seufzer. Erinnerungen. Aus d. Franz. v. Frieda Graefe und Enno Patalas. Königstein/Ts.: Athenäum 1983.

Campbell, Russell: Cinema strikes back. Radical filmmaking in the United States 1930–1942. Ann Arbor/Michigan: UMI Research Press 1982.

Cocteau, Jean: Kino und Poesie. Notizen. Ausgew. u. übers. v. Klaus Eder. München: Hanser 1979.

Deren, Maya: Poetik des Films. Wege im Medium bewegter Bilder. Berlin: Merve-Verlag 1984.

Desnos, Robert: Nouvelles Hébrides et autres textes 1922 – 1930. Ed. par Marie-Claire Dumas. Paris: Gallimard 1978.

Dreyer, Carl Theodor: Refléxions sur mon métier. Paris: Ed. de l'étoile 1983.

Dwoskin: Stephen: Film is... The International Free Cinema. London: Peter Owen Ltd. 1975.

Eisner, Lotte: Die dämonische Leinwand – Die Blütezeit des deutschen Films. Wiesbaden: Verlag Feldt & Co. 1955; als Taschenbuch: Frankfurt/M.: Fischer 1986. (= fibü 3660)

Ek, Sverker: »Eine Sprache suchen«. Peter Weiss als Filmemacher, in: Peter Weiss. Leben und Werk. Hg. v. Jürgen Schutte und Gunilla Palmstierna-Weiss. Frankfurt a. M.: Suhrkamp 1991, S. 138 – 154.

Filmkritik. Heft 9/1968: Jean Vigo. München: Filmkritiker-Kooperative 1968.

Frauen und Film. Heft 37: Avantgarde und Experiment. Hg. v. Karola Gremann u. a. Basel: Stroemfeld/Roter Stern 1984.

Geduld, Harry M./Ronald Gottesmann (Ed.): Sergej Eisenstein and Upton Sinclair. The making and Unmaking of 'Que viva Mexico!'. London: Thames & Hudson 1970.

Georges Méliès. Magier der Filmkunst. Kintop 2 – Jahrbuch zur Erforschung des frühen Films. Basel/Frankfurt a. M.: Stroemfeld/Roter Stern 1993.

Gerlach, Rainer/Matthias Richter (Hg.): Peter Weiss im Gespräch. Frankfurt/M.: Suhrkamp 1986. (= es 1303)

Goetz, Alice/Helmut W. Banz: Luis Buñuel – eine Dokumentation. Bad Ems: Verband der deutschen Filmclubs 1965.

Häggbom, Råland: Peter Weiss. In: Filmfront, n:r 3/4, 1956.

Hiekisch, Sepp: Zu den Filmen von Peter Weiss. Berlin: 1981. In: Spielmann, P.(Red.), Der Maler Peter Weiss. Berlin 1981, S. 75–78.

Hiekisch-Picard, Sepp: Der Filmemacher Peter Weiss. Frankfurt/M.: 1986. In: Gerlach, R. (Hg.), Peter Weiss. Frankfurt/M. 1986, p. 129–144.

Jacobs, Lewis (Ed.): The documentary tradition. From Nanook to Woodstock. New York: Hopkinson and Blake 1971.

Jacobs, Lewis: Avant-Garde production in America. In: Manvell, Experiment in the film, a. a. O., S. 113–152.

Jansen, Peter W./Wolfram Schütte (Hg.): Luis Buñuel. München: Hanser 1975. (= Reihe Film 6)

Kracauer, Siegfried: Theorie des Films. Die Errettung der äusseren Wirklichkeit. Hg. v. Karsten Witte. Frankfurt/M.: Suhrkamp 1985. (= stw 546)

Kracauer, Siegfried: Von Caligari zu Hitler. Eine psychologische Geschichte des Films. Frankfurt/M.: Suhrkamp 1979. (= stw 479)

Kurtz, Rudolf: Expressionismus und Film. Berlin: Verlag der Lichtbühne 1926. (Fotomechanischer Nachdruck, Zürich: Verlag Hans Rohr 1965)

Kyrou: Ado: Le Surréalisme au cinéma. Paris: Le Terrain Vague 1963.

Lange-Fuchs, Hauke: Peter Weiss und der Film. Materialien zur Retrospektive der Nordischen Filmtage Lübeck. Lübeck 1986.

Laurot, Edouard: Swedish Cinema – Classic Background and Militant Avantgarde. In: Filmculture No. 4, New York 1956, S. 18–20.

Lemaître, Maurice: Le cinéma lettriste. Paris: Centre de Créativité 1985.

Les cinémas de l'Amérique latine. Sous la direction de Guy Hennebelle et Alfonso Gumucio Dagron. Paris: Lhérminier 1981.

Manvell, Roger (Ed.): Experiment in the film. New York: Arno Press & The New York Times 1970. (Erstausgabe 1949)

Milne, Tom: The cinema of Dreyer. New York: Barnes/London: Zwemmer 1971.

Motte-Haber, Helga de la/Hans Emons: Filmmusik. Eine systematische Beschreibung. München: Hanser 1980.

Picabia, Francis: Platonische Gebisse. Schriften 2. Hamburg: Ed. Nautilus 1983.

Richter, Hans: Der Kampf um den Film. Für einen gesellschaftlich verantwortlichen Film. Hg. v. Jürgen Römhild. Frankfurt/M.: Fischer Verlag 1979 (= fibü 3651).

Richter, Hans: Köpfe und Hinterköpfe. Zürich: Arche Verlag 1967.

Sadoul, Georges: Histoire générale du cinéma. 6 vol., Paris: Denoël 1973–75.

Sadoul, Georges: Le Cinéma français (1890–1962). Paris: Flammarion Editeur 1962.

Salès Gomes, P. E.: Jean Vigo. Paris: Ed.du Seuil 1957.

Scheugl, Hans/Ernst Schmidt jr.: Eine Subgeschichte des Films. Lexikon des Avantgarde-, Experimental- und Undergroundfilms. 2 Bde, Frankfurt/M.: Suhrkamp 1974. (= es 471)

Schumann, Peter B.: Handbuch des lateinamerikanischen Films. Frankfurt/M.: Verlag Klaus Dieter Vervuert 1982.

Schwarz, Michael: Luis Buñuel in Selbstzeugnissen und Bilddokumenten. Reinbek/Hamburg: Rowohlt 1981. (= rm 292)

Seton, Marie: Sergej M. Eisenstein. A biography. London: Bodlea Head 1952.

Sitney, Adam P.: Visionary Film. The American Avant-Garde. New York: Oxford University Press 1974.

Stationen der Moderne im Film II. Texte, Manifeste, Pamphlete. Berlin: Freunde der Deutschen Kinemathek e. V. 1989.

Texte zur Theorie des Films. Hg. v. Franz-Josef Albersmeier. Mit Beitr. v. Vertov, Eisenstein, Pudovkin, Arnheim, Kracauer u. a. Stuttgart: Reclam 1979 (= RUB 9943).

Toeplitz, Jerzy: Geschichte des Films. Bände 1–5 (1895–1953), Berlin: Henschel Verlag 1972–1991.

Vigo, Jean: Oeuvre de cinéma. Ed. par Pierre Lhérminier, avec une préface de F. Truffaut. Paris: Cinémathèque Française/Lhérminier 1985.

Weise, Eckhard: Sergej M. Eisenstein. Reinbek/Hamburg: Rowohlt 1975. (= rm 233)

Weiss, Peter: Aus dem Kopenhagener Journal. In: ders.: Rapporte. Frankfurt/M.: Suhrkamp 1968 (=es 276), S. 51–71.

Weiss, Peter: Avantgarde Film. In: ders.: Rapporte. Frankfurt/M.: Suhrkamp 1968 (= es 276), S. 7–35.

Weiss, Peter: Briefe an Hermann Levin Goldschmidt und Robert Jungk 1938 – 1980. Hg. v. Beat Mazenauer. Leipzig: Reclam 1992.

Weiss, Peter: Censorn ryggade inför ärlig vardagsrealism. Stockholm: 1957. In: Expressen, 26. 3. 1957.

Weiss, Peter: Censuren gör filmen till pornografi och ihåligt gyckel. Stockholm: 1958. In: Expressen, 7. 7. 1958.

Weiss, Peter: Debatt kring en experimentfilm. Rune Hagbergs »Och efter skymningen kommer mörker«, Stockholm 1947. In: Biografbladet 3/1947, S. 188–189.

Weiss, Peter: Experimentfilm på nya vägar. Stockholm: 1953. In: Expressen, 20. 7. 1953.

Weiss, Peter: Fängelsens nakna verklighet förbjuds. Men rockarkungen vare alltid tillåtet. Stockholm: 1958. In: Expressen, 7. 3. 1958.

Weiss, Peter: Filmens uttrycksmedel. Stockholm: 1953. In: Dagens Nyheter, 5. 5. 1953.

Weiss, Peter: Filmisk musik. Stockholm: 1954. In: Morgon Tidningen, 15. 12. 1954.

Weiss, Peter: Laokoon oder Über die Grenzen der Sprache. In: ders.: Rapporte. Frankfurt/M.: Suhrkamp 1968 (= es 276), S. 170–187.

Weiss, Peter: Notizbücher 1960–1971. 2 Bde. Frankfurt a. M.: Suhrkamp 1982. (= es 1135)

Weiss, Peter: Om filmens konstnärliga uttrycksmedel. Radioföredrag. In: Tidningen SEF 1 (1952): 7, S. 3–5.

Weiss, Peter: Plats för svensk filmkonst, Stockholm 1961. In: Dagens Nyheter, 18. 2. 1961.

Weiss, Peter: Rakkniv och duva, Stockholm 1955. In: Filmfront 1/1955, S. 6–12.

Weiss, Peter: Tysk efterkrigsfilm. Reseintryck från sommaren 1947, Stockhom 1947. In: Biografbladet 3, S. 185–190.

Weiss, Peter: Vredens Dag, Stockholm 1948. In: Biografbladet 1/1948, S. 51–53.

Werner, Gösta: Den svenska filmens historia. En översikt. Stockholm: Bokförlaget PAN/Norstedt 1970.

Wertow Dsiga: Schriften zum Film. München: Hanser 1973.

Wuss, Peter: Film. Kunstwert und Massencharakter des Mediums. Berlin: Henschel Verlag 1990.

Zu dieser Ausgabe

Im vielfältigen Schaffen von Peter Weiss stehen die fünfziger Jahre im Zeichen des Films.

Die Malerei, seine erste künstlerische Begabung, hatte in der Emigration, einer Zeit dauernder Ortswechsel, zusehends ihre Ausdruckskraft eingebüßt. Nahezu vollständig in der Abgeschiedenheit eines *»Zimmers oben unter dem Dach: oberhalb des bürgerlichen Heims«*[1] sowie in armseligen, billigen Ateliers in London, Prag oder Stockholm entstanden, erschien sie ihm Ende der vierziger Jahre immer weniger geeignet, um der Einsamkeit und den Daseinszweifeln, aber auch der Erfolglosigkeit zu entrinnen. *»Die Malerei als ein statisches Medium entsprach mir nicht mehr«*, erinnerte er sich 1982 an diese Zeit, *»und ich selbst war so zerfetzt von dieser ganzen Situation, daß ein einziges geschlossenes Bild mir nicht mehr genügte«.*[2]

Erwies sich die Malerei als allzu stillgestellt und festgefügt, bot ihm auch die Sprache um 1950 herum noch keine echte Alternative. Noch vermochte Weiss nicht aus dem Zwiespalt zwischen dem Deutsch seiner Kindheits- und Jugendzeit und dem Schwedisch seiner momentanen Umgebung herauszufinden. *»Ich versuchte während des Krieges schwedisch zu schreiben«*, reflektierte er nachträglich diese Situation: *»Ich hatte kaum Deutsch gesprochen, hatte mich von der deutschen Sprache und allem, was mit Deutschland zusammenhing, völlig abgewandt, sah nach ganz kurzer Zeit jedoch ein, daß die Versuche, als schwedischer Schriftsteller zu arbeiten, völlig verfehlt waren. Obgleich sie von der Kritik teilweise positiv beurteilt wurden, waren es nicht meine Ausdrucksmittel, mich als schwedischer Schriftsteller zu etablieren. So fing ich wieder an, auf deutsch zu schreiben.«*[3] *Der Schatten des Körpers des Kutschers* machte 1952 den Anfang, doch die Frage nach der richtigen, personlichen Sprache gelangte erst zur Lösung, als dieser experimentelle Mikroroman 1959 in Deutschland erscheinen konnte und, wichtiger, zwei Jahre danach die Erzählung *Abschied von den Eltern* Weiss einen ersten Erfolg bei Publikum wie Kritik bescherte. Damit waren die Weichen gestellt, der Zwiespalt gelöst.

Weiss' schwedische Prosa stand wesentlich unter dem Eindruck des Surrealismus, der nach 1945 bei ihm und generell bei den schwedischen Künstlern verstärkten Widerhall fand. Und gleiches gilt für seine ersten experimentellen Filme, in deren dynamischer, internationaler Bildsprache er anfangs der fünfziger Jahre ein lohnendes künstlerisches Betätigungsfeld entdeckt zu haben glaubte, das seiner innern Zerrissenheit angemessen

---

1 *Der Kampf um meine Existenz als Maler.* Peter Weiss im Gespräch mit Peter Roos 1979, in: *Der Maler Peter Weiss*, Berlin (1982), S. 33.
2 Ebd., S. 39.
3 Ebd., S. 38; die auf Schwedisch verfaßten Bücher sind *Von Insel zu Insel* (1947), *Die Besiegten* (1948), *Dokument I* (1949) oder das Drama *Der Turm* (1948).

Gestalt verleihen konnte. Darüber hinaus versprach ihm der Film Anschluß an einheimische Künstlerkreise und somit ein Ende seiner Isolation. 1952 wurde er Mitglied des zwei Jahre zuvor gegründeten *Svensk Experimentfilmstudio*, das 1954 in *Arbetsgruppen för film* (AFF) umbenannt wurde. In diesem Kreis von jungen schwedischen Experimentalfilmern zeichnete sich Peter Weiss schon bald durch seinen künstlerischen Elan und sein Engagement aus, aufgrund deren er sich bald zum namhaftesten und produktivsten Mitglied der AFF entwickelte. Zwischen 1952 und 1961 drehte er ingesamt sechs surrealistische Kurzfilme: *Studie I–V* und *The studio of Dr. Faust* (1952–56), danach eine Reihe von dokumentarischen Filmen zu sozialen Themen (1956–58) sowie zwei kurze Künstlerporträts (1960/61). Mit dem einzigen Langfilm, *Hägringen* (auch *Fata Morgana / Le Mirage*) schuf er schließlich 1959 sein Hauptwerk.

Parallel dazu sind auch die feuilletonistischen und literarischen Beiträge zum Thema Film entstanden. In Kritiken, Aufsätzen und einem Radiovortrag sowie den hier vereinigten Arbeiten über den Avantgardefilm hat sich Weiss zwischen 1949 und 1962 immer wieder mit dem unabhängigen Filmschaffen, der Filmpoesie und zunehmend auch mit der Filmzensur befaßt. Seine filmkritischen Aufsätze, vornehmlich in der Filmzeitschrift *Biografbladet* oder in den Stockholmer Tageszeitungen *Expressen, Morgon Tidningen* und *Dagens Nyheter* abgedruckt, waren an eine interessierte einheimische Leserschaft gerichtet. Entsprechend galt ihr Interesse vornehmlich der schwedischen Filmkultur, auch wo Weiss ausländische Beispiele heranzieht.

Ihren Höhepunkt erlangte diese Auseinandersetzung in dem 1956 auf schwedisch geschriebenen Buch *Avantgardefilm* – »*lange Zeit das einzige Werk auf diesem Gebiet*«[4] –, das hier erstmals vollständig in deutscher Übersetzung erscheint. Einzelne seiner Kapitel gehen auf bereits früher veröffentlichte Zeitungsartikel zurück. Auszugsweise hat Weiss diese Studie in dem kurzen Aufsatz *Avantgarde Film*, der im März 1963 in der Literaturzeitschrift Akzente erschien, dem deutschen Publikum bekannt gemacht.[5] Der 28 Buchseiten umfassende Text folgt im großen und ganzen den Kapiteln 1–3 *(Die Vorläufer – Buñuel)*, 5 *(Jean Vigo)* und 9 *(Die Stadt)* der schwedischen Originalausgabe, wobei der Autor ihren Umfang stark reduziert und nur punktuell erweitert hat.

Nach seinem Tod 1982 fand sich im literarischen Nachlaß von Weiss eine weitere Arbeit über den Avantgardefilm. Es handelt sich dabei um ein undatiertes Typoskript mit dem Titel *Abschnitte aus einem Buch über Die Avantgarde des Films*. Die eingefügten handschriftlichen Korrekturen und inhaltlichen Ergänzungen weisen darauf hin, daß es sich um einen überarbeiteten Entwurf der schwedischen Buchversion von 1956 handelt. Mit

4 H. Scheugl/E. Schmidt, *Eine Subgeschichte des Films*, Bd. 2, S. 1083.
5 Wieder abgedruckt in *Rapporte*, Frankfurt/M. 1968, S. 7–35.

seinem Umfang von insgesamt 84 maschinengeschriebenen Textseiten liegt das Typoskript umfangmäßig zwischen jener und dem *Akzente*-Aufsatz, wobei es in der Themenauswahl weitgehend mit letzterem übereinstimmt. Wie aber stehen diese drei Texte zeitlich zueinander?

In den *Notizbüchern 1960–1971* findet sich dazu nachstehende Passage: *»Ich übersetze ins Deutsche, was ich auf Schwedisch über den Avantgardefilm geschrieben habe. Bin inzwischen zu einem ›deutschsprachigen Autor‹ geworden. Sitze in Stockholm, (…) am Zeichentisch, an dem ich vor ein paar Jahren noch meine Filme entworfen, meine Collagen hergestellt hatte, und schreibe in der Sprache, die ich als Kind lernte und als 17jähriger verlor –«*[6]

Zwar ist diese Notiz ebenso undatiert wie das fragliche Typoskript, sie läßt sich aufgrund des Kontextes jedoch in den Zeitraum zwischen Frühjahr und Herbst 1961 einordnen. Eben hatte Weiss seine letzten Filme abgedreht[7] und sah sich von neuem der *»Schwierigkeit der Wahl«*[8] eines neuen künstlerischen Mediums gegenübergestellt. Welchen Text er übersetzt hat, geht aus der Notiz nicht hervor, doch handelt es sich mutmaßlich um den Aufsatz für die Zeitschrift *Akzente*. Die Jahreszahl 1955, die Peter Weiss unter diesen gesetzt hat, ist auf jeden Fall irreführend, weil sie das Entstehungsjahr der schwedischen Fassung bezeichnet.

Kaum in Frage kommt dafür indessen das *Abschnitte*-Typoskript, auf das ein undatierter, aber zweifelsfrei im Herbst 1956 abgefaßter Brief verweist. Damals hat Weiss der Zeitschrift *»film 56«* ein Manuskript über den Avantgardefilm angeboten und sich bei der Gelegenheit nach einem Verlag erkundigt, der eine erweiterte Fassung des schwedischen *Avantgardefilm*-Buches veröffentlichen würde. Aufgrund der Beschreibung, die Weiss von dem eingesandten Text gibt, handelt es sich hierbei wohl um das *Abschnitte*-Typoskript. Es verrät stellenweise eine wortgetreue Übersetzung der schwedischen Buchversion sowie eine präzisierende und erweiternde Überarbeitung insbesondere in den Kapiteln zur Frühgeschichte des Kinos und dem politisch engagierten Dokumentarfilm. So ergibt sich folgende Chronologie:

Avantgardefilm (1956, entstanden 1952–1956),

Abschnitte aus einem Buch über Die Avantgarde des Films (1956, möglicherweise 1961 nochmals bearbeitet),

---

6 P. Weiss: *Notizbücher 1960–1971*, Frankfurt a. M. 1982, S. 54f..

7 Die Aufzeichnungen, die der zitierten Textpassage vorangehen, handeln von den Dreharbeiten zu *Bag de ens facader* (1961), einem Dokumentarfilm über eine Schlafstadt außerhalb Kopenhagens, sowie dem abendfüllenden Spielfilm *Svenska flickor i Paris* (1961), von dem sich Weiss später vehement distanziert hat.

8 Notiz vom Dezember 1961, in: P. Weiss: *Notizbücher 1960–1971*, a. a. O., S. 55.

Avantgarde Film (1961 aufgrund des *Abschnitte*-Typoskripts redigiert und 1963 in *Akzente* erschienen).

Die vorliegende Edition vereinigt den schwedischen Originaltext von *Avantgardefilm* in deutscher Übersetzung mit Auszügen aus dem Typoskript *Abschnitte aus einem Buch über Die Avantgarde des Films.* Zwar deckt sich dieses Typoskript in großen Teilen mit der Buchausgabe, allein die inhaltlichen Zuspitzungen und Erweiterungen rieten dazu, es hier einzubeziehen. Es galt demnach eine Textgestalt zu finden, die eine Lektüre beider Arbeiten ohne Wiederholungen ermöglicht. Gleichlautende Passagen wurden aus dem *Abschnitte*-Typoskript ausgeschieden; ergänzendes Material hingegen findet sich im Anhang dieses Bandes hier versammelt und mit Sternchen (⋆) inhaltlich auf das ursprüngliche *Avantgardefilm*-Buch abgestimmt. Dabei wurde mit Bedacht darauf geachtet, daß sich so wenig inhaltliche Überschneidungen wie möglich zwischen Text und Anhang ergeben, um Peter Weiss' Filmästhetik als ein originelles, ungeteiltes Ganzes präsentieren zu können und eine kontinuierliche Rezeption zu ermöglichen. Der Vollständigkeit halber sind zusätzlich einige wenige Zitate aus dem *Akzente*-Aufsatz in den Textanhang mit aufgenommen worden.

So ist es zu einem Buch gekommen, das zwei Lesarten anregt. Das auf schwedisch verfaßte Buch *Avantgardefilm* kann für sich allein oder erweitert um die im Anhang dokumentierten spätern Hinzufügungen rezipiert werden.

Dergestalt markiert *Avantgarde Film* eine wichtige Etappe innerhalb von Weiss' lebenslanger Auseinandersetzung um die *richtige* künstlerische Ausdrucksform. Einen Reflexionsprozeß, den die vorliegende Ausgabe auch in sich selbst widerspiegelt.